AF358519

Edición: Primera. Noviembre de 2020.
Categoría THEMA: AGA Historia del Arte
AFKV Arte electrónico, holográfico y video arte
Depósito legal: M-14043-2020
ISBN: 978-84-18095-43-6

Ilustración de tapa: Diego Alberti, *Algoritmo 1*, 2018, dispositivo electrónico, 30x48 cm.
Ilustración de solapa: Marta Minujín y Rubén Santantonín, *La Menesunda*, 1965.
Detalle del túnel de neón. Cortesía de Marta Minujín Archivo.
Diseño y composición: Gerardo Miño.
Lugar de impresión: Ciudad Autónoma de Buenos Aires, Argentina.

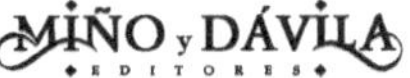

e-mail producción: produccion@minoydavila.com
e-mail administración: info@minoydavila.com
web: www.minoydavila.com

Esta obra contó con el apoyo del Centro Cultural de España
en Buenos Aires – AECID. Su contenido no refleja necesariamente
la opinión del Centro Cultural de España en Buenos Aires.

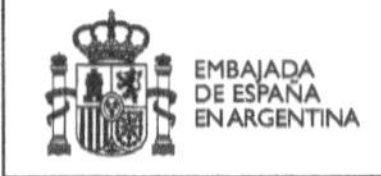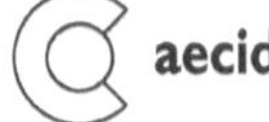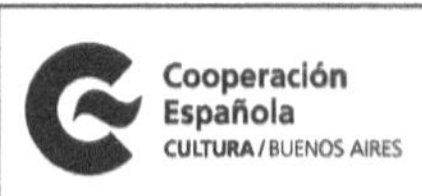

La obra también contó con el apoyo de:

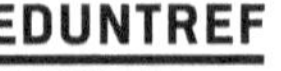

EDUNTREF
EDITORIAL DE LA
UNIVERSIDAD NACIONAL
DE TRES DE FEBRERO

colección 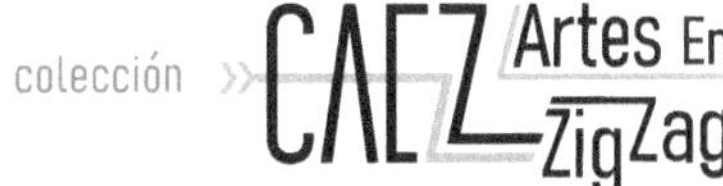

Dirigida por
Hernán Borisonik y
Fabián Ludueña Romandini

Como concepto unificado, el arte es un producto moderno. En la Antigüedad existían las artes, en plural: técnicas determinadas por la razón e insufladas por las musas. Entre los siglos XVII y XIX, arte y artistas contribuían a la formación sensible de las sociedades y al enriquecimiento estético de la experiencia del mundo. Desde la llegada de las vanguardias, los sujetos y objetos involucrados con los procesos artísticos han tendido a ser potencialmente ilimitados, tanto por la democratización de las condiciones de producción, como por el acercamiento y virtual confusión entre arte y diseño. De manera que vida y obra dejaron de ser espacios analíticamente distinguibles para imbricarse mutua y recíprocamente.

De este modo, la presente colección, de enfoque transdisciplinario, se propone reflexionar sobre las artes y las subjetividades de quienes se identifican como artistas, pero también sobre las formas en las que las obras son producidas, circuladas, exhibidas, archivadas y consumidas. Un espacio para sospechar de los límites entre poiesis, praxis y contemplación.

JAZMÍN ADLER

EN BUSCA DEL ESLABÓN PERDIDO:

Arte y tecnología en Argentina

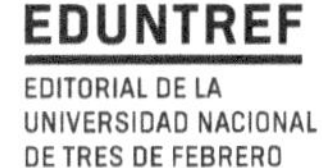

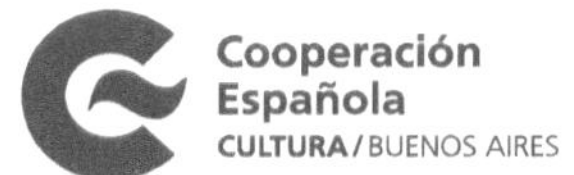

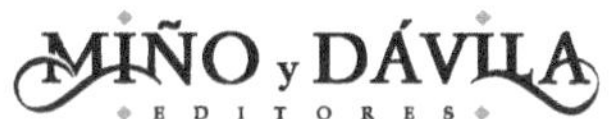

ÍNDICE GENERAL

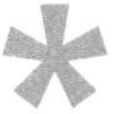

Agradecimientos

Este libro es el resultado de un largo proceso de investigación que inició hace quince años. Mi interés por la escena del arte y la tecnología nació en paralelo a mi formación de grado y se fue profundizando a medida que desarrollé la tesis de doctorado, defendida en la Universidad Nacional de Tres de Febrero (UNTREF) en julio de 2018. Durante todo este tiempo han sido muchas las personas e instituciones que me acompañaron, no solo motivando las distintas etapas de la investigación, sino también manifestando el entusiasmo por la oportunidad de que la tesis deviniera en libro.

En primer lugar, agradezco a las directoras de mi tesis doctoral, Claudia Kozak y Mariela Yeregui, quienes con generosidad, confianza y dedicación me orientaron en el desarrollo de las ideas que fui elaborando a lo largo de los años.

Quiero expresar mi gratitud hacia el Centro Cultural de España en Buenos Aires y a la Universidad Nacional de Tres de Febrero por haber valorado mi trabajo y haber hecho posible su publicación. Asimismo agradezco al Consejo Nacional de Investigaciones Científicas y Técnicas (CONICET) por otorgarme la beca doctoral para realizar mi investigación; al Instituto de Investigaciones Gino Germani de la Facultad de Ciencias Sociales de la UBA, el lugar de trabajo donde radiqué mi pesquisa durante la beca CONICET; al Doctorado en Teoría Comparada de las Artes de la UNTREF y a los profesores de los seminarios que enriquecieron mis estudios sobre arte latinoamericano, estética contemporánea, medios de comunicación, filosofía de la tecnología y metodología de la investigación: Mario Carlón, Ezequiel De Rosso, Cristina Rossi y Ariel Schettini; a la Carrera de Artes de la Facultad de Filosofía y Letras de la UBA, cuyas materias me permitieron emprender los primeros pasos en los campos de la teoría y la historia del arte; y al Instituto de Investigación en Arte y Cultura Dr. Norberto Griffa (UNTREF), donde actualmente llevo a cabo mi investigación posdoctoral.

Doy las gracias también a Flavia Costa, Mario Carlón y Gabriela Siracusano, quienes integraron el jurado de mi tesis. Sus lecturas atentas y rigurosas ampliaron los horizontes de las ideas que se desarrollan en estas páginas. A Rodrigo Alonso por la generosidad y disponibilidad para compartir fuentes documentales, recuerdos y reflexiones sobre las artes tecnológicas en Argentina; a Graciela Taquini por las charlas sobre el arte, el trabajo y la vida, y por su mirada siempre visionaria que me permitió ir afianzando mis hipótesis; y a Raúl Antelo por la conversación acerca de literatura, filosofía y arte contemporáneo que mantuvimos en la Universidad Nacional de La Plata.

Han sido fundamentales los aportes de Anahí Cáceres, Emiliano Causa, Alejandrina D'Elía, Eduardo Imasaka, Jorge La Ferla, Tomás Oulton, Mariano Sardón, Carlos Trilnick, Marina Zerbarini y Jorge Zuzulich, quienes se tomaron el tiempo para conversar conmigo sobre la historia del arte y la tecnología en Argentina, y aportaron valiosos materiales para la investigación, como catálogos que no se encontraban disponibles en archivos, gacetillas de prensa, textos curatoriales e imágenes de obras. Agradezco también al Espacio Fundación Telefónica por haberme dado la oportunidad de ser parte de un gran equipo de trabajo que fue testigo de la conformación de la escena de las artes tecnológicas en nuestro país.

Deseo manifestar mi agradecimiento a Marcela Andino, Silvana Spadaccini y Marcelo Marzoni, con quienes tantas veces cruzamos pensamientos sobre las relaciones escurridizas entre el arte y la tecnología, y sobre el estado de situación de la cultura en Argentina; a Claudia Valente, por las clases que damos en conjunto, por su intensidad y compañerismo; al equipo chileno de PRISMA, por las charlas siempre inspiradoras sobre arte, ciencia y tecnología; a Ignacio Szmulewicz por haber expresado la importancia de que una investigación académica sea transformada en ensayo; a la Universidad de Chile; a la Escuela de Arte de la Universidad Católica; y al Área de Nuevos Medios del Ministerio de las Culturas, las Artes y el Patrimonio de Chile por abrirme las puertas para compartir los avances de este trabajo del otro lado de la Cordillera.

A la universidad pública por construir espacios de reflexión, colaboración y producción contra viento y marea. A las autoridades y a los estudiantes de las casas de estudio donde me desempeño como docente, en cuyos ámbitos han surgido preguntas, comentarios e iniciativas que me motivaron a profundizar la investigación: la Licenciatura en Artes Electrónicas, la Maestría en Tecnología y Estética de las Artes Electrónicas, y la Especialización en Arte Sonoro, en la UNTREF, y la Maestría en Diseño Interactivo en la UBA.

Mi sincero agradecimiento a todos los artistas, familiares de los artistas e instituciones que facilitaron las imágenes de las obras que se incluyen en este libro: Archivo Antonio Berni, Archivo Marta Minujín, Diego Alberti, Mateo Amaral, Ianina Canalis, Emiliano Causa, Jorge Crowe, Guadalupe Chávez, Azul De Monte, Fundación Kosice, Sergio Jonatan Guelerman, Juan Pablo Ferlat, Estanislao Florido, María José Herrera, Magdalena Molinari, Gabriela Munguía, Leo Nuñez, Gustavo Romano, Matías Romero Costas, Mariano Sardón, Leo Solaas, Alejandro y Marcela Vidal, Mariela Yeregui y Leonello Zambón.

Finalmente, quiero dar las gracias a todos los amigos que me acompañaron durante este proceso, preguntándome cómo iba la investigación y compartiendo la motivación de hacer posible la publicación del libro. A Federico por el amor y la contención, por decirme que hay que hablar con voz propia, por los infinitos intercambios de ideas inconexas, intuiciones y lecturas; a mis padres Irene y Ezequiel por el apoyo incondicional. A Chloé por estar siempre al lado. A Martín por el buen humor tan descontracturante como necesario. A todo el resto de la familia.

00 Introducción

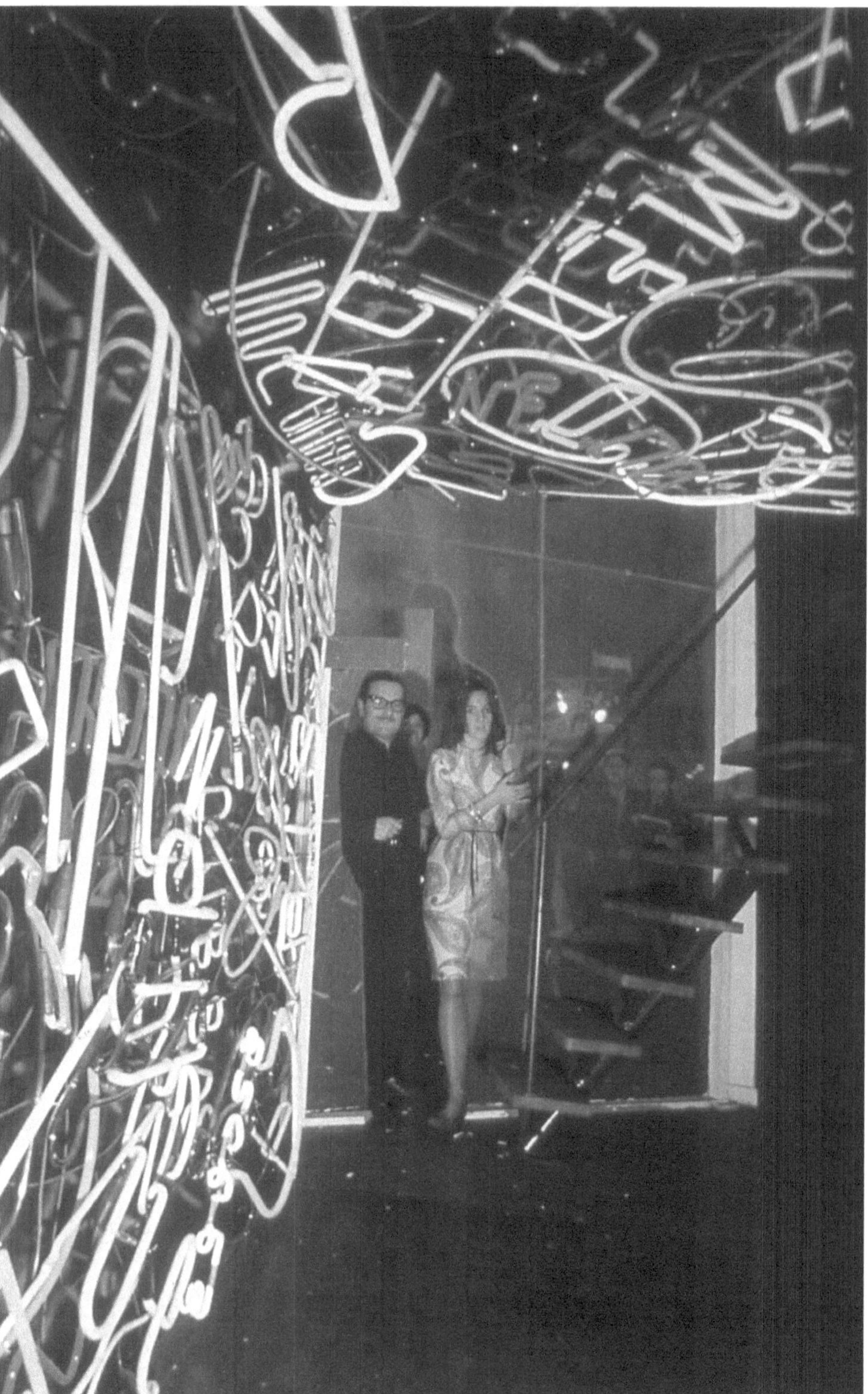

Cualquier reconstrucción histórica supone un desafío, en especial si se evita articular el pasado a través del "érase una vez"[1], entendiendo que hacer historia no implica conocer lo sucedido exactamente tal como ocurrió. En lugar de rememorar el pasado de forma omnisciente, el historiador puede hacer saltar el continuum de la historia, romper con la cadena causal de acontecimientos y ubicar al tiempo en estado de suspensión. La narración ordenada y objetiva de aquello que fue solo constituye un discurso arbitrario; uno de los tantos relatos posibles.

El presente libro no traza una historia de las relaciones entre el arte y las tecnologías en términos cronológicos y lineales, limitada a identificar las primeras obras que intersectaron estas esferas. En cambio, propone un análisis de la conformación y el desarrollo de la escena integrada por la confluencia de prácticas artísticas y medios tecnológicos en Argentina, a partir de una serie de problemas desplegados desde la década del noventa hasta nuestros días: ¿de qué maneras el boom digital repercutió en el ámbito de las artes? ¿Cómo fueron las conexiones establecidas desde entonces entre el circuito de las poéticas electrónicas –volveremos sobre esta categoría más adelante– y la escena del arte contemporáneo hegemónico? ¿Cuáles son las fricciones surgidas del encuentro de los paradigmas del arte y la tecnociencia? ¿De qué modos los imaginarios de modernización imperantes han ido modulando poéticas/políticas tecnológicas específicas en el contexto argentino? Busco aquí responder a estos interrogantes reconstruyendo una serie de eventos, obras, relatos curatoriales, espacios de exhibición y plataformas de experimentación e investigación que entrañan piezas fundamentales para los devenires del terreno que nos ocupa, de los cuales, sin embargo, existe escasa documentación disponible. En este sentido, el gran desafío ha sido emprender una investigación arqueológica que permitiera recuperar aquellos "eslabones perdidos" de la historia del arte y la tecnología en Argentina, tramas aún no visibilizadas de un camino en plena construcción y expansión.

Determinadas propuestas simultáneamente artísticas y tecno-científicas, entre ellas las creaciones de Leonardo Da Vinci, o bien las exploraciones de los artistas cuatrocentistas en torno a la perspectiva centralizada basada en principios matemáticos, demuestran que los intercambios entre el arte, la ciencia y la tecnología son anteriores al surgimiento de medios contemporáneos como la computadora, e incluso previos a la invención de la

---

1   "El historicismo plantea la imagen eterna del pasado, en tanto el materialista histórico tiene una experiencia con él que es única. Deja que otros se entreguen a la ramera del Érase una vez en el burdel del historicismo. Sigue siendo dueño de sus fuerzas: es lo bastante hombre para hacer saltar el *continuum* de la historia" (Benjamin, 2009 [1940]: 149).

fotografía y el cine. Más aun, desde comienzos del siglo xx, el interés de los artistas de vanguardia por el nexo entre el arte y la vida se extendió hacia la incorporación de tecnologías en toda clase de propuestas innovadoras. En la Argentina, además de las tempranas obras lumínicas de Gyula Kosice y Lucio Fontana, y las esculturas hidrocinéticas realizadas por el primero, a partir de los años sesenta encontramos proyectos artístico-tecnológicos precursores nucleados en torno al Instituto Torcuato Di Tella (ITDT), entre ellos los de Marta Minujín, Rubén Santantonín, David Lamelas, Lea Lublin, Oscar Bony, Margarita Paksa y Fernando Von Reichenbach. Una década más tarde, el Centro de Arte y Comunicación (CAyC) no solo propició el desarrollo del arte por computadora, sino que también impulsó investigaciones pioneras para la historia del arte y la tecnología. Basta con recordar aquellas encauzadas por Víctor Grippo y Luis Fernando Benedit, ambos referentes de la escena local. Mientras que los años ochenta estuvieron signados por la difusión del video y la manipulación de la imagen electrónica posibilitada por el medio, en la década del noventa tanto la propagación del lenguaje digital como la aparición de Internet suscitaron el surgimiento de obras de net art, CD-ROM interactivos, fotografías intervenidas y otros proyectos realizados mediante el uso de la computadora.

En este trabajo referiré frecuentemente a las prácticas que intersectan arte y tecnología como "poéticas electrónicas". Comprendo bajo esta categoría a aquellas obras que hacen uso material, formal, estético y conceptual de las tecnologías electrónicas, ya sea analógicas o digitales, en distintas instancias del proceso creativo. En consecuencia, la historia que será desarrollada a lo largo de estas páginas se encuentra integrada por prácticas diversas. A las obras mencionadas en el párrafo precedente, nacidas en los años noventa, se suman otras manifestaciones de los años 2000, como entornos sensoriales, instalaciones interactivas, esculturas robóticas, investigaciones en el terreno del diseño paramétrico, impresión 3D, arte generativo y vida artificial. Aunque indudablemente el video forma parte de la escena, el análisis no focalizará en sus prácticas. Dadas sus propias lógicas de desarrollo, cierta legitimación dentro del campo del arte contemporáneo, su ingreso a las principales colecciones públicas y privadas del mundo, y la prolífera reflexión teórica producida en torno a sus obras, el videoarte en sus diferentes expresiones no responde a las hipótesis que serán fundamentadas. Tampoco me centraré en el arte sonoro ni en la literatura electrónica, cuyas manifestaciones también acabaron conformando una suerte de nicho al interior del territorio de las poéticas electrónicas. En síntesis, el libro focaliza en los proyectos que en cierto modo derivan de la tradición de las artes visuales, no obstante veremos que muchas de las prácticas artísticas mencionadas tienden a intersectarse.

Las poéticas electrónicas se extienden en una escena vasta y relativamente indefinida, modulada por una serie de cualidades en permanente tensión: a las revisitadas fricciones entre disciplinas, medios y metodologías disímiles que sus obras entrañan, y que inevitablemente dificultan su clasificación, se añade la frecuente labor de artistas tendientes a incorporar saberes científicos y técnicos, o bien a trabajar en conjunto con especialistas en otros campos disciplinares, disolviendo las fronteras entre la noción de obra de arte tradicional y los conceptos de experiencia y experimento. Estos atributos no solo obstaculizan el encasillamiento de aquellas producciones artísticas, sino que además desafían la concepción de obra física y objetual, que en muchos casos se piensa también como estrictamente individual; dos categorías que aún dominan la historia, teoría y estética del arte contemporáneo.

Las dificultades devenidas al intentar proponer clasificaciones para este tipo de obras es atestiguada por la diversidad de conceptos habitualmente acuñados como sinónimos, entre ellos, "arte de los nuevos medios", "artes digitales", "artes tecnológicas" y "artes electrónicas". De acuerdo con la difundida caracterización propuesta por Lev Manovich (2006 [2001]), los "nuevos medios" se identifican por su "representación numérica", "modularidad", "automatización", "variabilidad" y "transcodificación", cinco nociones que surgen con la expansión de las tecnologías digitales. La representación numérica de los nuevos medios se debe a que todos sus objetos se componen de código digital, motivo por el cual pueden ser descritos en términos matemáticos y están sometidos a manipulaciones algorítmicas. La modularidad resulta de la naturaleza fractal de los nuevos medios, es decir que, aunque sus elementos puedan agruparse, aun cuando formen parte de un conjunto siguen conservando sus características particulares. Los dos aspectos anteriores hacen que diversas operaciones relativas a la creación, manipulación y acceso de los nuevos medios se encuentren automatizadas (ya sea automatización "de bajo nivel", a través de algoritmos simples, o de "alto nivel", en cuyo caso la computadora debe ser capaz de comprender la semántica de los objetos que son generados de manera automática). Asimismo, los primeros dos principios permiten que los objetos de los nuevos medios existan simultáneamente en diferentes versiones. Según Manovich (2006 [2001]: 13), este punto habilita la creación de bases de datos mediáticos y de interfaces a partir de los mismos datos; la interactividad de tipo arbóreo, donde un menú despliega diferentes opciones para su navegación; la hipermedia –organización dada por distintos elementos multimedia conectados mediante hipervínculos–; actualizaciones periódicas que también pueden desencadenar versiones diferentes a partir de los objetos mediáticos iniciales; y la escalabilidad, esto es, la posibilidad de modificar el tamaño y los niveles de detalle de aquellos objetos para obtener nuevas opciones. Por último, la transcodificación genera la informatización de los medios, mediante la cual éstos son convertidos en datos que la computadora procesa en la capa informática.

Sin embargo, la noción de lo novedoso implicada en la categoría "arte de los nuevos medios" es en cierto modo conflictiva. Si tenemos en cuenta los diálogos que las obras que emplean tecnologías establecen con los "viejos medios", en relación a los cuales, además, aquellas se definen como novedad, rápidamente notamos el carácter paradójico del adjetivo implicado. Por otro lado, muchos proyectos se sirven de dispositivos que han surgido hace más de medio siglo, otros incorporan tecnologías de punta, y algunas obras adoptan una estética *low-tech* a través de la utilización de componentes de fácil acceso por sus costos poco elevados, tres circunstancias que nos obligan a repensar la concepción de lo nuevo en relación con el desarrollo tecnológico. En particular, la adopción de una estética *low-tech* ha sido una estrategia frecuente en el contexto latinoamericano para referir explícitamente al entorno social, político y económico en el cual los artistas residen y producen. Una alternativa semejante no implica solamente la decisión de trabajar con materiales asequibles en un sentido monetario, marcando una diferencia con la *high-tech* propia de los países centrales, sino que además suele involucrar el reciclado de tecnologías caducas que han sido suplantadas por otras más novedosas. Esto supone la apropiación y reinvención de recursos tecnológicos preexistentes en operaciones asociadas al DIY (*do it yourself*), el hackerismo, el circuit bending y la cultura libre. Son asimismo estrategias que construyen nuevos significados a partir de tecnologías provenientes de contextos disímiles. Podríamos ubicar aquí, entre otros, las performances de Jorge Crowe, integradas por juguetes electromecánicos, hardware transformado, tecnologías obsoletas y cámaras de seguridad de bajo costo; los proyectos de Leonello Zambón, quien diseña instalaciones, videos e intervenciones urbanas reutilizando dispositivos que han sido descartados; la producción de Constanza Piña[2], centrada en la realización de circuitos blandos *(soft circuits)* –circuitos electrónicos que se realizan sobre telas y otros materiales conductores– y *wearables* (tecnologías "vestibles"); las

2   Constanza Piña es una artista chilena que ha residido en Buenos Aires, donde exhibió su obra e impartió talleres de formación.

instalaciones lumínicas de Azucena Losana y Carolina Andreetti, creadoras del "Taller de construcción de proyectores analógicos precarios" y la obra de Leo Nuñez, sobre la cual volveremos más adelante.

El concepto de "artes digitales" es también problemático, dado que numerosas obras que incorporan tecnologías incluyen dispositivos mecánicos y electrónicos analógicos, anteriores a la irrupción del lenguaje digital. En su "Breve (y desordenado) antiglosario –o diccionario de tópicos– sobre el arte electrónico", José Luis Brea (2002) ironizó la profusión de taxonomías existentes a través de una serie de definiciones que, en lugar de esclarecer el significado de cada uno de los términos, indican que ninguno de los conceptos allí reunidos opera de manera adecuada. Por ejemplo, la noción de "arte electrónico" designa a todo aquello que "funciona con chismes que se enchufan" (Brea, 2002: 5), e incorporan transistores o alguna clase de tecnología informática. Es decir que una obra realizada con un proyector de diapositivas llegaría a ser catalogada como electrónica en caso de que el temporizador estuviera controlado por un chip, idea que puede ser rápidamente desestimada.

En este libro adscribo a la noción de poéticas tecnológicas, propuesta por Arlindo Machado (2000) y reformulada en la Argentina por Claudia Kozak junto con el Exploratorio Ludión, un grupo de investigación dedicado al estudio de las poéticas tecnológicas latinoamericanas que se encuentra radicado en el Instituto Gino Germani de la Facultad de Ciencias Sociales de la Universidad de Buenos Aires. Kozak circunscribe la idea de poéticas a la conceptualización de un hacer, en este caso artístico, asociado a la ejecución de determinadas técnicas: "obras, proyectos, no-obras, ideas, personas y programas artísticos (…)" (Kozak, 2012: 8). En este sentido, las denominadas "tecnopoéticas" son prácticas al mismo tiempo que conceptualizaciones sobre la relación entre el arte y la tecnología. Dicha conceptualización no refiere solo a la praxis artística, sino que además compromete una autoproducción artística tanto en conexión con la técnica artística específica, como con el fenómeno socio-técnico/tecnológico que configura a ciertos modos de ver el mundo en determinado lugar y época (Kozak, 2019: 3). La noción de poética da cuenta de la vastedad de manifestaciones y protagonistas que intervienen, y su extensión concibe la amplitud de un terreno en el que interactúan diversos agentes. Desde este enfoque, toda poética puede ser designada como tecnológica siempre y cuando asuma su dimensión técnico-artística y técnico-social. Por otra parte, las tecnopoéticas resultan políticas, teniendo en cuenta que se encuentran conectadas con el entramado social y técnico del que participan.

Argumentaré que la irrupción de las tecnologías digitales resignificó la relación del arte y la tecnología e hizo emerger escenas relativamente autónomas. Desde entonces, las prácticas artísticas que emplean tecnologías de manera preeminente comenzaron lentamente a delinear un ámbito separado del mundo del arte contemporáneo. La conformación de ambas escenas diferenciadas proporcionó a unas el adjetivo de "tecnológicas", mientras que otras acabaron configurando un circuito independiente clasificado como "arte contemporáneo", si bien es evidente que en los dos casos se trata de prácticas artísticas contemporáneas y muchas de las obras que asiduamente integran el segundo conjunto también podrían ser consideradas tecnológicas[3]. Dado que este trabajo se concentra en la primera de las escenas aludidas, acuño la categoría de poéticas electrónicas en lugar de tecnológicas. Aunque en numerosos casos analizo obras que se valen específicamente de tecnologías digitales, refiero a estas poéticas como electrónicas teniendo en cuenta que algunas de ellas emplean dispositivos electrónicos analógicos.

En la década del noventa, concomitante con la expansión de las tecnologías digitales y la dilatación del campo del video como consecuencia de sus maridajes con otros medios, soportes y formatos, paulatinamente se empiezan a poner en evidencia dos tensiones inherentes a la emergencia y los devenires de la escena de las poéticas electrónicas en Argentina que persisten hasta nuestros días: por un lado, tensiones entre la escena de las poéticas electrónicas y el circuito del arte contemporáneo, integrado por aquellas obras que no incorporan dichas tecnologías de manera preeminente. Todavía estas escenas no habrían logrado integrar un campo unificado. Por otro lado, tensiones entre imaginarios de modernización diversos, los cuales configuraron una serie de obras y exposiciones que en determinadas ocasiones plantean una perspectiva exaltatoria con respecto a las tecnologías empleadas ("tecnología como innovación y espectáculo"); en otras oportunidades sugieren una reflexión crítica sobre el desarrollo tecnológico *per se*, la innovación y la noción de futuro ("utopías críticas"), y en otros casos conforman una plataforma conceptual desde la cual elaboran un discurso

---

3   Ya sea porque se parta de la premisa de que toda obra emplea tecnologías –un extenso debate que en ocasiones ha conducido a considerar que la pintura, el dibujo y otras disciplinas tradicionales también utilizan tecnologías, aun cuando éstas no consistan en tecnologías electrónicas y/o digitales–, o bien porque se entienda que las obras constituyen modos de decir y de hacer que asumen su propio tiempo técnico, en cuyo caso podrían ser calificadas como poéticas tecnológicas.

que trasciende los imaginarios tecnológicos que vinculan a la tecnología con lo nuevo ("tecnología como pre-texto").

La glorificación tecnológica fue intensificada hacia la década del noventa con el boom digital. En ese momento se despertó una fascinación hacia las tecnologías involucradas por las obras que no contribuyó con la integración de la escena de las poéticas electrónicas al circuito del arte contemporáneo hegemónico. Mientras que este último permaneció asociado a las búsquedas conceptuales, las relaciones entre el arte y la tecnología quedaron en gran medida circunscritas a las nociones de novedad, futuro e innovación. Aquel interés gestado en los años noventa hacia la exploración tecnológica desde la praxis artística fue poco a poco impulsando la emergencia de una escena que progresivamente adquirió autonomía, y procuró la misma legalidad que otras obras contemporáneas que no hacían uso explícito de las tecnologías.

En los años sesenta y setenta, distintas iniciativas impulsadas por el ITDT y el CAyC no marcaban diferencias entre las obras que incorporaban tecnologías y aquellas que no lo hacían, en tanto unas y otras convivían en la programación de sus eventos. Esta coexistencia respondió a la intención de los programas del ITDT y el CAyC de instaurar una nueva concepción de obra, en el marco de la expansión del campo artístico propia de la irrupción del arte contemporáneo. En los años ochenta –época en la que empieza a expandirse la producción videográfica en Argentina– y durante la década siguiente, el video todavía integraba una escena separada del arte contemporáneo hegemónico hasta que en los 2000 comenzó lentamente a ingresar a su circuito. Entre el boom digital y los comienzos del tercer milenio, las poéticas electrónicas que fueron más allá del video por momentos lograron intersectarse con la escena del arte contemporáneo que no hacía énfasis en la exploración tecnológica, mientras que en otras etapas ambos circuitos permanecieron diferenciados. La situación cambió hacia el 2004, cuando el nacimiento de programas específicos en instituciones especializadas como el Espacio Fundación Telefónica (EFT) y el Centro Cultural de España en Buenos Aires (CCEBA) provocaron la conformación de un circuito independiente, que cuatro años más tarde ya se mostraría consolidado.

En los últimos años, un conjunto de obras e iniciativas institucionales han tendido puentes entre la escena de las artes electrónicas y el circuito del arte contemporáneo no preeminentemente tecnológico. En muchos casos, lo han hecho a través de la producción y exhibición de proyectos, obras y prácticas "sin casilla", cuya praxis no se ajusta a los paradigmas fundados en taxonomías unívocas y cerradas, sino que instauran una poética de los márgenes, erigida sobre zonas de indeterminación entre las nociones de experiencia y experimento; objeto físico y obra desmaterializada; trabajo individual y labor interdisciplinaria colaborativa.

Con respecto a las lógicas institucionales que caracterizaron a los devenires de la escena entre los años noventa y el presente, es notorio que las políticas dedicadas a promover el cruce del arte y la tecnología reiteradamente han aflorado, irradiado, repercutido en el medio y en un momento determinado fueron desarticuladas. Este tipo de dinámica de crecimiento por estallido anticipa subsiguientes oscilantes devenires que han tambaleado hasta nuestros días. Como efecto de dichos devenires institucionales, en cuyo seno una serie de políticas no lograron sostenerse en el tiempo, los eventos sucesivamente se vieron interrumpidos, situación que dificultó la continuidad de una reflexión crítica que desde el interior de las instituciones no necesariamente académicas pudiera imbricarse con la práctica artística, acompañando a largo plazo la producción creciente. Sin embargo, pese a la discontinuidad de exposiciones, festivales, premios y espacios de exhibición, numerosas obras y artistas lograron subsistir en un contexto de vacío institucional, en ocasiones trabajando de manera independiente y en otros casos estableciendo nexos con otros artistas, presentando su obra en nuevos ámbitos expositivos, y circulando a través de premios y salones que aún continúan vigentes.

Como antecedentes teórico-críticos de esta investigación, parto de diversos ensayos, artículos y textos curatoriales que proponen posibles relatos acerca de los cruces del arte y la tecnología en nuestro país[4]. Los trabajos de Rodrigo Alonso no solo se abocan a las artes electrónicas argentinas, sino que también reconstruyen las prácticas originadas en otros territorios latinoamericanos. Sus investigaciones relevaron obras de diversos artistas precursores y sondearon las implicancias de las producciones originadas en contextos consumidores de tecnologías provenientes de países centrales. Por otro lado, en conexión con los imaginarios de modernización, además de haber analizado la recepción del futurismo en América Latina y las resonancias contemporáneas de aquella idolatría hacia las máquinas (Alonso, 2015), Alonso rastreó los idearios de futuro plasmados en la producción artística argentina. Las muestras *El futuro ya no es lo que era: imaginarios de futuro 1910-2010* y *El futuro llegó (hace rato)*, curadas por él en Fundación

4   Los trabajos de los autores mencionados a continuación como antecedentes teórico-críticos se encuentran consignados en la bibliografía. Por motivos de extensión, he omitido incorporar las referencias bibliográficas en el cuerpo del texto, con excepción de aquellos casos en los cuales remito específicamente a hipótesis formuladas por los escritos.

OSDE (2009) y en el Centro Cultural Kirchner (2016) respectivamente, serán analizadas más adelante.

Asimismo, Graciela Taquini ha sido una de las artistas e investigadoras fundadoras de la escena de las poéticas electrónicas argentinas. Su trabajo contribuyó ampliamente con la difusión de estas prácticas en Argentina y el extranjero. Si bien Taquini se dedicó fundamentalmente al terreno del video, también impulsó numerosas muestras integradas por obras que exploraron diferentes tecnologías, las cuales serán retomadas a lo largo del libro. Por otra parte, la exposición *Recorridos,* co-curada en 2012 por Taquini y Rodrigo Alonso en el Centro Cultural Recoleta (CCR), relevó los principales hitos del campo de las artes electrónicas acontecidos entre 1992 y 2012, y ofreció una descripción ordenada de la pluralidad de artistas, curadores, gestores, eventos y publicaciones surgidos durante aquellos veinte años. Esta cronología supone una bibliografía de suma importancia para estudiar la confluencia del arte y la tecnología en la Argentina porque rescata una diversidad de eventos que no han sido consignados en otras fuentes.

Mariela Yeregui, historiadora del arte, artista y directora de la Maestría en Tecnología y Estética de las Artes Electrónicas de la Universidad Nacional de Tres de Febrero, ha investigado el campo de las poéticas electrónicas desde la teoría y la praxis. Al analizar las características específicas de este tipo de obras, sostuvo que su condición de existencia consiste en la incorporación de lenguajes electrónicos y digitales, no solo entendidos como herramientas de creación, sino además como universo de conceptualización, donde la ubicuidad espacial y temporal, el abandono del carácter representacional y narrativo, la participación activa por parte del público y la preeminencia del proceso por sobre la obra acabada, son algunos de los atributos recurrentes (Yeregui, 2008).

Otra de las líneas de investigación relevantes es aquella impulsada por Claudia Kozak, directora del Exploratorio Ludión. Como ha sido previamente mencionado, su foco de trabajo comprende el análisis de las tecnopoéticas/políticas tecnológicas y el modo en que estas prácticas asumen su propio tiempo técnico, a través de "visiones exaltatorias, transgresoras o resistentes respecto de la construcción social implicada en la tecnología" (Kozak, 2014: 5).

También desde la intersección de la historia del arte y las ciencias sociales, Mario Carlón abordó la relación entre las artes y los medios, particularmente el modo en que este vínculo se vio alterado a partir del desvanecimiento del dominio absoluto de los medios tradicionales propio de la cultura de masas y el modelo *broadcast.* Sus investigaciones son pertinentes para ahondar en el cambio producido en el momento en que la comunicación masiva pasó a ser afectada por los discursos de los usuarios, gobernadores de medios individuales que ellos mismos administran. La multiplicación de las pantallas, la irrupción de Internet, el auge de las redes sociales y la generación de contenidos por parte de los usuarios a través de la web son fenómenos que delinean el contexto artístico y comunicacional en el cual se inscribe el objeto de este libro.

Jorge La Ferla y Carlos Trilnick, docentes en la Facultad de Arquitectura, Diseño y Urbanismo de la Universidad de Buenos Aires, artistas e investigadores, asimismo han sido pioneros en la escena de las poéticas electrónicas argentinas, si bien ambos se han especializado en el campo del video. La Ferla editó y compiló diversas publicaciones relativas a los medios audiovisuales, muchas de las cuales incluyen textos que no habían sido previamente difundidos en la Argentina. Por su parte, Trilnick es el director de Proyecto IDIS (Investigaciones en Imagen y Sonido), un sitio web que reúne información permanentemente actualizada sobre artistas, obras, dispositivos, publicaciones, instituciones y eventos relacionados a la intersección entre el arte y la tecnología, con el objetivo de visualizar las transformaciones operadas por la digitalización de imágenes y sonidos en el campo del diseño.

Otros referentes argentinos dedicados al estudio de la imagen electrónica, también focalizados en el terreno audiovisual, son Jorge Zuzulich y Clara Garavelli, quienes exploraron la historia del video en la Argentina, pero a su vez analizaron los desarrollos institucionales de numerosas entidades vinculadas a otras prácticas electrónicas más allá de la imagen videográfica. Zuzulich (2014) indagó las relaciones entre el campo artístico, la curaduría y las tecnologías en Buenos Aires. Sus aportes resultan de interés para esta investigación porque reflexionan sobre cómo el rol curatorial fue definitorio en la conformación de un campo, mediante la configuración de un circuito institucional de exhibiciones, premios, publicaciones, e incluso intentos de coleccionismo. Asimismo, remitiré a la cartografía crítica trazada por Clara Garavelli (2014), cuya introducción recopila genealogías y dinámicas afines a la historia del arte y la tecnología en Argentina.

Por otro lado, contamos con pesquisas dedicadas a prácticas específicas dentro de la escena de las poéticas electrónicas, como las de Victoria Messi, dedicadas el cruce del arte y la tecnología en Latinoamérica en conexión con el espacio público; Marina Zerbarini, directora de grupos de investigación radicados en la Universidad Nacional de Tres de Febrero y la Universidad

Nacional de las Artes dedicados al net.art; y Mene Savasta Alsina, abocada al campo del arte sonoro producido en la Argentina durante las últimas décadas.

Cabe destacar también las investigaciones desarrolladas en el terreno del bioarte, la biotecnología y la biopolítica por Natalia Matewecki en La Plata, Lucía Stubrin en Buenos Aires y Santa Fe, Martín Maldonado en Entre Ríos, Pablo Rodríguez en el marco del Laboratorio de Fisiología de Proteínas de la Universidad de Buenos Aires y Flavia Costa en Buenos Aires. A aquellas investigaciones encauzadas fuera de la Ciudad de Buenos Aires se suman las de Lila Pagola, artista e investigadora cordobesa dedicada al software y culturas libres, y Mónica Jacobo, quien examinó los desarrollos del arte digital en Córdoba.

Desde una perspectiva latinoamericana más amplia, son fundamentales los estudios de referentes contemporáneos radicados en otros países de la región, entre ellos Giselle Beiguelman, Daniela Kern y Juliana Gontijo en Brasil; Pedro Donoso y Valentina Montero en Chile; José-Carlos Mariátegui, Jorge Villacrota y Max Hernández Calvo en Perú; Tania Aedo, Erandy Vergara y Karla Jasso en México; y Andrés Burbano e Iliana Hernández García en Colombia. Sus respectivos trabajos han analizado las particularidades de las artes electrónicas regionales, mediante la formulación de determinadas nociones como "tradición de paralaje" (Kern); "tecnofagias" (Beiguelman); "distopías tecnológicas" (Gontijo); "emergencia" (Mariátegui); "prácticas que denuncian, desmantelan y proponen alternativas" (Donoso y Montero), en tanto tres líneas de análisis de las implicancias socio-políticas de la convergencia entre el arte, la ciencia y la tecnología en América Latina; y "fronteras móviles y arbitrarias" de las esferas que confluyen en dicho cruce (Montero). Varias de estas categorías serán retomadas a lo largo de los capítulos que siguen.

Tanto el problema específico de los límites entre el arte y la tecnología, como aquel relativo a las relaciones entre dichas poéticas y el mundo del arte contemporáneo hegemónico, han sido escasamente indagados en la Argentina. Un valioso antecedente para la investigación aún postergada fue el seminario "Otro soportes, otros medios", organizado en 2015 por la Academia Nacional de Bellas Artes y dictado por Graciela Taquini en la Fundación Klemm. Entre los temas de las mesas redondas, integradas por distintos artistas invitados[5], se discurrió tangencialmente sobre los encuentros y desencuentros entre el

---

5   Las diferentes mesas estuvieron integradas por Rodrigo Alonso, Mariano Sardón, Mariela Yeregui, Carlos Trilnick, Jorge La Ferla, Max Gómez Canle, Estanislao Florido, Gabriel Baggio, Florencia Levy, José Luis Landet, Leo Nuñez, Azucena Losana, Federico Joselevich Puiggrós, Alejandra Marinaro y Martín Bonadeo.

cruce del arte y la tecnología y el circuito de las prácticas artísticas contemporáneas que no utilizan tecnologías de manera explícita.

Por lo demás, muchos de los eventos y obras que aquí son examinados no han sido incluidos en las cartografías trazadas hasta el momento. Tampoco fueron analizados en profundidad los modos en que los devenires institucionales impactaron en la conformación de la escena del arte y la tecnología, con excepción de la ponencia de Jorge La Ferla y Mariela Cantú presentada en *Un lugar bajo el sol. Los espacios para las prácticas creativas actuales / Revisión y análisis*, un encuentro sobre centros culturales destinados a la creación contemporánea, coordinado en 2006 por Nekane Aramburu en el CCEBA. Allí los autores relevaron numerosas iniciativas institucionales dirigidas hacia el campo del cine, el video y el arte digital en la Argentina, y analizaron las distintas políticas de financiamiento implementadas. Otra fuente en la que La Ferla y Cantú consideran las políticas culturales destinadas a promover el arte y la tecnología en la Argentina forma parte del libro patrimonial del Museo de Arte Moderno de Buenos Aires (MAMbA), publicado en 2012. Si bien el capítulo focaliza en las políticas culturales impulsadas por el museo, simultáneamente rastrea otras instituciones centrales para la historia de las poéticas electrónicas, como el ITDT, el CAyC, la Fundación Antorchas y la Fundación Telefónica.

Las estrategias institucionales encauzadas en los ámbitos de la ciencia y la tecnología argentinos han sido analizadas en detalle por Diego Hurtado (2010), cuya hipótesis sostiene que ambos campos fueron marcados por la frecuente ausencia de políticas públicas potentes de mediano o largo plazo, a causa de las continuas crisis políticas y económicas, así como por la propensión hacia la asimilación, la copia o el trasplante de políticas exógenas sin considerar las particularidades del contexto local. Esta idea me ha permitido barajar posibles paralelismos con el desarrollo del campo artístico, al igual que ponderar las confluencias entre las tensiones heredadas de la historia de la ciencia y la tecnología en Argentina, y aquellas provenientes de la conformación y el desarrollo del campo artístico.

Dado que este ensayo concibe las fricciones entre los campos del arte y la tecnología en Argentina, así como la dificultad que ambas esferas experimentaron para conformar un único campo unificado, la noción formulada por Pierre Bourdieu (1966, 1971a, 1971b) acarrea ciertas dificultades[6].

6   Ana Teresa Martínez (2007a, 2007b, 2007c) inquirió extensamente en la perspectiva de Pierre Bourdieu. Además de examinar su presencia en nuestro país y cómo fue difundida en el ámbito argentino, la autora expuso las dificultades acarreadas por las apropiaciones de un aporte sociológico generado en una geografía que dista de la condición periférica desde la cual ha sido posteriormente retomado, donde las instituciones

Teniendo en cuenta la carencia de institucionalidad que ha caracterizado a las poéticas electrónicas –institucionalidad sin la cual la teoría bourdiana no puede ser pensada– y a fines de discurrir sobre la manera en que el territorio que reconstruyo se configura precisamente a través de las tensiones entre diferentes ámbitos, la noción de campo fue sustituida por el concepto de escena, desde la perspectiva introducida por Sean Cubitt y Paul Thomas (2013). Al trazar una historia del arte de los medios (*media art history)*, los autores demuestran que es preciso considerar las escenas, y no solamente obras y prácticas. Bajo aquella noción comprenden los atributos que definen grupos, ciudades, escritos, performances y publicaciones que en conjunto definen un modo de hacer arte para un grupo de personas en determinado tiempo y lugar. El énfasis puesto en la praxis avecina la definición de escena de Cubitt y Thomas a la concepción de poética previamente referida, entendida como conceptualización de un hacer. Por otra parte, mientras que el concepto de campo remite a una forma preestablecida, circunscrita a fronteras previamente demarcadas, la escena no es fija, sino que es actualizada cada vez mediante la voz, el cuerpo y el gesto. Si el borde antecede al campo para ceñirlo a un tiempo y espacio determinados, el propio devenir de la escena es el que define sus límites en la medida en que ésta es desarrollada. Una de las hipótesis de Cubitt y Thomas sustenta que una historia de las poéticas electrónicas requiere analizar cada uno de los casos de estudio en una constelación de escenas, retomando en cierto sentido la idea de historia proclamada por Walter Benjamin (2009 [1940]).

Mientras que la noción de escena socava la existencia de un campo unificado, también la categoría de reparto de lo sensible, planteada por Jacques Rancière (2014), cuestiona la pervivencia de un común indivisible y totalizador. En cambio, sugiere "un sistema de evidencias sensibles que permite ver al mismo tiempo la existencia de un común y los recortes que definen lugares y partes respectivas" (Rancière, 2014: 19), cuyas formas "estructuran la manera en que las artes pueden ser percibidas y pensadas como artes y como formas de inscripción en el sentido de la comunidad" (Rancière, 2014: 22). Así, al reparto de lo estético se le atribuye una politicidad de lo sensible. La relación entre estética y política se plantearía entonces en la repartición de lo sensible compartido por la comunidad, distribución que acabaría delineando el modo en que arte y técnica son percibidos como tales. La consideración del aspecto político de la tecnología permite evitar considerar a las poéticas electrónicas como prácticas imparciales que casualmente utilizan tecnologías en tanto instrumentos y herramientas para la creación, posición tecnologista que conduce a aceptar pasivamente el proyecto técnico como un mandato indiscutible (Schmucler, 1996). En definitiva, trazar constelaciones de escenas supone asimismo considerar los modos en que se estructura el reparto de lo sensible, es decir, cómo se delimitan los tiempos, espacios y formas de actividad que determinan la manera en que se participa de lo común.

La necesidad de recuperar eslabones perdidos; reconstruir emergencias que escapan a un relato lineal fundado en orígenes únicos y estáticos; trazar historias de discontinuidades, accidentes y desviaciones que sustituyan a la concepción de historia lineal heredada de la Modernidad; y delinear constelaciones de escenas en lugar de asilar obras y acontecimientos, se torna aun más imperativa al ponderar el problema de la contemporaneidad y su relación con el ámbito artístico. Ubicadas entre el instante evasivo del ahora y un pasado que no cesa de quedar atrás, las poéticas electrónicas se emplazan en un terreno constantemente sujeto a los derroteros tecnológicos. Pero el análisis de lo contemporáneo desde la propia contemporaneidad siempre ha entrañado una tarea compleja. Hoy asistimos a la emergencia de nuevos fenómenos cuyas conceptualizaciones se ven dificultadas por el hecho de que nos encontramos sumidos en las profundas transformaciones que configuran una nueva época. El término "contemporáneo", acuñado en el campo de las artes, alude a un tiempo que funda un paisaje mediático diferente a los anteriores. Tanto los proyectos modernos signados por la fe en el futuro, como las perspectivas posmodernas volcadas hacia el pasado, parecen haber quedado atrás. Lo contemporáneo vuelve la mirada hacia el presente. Numerosos autores han teorizado sobre cuándo y cómo inicia esta nueva era cultural, y en qué sentidos se diferencia de los períodos precedentes (Agamben, 2008; Alberro, 2011; Danto, 1999; Giunta, 2014; Smith, 2012b).

La recuperación arqueológica de eslabones perdidos de la historia del arte argentino apunta a enfatizar las distintas temporalidades que atraviesan a las constelaciones de escenas, las cuales se suceden, cruzan y solapan. Dichas escenas fueron leídas desde un estar con el propio tiempo (*con-tempus*) donde confluyen espacios y tiempos heterogéneos. Reconstruir la historia supone, así, una activación crítica de conexiones de escenas diversas que enlaza tiempos disímiles y aprehende el presente como "una suma de vestigios de experiencias del pasado –no necesariamente elaborados– que deben ser resignificadas a la luz de las urgencias del presente" (Antelo en Seia, 2015: párr. 2).

A lo largo del libro analizo un conjunto de exposiciones, festivales, salones, premios, talleres, espacios de exhibición, plataformas y grupos de investigación, constituidos entre mediados de la década del noventa y nuestros días en Buenos Aires[7]. Además, considero materiales que permitieron la reconstrucción de dichos eventos: obras que fueron incluidas en las respectivas curadurías, catálogos de exposiciones, gacetillas de prensa, notas periodísticas, y entrevistas a artistas, curadores, académicos y distintos referentes de la escena. Esta tarea me llevó a indagar aspectos específicos de la conformación y el desarrollo de las artes tecnológicas, así como reponer los ejes curatoriales de las muestras, el rol de las instituciones involucradas y el impacto que las mismas produjeron en el medio local. Las entrevistas constituyeron un material de suma importancia para la investigación, debido a que posibilitaron recuperar las percepciones de los principales actores que forman parte de la escena y, sobre todo, reconstruir algunas exposiciones, festivales y otros acontecimientos de los cuales prácticamente no había información disponible. Los diferentes eventos analizados fueron incluidos al final del libro a modo de anexo[8]. Todos ellos dan cuenta de las estrategias implicadas en diferentes clases de instituciones (museos, centros culturales, fundaciones, galerías), tanto públicas como privadas, financiadas por fondos nacionales y/o extranjeros.

La organización del libro no responde a una linealidad cronológica, sino que los casos de estudio son analizados de acuerdo a una serie de problemas que emergieron en la conformación de la escena de las poéticas electrónicas y estructuraron el desarrollo de la investigación. En el primer capítulo –"Imaginarios de modernización tecnológica en la escena artística"– examino los diferentes idearios de progreso, futuro, innovación y novedad que emergieron en la escena local durante la centuria pasada. El optimismo tecnológico gestado en tiempos de la Revolución Industrial alcanzó un punto culminante a comienzos del siglo xx. Los movimientos migratorios del campo a la ciudad, el crecimiento ininterrumpido de los centros urbanos, los procesos de industrialización y la paulatina incorporación de las tecnologías en diversos

---

7   La decisión de focalizar en el ámbito porteño respondió a la necesidad de acotar la extensión del análisis a una determinada zona de estudio, motivo por el cual me concentré en el escenario de la mayoría de los eventos expositivos y educativos relacionados al objeto de estudio. Esta circunstancia hace eco de la evidente disparidad entre las posibilidades existentes en la capital y el interior del país. Volveré sobre este problema más adelante.

8   Ver pág. 251. Los eventos se encuentran ordenados cronológicamente. Este criterio, que no es el prioritario a lo largo del libro, ha sido implementado con fines prácticos para permitir visualizarlos de manera ordenada.

ámbitos de la vida cotidiana configuraron un nuevo paisaje, en cuyo seno la máquina fue consolidándose como paradigma de los imaginarios de progreso. Sin embargo, en la segunda mitad de una centuria arrasada por las guerras, se profundizaría cierta desconfianza hacia la utopía de renovación política, económica y cultural posibilitada por la técnica que ya había comenzado a germinar a principios de siglo, tal como lo demuestran las obras de Man Ray, Marcel Duchamp, Francis Picabia, George Grosz y Kurt Schwitters. Mientras que los artistas futuristas glorificaban el campo tecnificado de la Primera Guerra Mundial, considerándolo una liberación, éste era condenado por los dadaístas como una expresión de la "demencia final de la burguesía" (Huyssen, 2006 [1986]): 31). El proyecto moderno asociado a la expansión tecnológica asomó de manera ambigua tanto en la esfera artística como en el ámbito científico-tecnológico, debido a que la intención y la capacidad de sorprender mediante creaciones sin precedentes –regidas por las nociones de futuro e innovación– han sido históricamente algunas de sus mayores preocupaciones. En la Argentina, estos rasgos se hibridaron con cierto enaltecimiento acrítico de los paradigmas extranjeros, los cuales tendieron a ser concebidos como símbolos del carácter próspero de la cultura local. En el primer capítulo rastreo las ideas, comportamientos, actitudes y conceptos que modularon los idearios de modernización latinoamericanos y, en particular, los imaginarios argentinos elaborados en torno al arte, la ciencia y la tecnología desde comienzos del siglo pasado con las obras de vanguardia. Los conceptos de cultura de mezcla (Sarlo, 2007), neurosis identitaria (Mosquera, 2010), utopía e invención, nociones que recorren todo el siglo XX e incluso hacen eco en la contemporaneidad, hilvanan las diferentes concepciones poéticas, políticas y tecno-científicas que poco a poco fueron gestándose en la escena argentina. Dichas concepciones tendieron a pivotar entre las constantes influencias extranjeras y la insistencia de componentes vernáculos, así como también entre una actitud de glorificación tecnológica y posturas más críticas hacia la expansión de la máquina. Señalaré que en los años noventa estas posiciones ambivalentes fueron plasmadas en la escena de las poéticas electrónicas a través de la frecuente exaltación de las tecnologías involucradas por las obras, en parte generando como consecuencia su progresiva separación de la escena del arte contemporáneo hegemónico.

En el segundo capítulo, titulado "Primeros amores del arte y la tecnología en Argentina", analizo distintos enfoques teóricos que indagan en las causas y consecuencias del "romance" postergado entre ambas escenas. Los antecedentes de las poéticas electrónicas en el ITDT y el CAyC demuestran que sus respectivos programas institucionales no hicieron diferencias entre la praxis que investigaba la exploración tecnológica y aquella ajena a sus desarrollos. Me detendré en algunos eventos paradigmáticos del ITDT, como *Experiencias Visuales 1967* y *Experiencias 1968*, y otras iniciativas impulsadas por el CAyC, entre ellas, *Arte y Cibernética* y *Argentina Inter-Medios*, para argumentar que en esa época las poéticas electrónicas todavía confluían con otras expresiones del arte contemporáneo. El marcado interés hacia las prácticas artístico-tecnológicas, revelado por ambas instituciones, derivó de la búsqueda de una nueva concepción de obra que trascendiera los medios, herramientas, materiales y formatos hasta entonces conocidos.

El siguiente capítulo, "Devenires de las poéticas electrónicas desde el boom digital: historias (e histerias) de un romance", ahonda en los sucesivos acercamientos y desencuentros entre ambas escenas, particularmente a partir de la expansión de las tecnologías digitales y la comercialización de Internet en Argentina. Estos fenómenos desencadenaron una atracción hacia la investigación de los nuevos medios y herramientas tecnológicos que iría contribuyendo con la gradual autonomía adquirida por la escena de las poéticas electrónicas. Tomo como puntos de referencia una serie de proyectos que fueron clave para la paulatina independización de la escena: los *Seminarios para Realizadores* de la Fundación Antorchas desarrollados en el Camping Musical Bariloche –lanzados en 1994 y, en 1997, rebautizados como *Taller de Perfeccionamiento en el uso artístico de la Internet y multimedios*–, el *Festival Internacional de Video y Artes Electrónicas* (FIV), fundado en 1995, y la creación de arteUna y Fin del Mundo, dos plataformas virtuales surgidas entre 1995 y 1996 con la intención de crear una red entre proyectos digitales emergentes. Entre fines del siglo xx y los comienzos del tercer milenio, las poéticas electrónicas fueron de a poco perfilándose hacia la configuración de un circuito propio, a través de exposiciones específicamente dedicadas a las recientes artes digitales en museos y centros culturales, eventos autogestionados en circuitos más alternativos, premios, salones y algunas exhibiciones en el extranjero.

Bajo el título "Desilusiones amorosas: el nacimiento de instituciones especializadas", el cuarto capítulo focaliza en el surgimiento de instituciones especializadas en la confluencia del arte y la tecnología. Esta situación circunscribió el circuito de las poéticas electrónicas a un ámbito independiente, al mismo tiempo que contribuyó con su crecimiento sostenido. A partir del año 2004, el CCEBA y el EFT concentraron las actividades que venían siendo organizadas de manera segregada en distintos ámbitos culturales. Asimismo sumaron eventos sin precedentes: el *Premio MAMbA-Fundación Telefónica* y el *Taller Interactivos*, en EFT, y el *Laboratorio de Producción* y los *Talleres de Arte Interactivo y Tecnologías para el Arte*, en CCEBA. A través del análisis de notas de prensa, textos curatoriales, comentarios de artistas, curadores y gestores, analizo cómo la escena de las poéticas electrónicas fue consolidada hacia 2008 y reconfigurada unos años después, cuando la alteración de los programas del EFT y el CCEBA impulsó el surgimiento de nuevas plataformas de producción y exhibición.

El quinto capítulo, "El problema de la innovación: glorificación tecnológica, perspectivas críticas y propuestas conceptuales", retoma algunas reflexiones anteriores en torno a los idearios de progreso. Pero si el primer capítulo repone los debates y conceptos que fueron calando los imaginarios de modernización locales, y las secciones subsiguientes reconstruyen la conformación y consolidación de la escena de las poéticas electrónicas, este capítulo vuelve a examinar los idearios artístico-tecnológicos haciendo foco aquí en diferentes propuestas estéticas y curatoriales contemporáneas en las cuales dichos imaginarios han sido plasmados. A fines de revisar los distintos idearios, identifico tres concepciones divergentes acerca del papel desempeñado por la tecnología en la escena artística de nuestros días: "tecnología como innovación y espectáculo", "utopías críticas" y "tecnología como pre-texto".

Por último, en el sexto capítulo, "Artistas, obras y prácticas 'sin casilla': espacios de potencia", propongo que desde los márgenes del experimento y la experiencia, de la obra física y la propuesta desmaterializada, de la labor individual y la práctica colaborativa, las poéticas electrónicas adoptan morfologías y semánticas que tornan a sus zonas fronterizas en espacios de potencia. Además de inquirir en el concepto de potencia, frecuentemente trabajado por la filosofía contemporánea, este capítulo examina determinados proyectos "sin casilla", doblemente asociados al arte y la tecnología, así como a la escena de las poéticas electrónicas y el circuito del arte contemporáneo *mainstream*. Los artistas, obras y prácticas "sin casilla", en conjunto con las curadurías que emplean a las tecnologías como "pre-texto", abren nuevos modos de reencuentro entre las escenas, donde los desencuentros son también posibilidades de existencia, de acuerdo a un paradigma que reemplaza su fundamento ontológico por la decisión ética que supone pensar a la historia como un campo de tensiones.

01

Imaginarios de modernización tecnológica en la escena artística

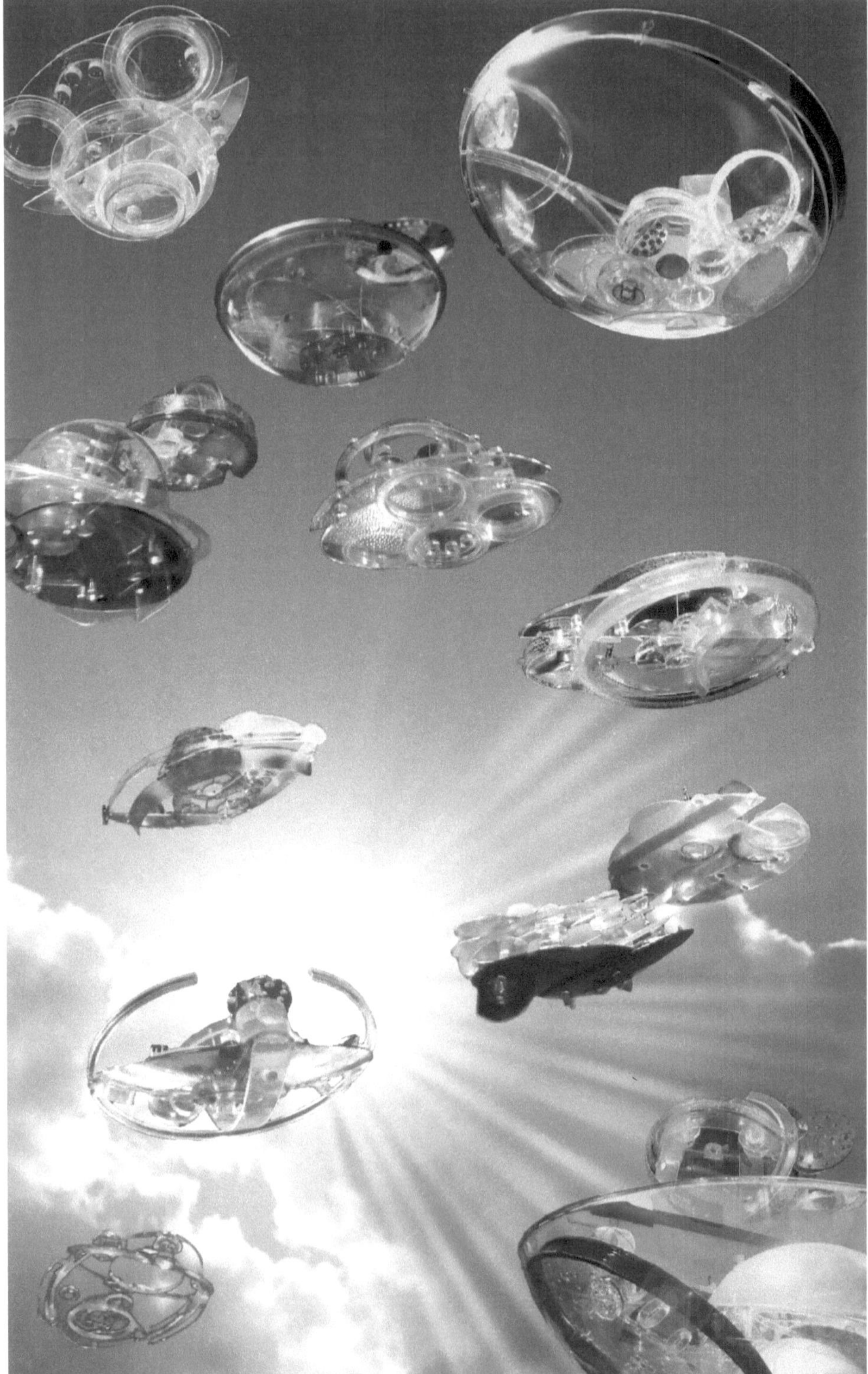

1. Algunas consideraciones sobre el concepto de imaginario

¿Cómo deconstruir las constelaciones de sueños, ilusiones, mitos y fantasías que instauran imaginarios individuales y colectivos? ¿De qué modo las producciones simbólicas de una sociedad determinada proporcionan claves que permiten recomponer sus idearios de futuro? Una primera dificultad al ensayar respuestas sobre las dimensiones simbólicas de lo imaginado radica en encontrar las fuentes en las cuales dichos idearios son representados (Sarlo, 1992: 11), así como identificar con precisión su repercusión en las actitudes de la época.

La noción de imaginario se encuentra emparentada con el concepto de imagen, pero también remite al de imaginación, es decir, adquiere un matiz inventivo que escapa de la función netamente reproductiva. El imaginario social crea significados que en efecto son naturalizados, en tanto devienen en imaginario instituido (Castoriadis, 1975, 2004). En una línea similar, Bronislaw Baczko (1991 [1984]) sugirió que las representaciones de la realidad, históricamente formadas por las sociedades con el objetivo de auto-proporcionarse una identidad, no deben ser leídas como meros reflejos de aquella. Partiendo de materiales tomados del continuum simbólico, los grupos sociales elaboran "ideas-imágenes" –término alusivo a los conceptos de ideario e imaginario, por lo general acuñados como sinónimos–, las cuales impactan sobre los comportamientos y legitiman el poder. El imaginario social es una de las fuerzas reguladoras de la vida colectiva. Pero el adjetivo social connota aquí dos aspectos de la "actividad imaginante": no solo la creación de representaciones referidas a las instituciones y a la sociedad en su conjunto (orden social y político, actores sociales, relaciones de dominación y conflicto, etcétera), sino también la inclusión de la actividad imaginante individual en un fenómeno que es simultáneamente colectivo. Dicho de otro modo, los imaginarios sociales no actúan aisladamente, sino que son articulados con otros idearios y sus respectivos sistemas de símbolos.

A la luz de aquellas reflexiones que ponderan las relaciones entre la dimensión imaginaria y el análisis socio-histórico, las representaciones simbólicas de futuro e innovación de nuestras sociedades contemporáneas pueden ser rastreadas a través del análisis de sus producciones artísticas y tecno-científicas. En los próximos apartados, reconstruiremos las ideas, comportamientos, actitudes y conceptos que modularon los idearios de modernización argentinos, para luego profundizar en cómo los "signos investidos del imaginario" (Baczko, 1991 [1984]: 29) han sido plasmados en la escena de las poéticas electrónicas.

2. Optimismo tecnológico en los movimientos de vanguardia

El enérgico enfrentamiento de los movimientos de vanguardia hacia la "institución-arte" (Bürger, 2009), y su lógica del arte por el arte, comprometió la adopción de nuevas técnicas, herramientas y materiales que permitieran integrar la actividad artística con la praxis vital. Es claro que la intención proclamada por las vanguardias de fundar un arte que quebrara el orden establecido trascendía el sentido estético; si bien respondía a la ilusión de promover una concepción artística alternativa, encarnaba también la utopía de transformación política y social. En este contexto, las tecnologías desempeñaron un papel central: nutrieron la imaginación técnica, al mismo tiempo que modificaron cabalmente los procedimientos artísticos (Huyssen, 2006 [1986]).

Algunos artistas investigaron las posibilidades creativas inauguradas por las tecnologías[9] o, aunque no lo hicieran de manera explícita, reflexionaron sobre la omnipresencia de la máquina en el marco del crecimiento del capitalismo industrializado. En determinados casos, plantearon perspectivas irónicas que socavaban la instrumentalidad tecnológica: Man Ray, Marcel Duchamp y Francis Picabia[10], entre otros exponentes dadaístas, representaron máquinas humanizadas, incluso dispositivos inútiles y vulnerables, mientras que los trabajos de George Grosz y Kurt Schwitters[11] abordaron las mutaciones humanas causadas por la incorporación de rasgos "maquínicos". La inclusión de la tecnología en algunas obras de vanguardia permitía liberar a aquella de su componente instrumental para cuestionar la asociación establecida por la burguesía entre tecnología y progreso, y disputar su noción del arte como práctica neutral, autónoma y orgánica:

> En un nivel de representación más tradicional –que nunca fue abandonado del todo– la crítica radical de la vanguardia a los principios del iluminismo burgués y su glorificación del progreso y la tecnología se plasmó en pinturas, dibujos, esculturas y otros objetos artísticos en los cuales los seres humanos aparecen representados como máquinas y autómatas, marionetas y maniquíes, por lo general sin rostro, con cabezas hundidas, ciegos o con la mirada perdida en el espacio

---

9 Entre otros, László Moholy-Nagy, Naum Gabo, Antoine Pevsner, Vladimir Tatlin y El Lissitzky. Algunas de sus obras serán analizadas a continuación.

10 Asimismo podríamos mencionar aquí a Jean Tinguely. Aunque la obra del artista suizo, nacido en 1925, es posterior a las producciones de las vanguardias históricas, también constituye un exponente de la crítica hacia la glorificación tecnológica, en su caso mediante la construcción de máquinas inútiles.

11 Por ejemplo, *Autómatas republicanos* (1920), de George Grosz, y *Merzbild* (1919), de Kurt Schwitters.

(…). En Dadá, la tecnología funcionó fundamentalmente como un vehículo para ridiculizar y desmontar la alta cultura burguesa y su ideología, y se le atribuyó en consecuencia un valor iconoclasta, en consonancia con el gesto anárquico del dadaísmo. (Huyssen, 2006 [1986]: 32-33)

Por el contrario, otros movimientos dieron fe de un marcado optimismo tecnológico. La atracción ejercida por la máquina no fue privativa del futurismo, sino que también signó el eje de acción del constructivismo ruso, el neoplasticismo y la Escuela de la Bauhaus, cuyos programas estimularon la relación entre el arte, la ciencia y la tecnología a fin de acercar la práctica artística a la vida y contribuir así con la proyección de una nueva realidad. Aaron Scharf (2006 [1966]) describió claramente el rol significativo desempeñado por las tecnologías en la propuesta constructivista pero como parte de un proyecto utópico que superaba al arte en sí mismo:

> El constructivismo nunca tuvo la intención de ser un estilo abstracto en arte, ni siquiera un arte *per se*. En su esencia fue primero y sobre todo la expresión de una convicción muy motivada de que el artista podía contribuir a aumentar las necesidades físicas e intelectuales de la sociedad en su conjunto entrando en una relación directa con la producción de la máquina, la ingeniería arquitectónica, y los medios gráficos y fotográficos. (Scharf, 2006 [1966]: 160)

El constructivismo se colocó al servicio de la Revolución Rusa y surgió como expresión directa de la ideología marxista, en pos de expresar las aspiraciones revolucionarias del proletariado. Mario De Micheli (1979) recuerda una famosa secuencia de *Lo viejo y lo nuevo,* film de Serguéi Eisenstein de 1929, en la cual un grupo de trabajadores rurales observa fascinado el funcionamiento de una máquina descremadora automática. La profunda atracción ejercida por la tecnología –fuerza que decidía el porvenir de la nación en plena etapa de mecanización del campo– permite entrever los imaginarios de modernización imperantes. La consolidación de una nueva estructura implicaba la erradicación del antiguo arte burgués, fundado en distinciones entre artes mayores y menores, y su sustitución por una nueva superestructura, es decir, una nueva práctica artística que fuera impulsada por artistas, científicos, técnicos e ingenieros, quienes se desempeñarían como constructores[12] activos de nuevas formas útiles.

---

12 En 1922, Alekséi Gan publicó *El constructivismo.* Allí definió a la tectónica, la factura y la construcción como los tres principios básicos del constructivismo y sostuvo que el artista es un "constructor de masas". La idea

Desde 1914, Vladimir Tatlin –uno de los artistas más destacados del movimiento– exploró la incorporación de nuevos materiales como madera, metal y cristales rotos en instalaciones "no utilitarias" (Lodder, 1988) que avanzaban hacia el espacio real, como sus construcciones en relieve y contra-relieves de esquina. Pero pocos años después, el artista sintetizó las búsquedas constructivistas por emplear la tecnología en proyectos artísticos que al mismo tiempo perseguían fines sociales. El *Monumento para la Tercera Internacional*, desarrollado entre 1917 y 1920, fue un proyecto utópico que nunca llegó a ser concretado debido a las complejidades técnicas que encarnaba. La idea original consistió en una enorme estructura de hierro en forma de espiral de casi cuatrocientos metros de altura, en cuyo interior diferentes cuerpos de cristal girarían sobre su propio eje a distintos tiempos. Un cubo rotaría anualmente y contendría las actividades legislativas; una pirámide completaría su giro en un mes y estaría dedicada a las actividades ejecutivas; y un cilindro daría la vuelta en un día y funcionaría como un centro de información para las masas con un telégrafo, una estación de radio y un sector para la publicación de panfletos. Un dispositivo de proyección, contenido en un segmento esférico, remataría la parte superior del monumento.

Por su parte, el realismo constructivista de Naum Gabo y Antoine Pevsner también incitó la alianza entre el arte y la tecnología y la relación entre la prácticas artísticas y el trabajo ingenieril, aunque desde una línea menos productivista y utilitaria que la de Tatlin:

> Con la plomada en la mano, con los ojos infalibles como dominadores, con un espíritu exacto como un compás, edificamos nuestra obra del mismo modo que el universo conforma la suya, del mismo modo que el ingeniero construye los puentes y el matemático elabora las fórmulas de las órbitas. (Gabo y Pevsner, 1979 [1920]: 327)

Gabo y Pevsner introdujeron la noción de "ritmos cinéticos" como vía hacia la percepción del tiempo real. Precisamente, las tecnologías serían los medios propicios para materializarlos. En *Construcción cinética: onda estacionaria*, escultura mecánica realizada por Gabo en 1920 para explicar a sus alumnos los principios del cinetismo, una barra metálica dispuesta sobre una base de madera era accionada por un motor eléctrico. Al presionar un botón, la barra comenzaba a oscilar generando ondas estacionarias, las cuales

de construcción reapareció en el Manifiesto de 1923, firmado por el poeta Vladimir Mayakovski y publicado en el primer número de la revista *LEF* (Frente de Izquierda de las Artes), donde se afirma que el arte es construcción de la vida.

producían la ilusión de tridimensionalidad. De esta manera, componentes estéticos y físicos convergían en una obra que investigaba los propios aspectos plásticos y cinéticos.

Mientras el constructivismo se desarrollaba en Rusia, en los Países Bajos nacía el neoplasticismo, puntualmente en 1917 cuando Piet Mondrian conoció en Laren a Theo Van Doesburg, encuentro que desembocaría en la creación de la revista *De Stijl*. La Primera Guerra Mundial suscitó el deseo de renovación artística que sería expresado en una concepción utópica y espiritual de la obra de arte como totalidad objetiva, devenida de la filosofía neoplatónica del matemático M.H.J. Schoenmaekers y la arquitectura de Frank Lloyd Wright. El neoplasticismo buscó la eliminación de toda expresión subjetiva de los artistas en sus producciones, la abstracción absoluta, la implementación de líneas rectas horizontales y verticales, y el trabajo con colores puros y planos. Indefectiblemente, la soberanía de la máquina funcionaba como contrapunto de las técnicas artesanales que seguían conduciendo hacia un arte individual. En tanto la técnica abría el camino hacia la industrialización, permitiría la despersonalización de las obras.

Jacobus Johannes Pieter Oud fue uno de los artistas neoplasticistas que manifestó con énfasis el optimismo tecnológico. En 1918, la revista *De Stijl* publicó su ensayo titulado "Arte y máquina" donde, apelando a un esquema hegeliano, sostuvo que la esencia del nuevo estilo derivaría de la unión de dos tendencias: una adjetivada como "positiva", debido a que proporcionaría expresión artística a los productos técnicos, y otra "negativa", la cual alcanzaría el funcionalismo a través de la abstracción. Según Oud, la universalidad del arte podía ser conseguida mediante los materiales y métodos de producción porque éstos permitirían dar expresión plástica al espíritu. Cuando el arquitecto se preguntaba si aquella forma era provista por la mano del artista o por la máquina, respondía en los siguientes términos:

> Para el artista moderno la futura línea de desarrollo debe inevitablemente conducir hacia la máquina, aunque al principio esta tendencia puede ser vista como herejía. No solo porque la máquina puede dar una mayor expresión plástica que la mano, sino porque desde un punto de vista social y económico la máquina es el mejor medio de manufactura de productos que serán de mayor beneficio para la comunidad que los productos del arte del presente, que solo alcanzan a los ricos. (Oud, 1918: párr. 12)

La última frase del escrito de Oud sintetizaba su visión utópica: "la obra de arte será producida por la máquina". Encontramos aquí una diferencia significativa con respecto al optimismo del constructivismo ruso. En el caso de De Stijl, la relación entre la noción de vanguardia y su posicionamiento hacia el desarrollo de la máquina no se hallaba alineada con un programa político, sino que aspiraba a fundar nuevos valores artísticos con independencia de la realidad material. Para los artistas neoplasticistas, las tecnologías podían resultar útiles porque habilitaban la despersonalización de la obra de arte y la creación de un arte abstracto, de base espiritual y colectivo.

La conexión entre el arte y la técnica también caracterizó a la Escuela de la Bauhaus, fundada por Walter Gropius en la República de Weimar, en 1919. Devenida de la fusión de la Escuela de Bellas Artes y la Escuela de Artes y Oficios de Weimar, la misión central de la Bauhaus consistió en promover la unión entre las bellas artes y las artes aplicadas, en función de la creación de una obra de arte total. Según el propio Gropius, sus antecedentes intelectuales fueron diversos: John Ruskin y William Morris en Inglaterra, quienes en el siglo XIX ya habían postulado la erradicación de la alienación producida por el trabajo con la máquina y la valorización de las prácticas artesanales; Henry van de Velde, figura destacada del art nouveau que aspiró a renovar la artesanía a través de la incorporación de técnicas mecanizadas; Joseph Maria Olbrich y Peter Behrens, convocados por el Gran Duque de Hesse para integrar la Colonia de Artistas en Darmstadt, entre cuyos objetivos propuso estimular el artesanado; y Hermann Muthesius, autor de la Deutscher Werkbund, una asociación que agrupó el arte, la arquitectura y la industria, defendiendo la incorporación de la máquina en la realización de las obras y la tipificación de la producción (Wick, 2007).

Los talleres impartidos en los primeros tiempos de la Escuela de la Bauhaus apuntaban a derribar las fronteras tradicionales entre la actividad de los artistas y los artesanos. De allí que los talleres dedicados a los oficios –cerámica, metal, tejido y carpintería, entre otros– convivieran con los cursos dedicados a la composición, la morfología y el color. La idea de que el aprendizaje de diferentes técnicas manuales conduciría a la síntesis estética fue encarnada por la labor de Johannes Itten, artista y docente a cargo del curso introductorio impartido en la Bauhaus, quien impulsó una línea expresionista, introspectiva y espiritual que perduraría en la Escuela hasta 1922, cuando el antiguo lema que defendía la unidad del arte y la artesanía fuera sustituido por la idea de "arte y técnica: una nueva unidad", en el marco de una Alemania que se recuperaba de la inflación de posguerra y poco a poco fortalecía su industria. Además, en 1923 László Moholy-Nagy sustituyó a Itten como docente del curso introductorio, de manera que la perspectiva romántica, sustentada en la noción medieval de oficio y abocada al trabajo manual, fue reemplazada por la incorporación de técnicas industriales. El artista húngaro sumó nuevos materiales, entre ellos cristal y plexiglás, y motivó la experimentación con medios hasta entonces inexplorados, como fotomontajes y esculturas cinéticas y lumínicas. Una de las obras paradigmáticas realizadas por Moholy-Nagy en aquella época fue su *Lichtrequisit einer elektrischen Bühne*, conocido en español como *Modulador espacio-luz*. Se trató de un dispositivo desarrollado entre 1922 y 1930, y exhibido en una de las salas de exposición que integraron la sección alemana de la exposición anual de la Sociedad de Artistas Decoradores de París en 1930, a cargo de Gropius. El artista presentó diferentes objetos e imágenes, como la proyección de diapositivas con imágenes de telescopios, aviones y distintas escenas cotidianas que permitieran proporcionar una imagen global de la cultura alemana. Una de las áreas de la sala otorgada a Moholy-Nagy estaba dedicada a la escenografía teatral, donde exhibió sus proyectos escenográficos para obras de teatro, así como una pantalla traslúcida, detrás de la cual colocó el *Modulador espacio-luz*. La pieza estaba provista de una serie de placas perforadas, barras y otros elementos que se movían por la acción de un motor e iban generando distintos efectos lumínicos provocados por las luces ubicadas en el compartimento interior del dispositivo. En el Manifiesto *Sistema Constructivo-Dinámico-Fuerza*, publicado en la revista *Der Sturm* en 1924 y firmado por Moholy-Nagy y Alfred Kemény, ya se defendía el reemplazo de la construcción estática por una construcción dinámica, cuyos materiales funcionaran como "portadores de fuerzas" (Moholy-Nagy y Kemény, 2009 [1924]: 378). Algunas investigaciones han demostrado que el proyecto no fue concebido como una escultura cinética, sino como un dispositivo mecánico para generar efectos lumínicos en un escenario o en el ámbito doméstico, transformando el espacio cotidiano y contribuyendo así con la fusión del arte y la vida (Botar, 2010). Esta hipótesis sería comprobada en el film experimental *Juego de luces: negro, blanco y gris,* realizado en 1930, donde Moholy-Nagy registró los efectos lumínicos producidos por el *Modulador*: el dispositivo puede ser divisado de manera fragmentaria pero nunca se muestra en su totalidad.

A partir de 1923, la Bauhaus se volcó hacia el diseño de prototipos para la industria, un giro que procuraba independizar a la Escuela de los fondos públicos. El programa de la Bauhaus aspiraba a la síntesis estética pero incluso proclamaba la síntesis social, vale decir, a orientar la producción estética hacia las necesidades de amplios círculos de la población (Wick, 2007). Desde este punto de vista, el empleo de las tecnologías y el proceso de industrialización permitirían concretar aquellos fines sociales.

3. Perspectivas latinoamericanas sobre la exaltación de la máquina

Como contrapartida del optimismo tecnológico característico de algunos movimientos de vanguardia europeos, en Latinoamérica surgieron perspectivas que cuestionaron la glorificación de la máquina y plantearon actitudes críticas hacia la transposición neutral de discursos exógenos. Vicente Huidobro, César Vallejo y José Carlos Mariátegui no mostraron una fascinación radical por los avances de la técnica. Sin embargo, sus posturas no se enfrentaron a los cambios tecnológicos "sino a su aceptación ensalzadora y acrítica" (Alonso, 2015: 185). En el artículo "Futurismo y maquinismo", Huidobro observó que los aportes del futurismo debían ser acompañados por otra clase de sensibilidad que pudiera trascender el frecuente "maquinismo" de la época. El mero hecho de hacer alusión a las tecnologías no suponía necesariamente un gesto innovador: "Los poetas que creen que porque las máquinas son modernas también serán modernos al cantarlas se equivocan absolutamente. Si canto al avión con la estética de Víctor Hugo, seré tan viejo como él; y si canto al amor con una estética nueva, seré nuevo" (Huidobro, 2009 [1925]).

En el terreno de las artes visuales, observamos una dinámica semejante: muchos artistas optaron por elaborar lenguajes artísticos propios, defendiendo la consolidación de una tradición local, aunque en general fusionándolos con elementos proporcionados por las tendencias provenientes del Viejo Mundo. Por ejemplo, el universalismo constructivo, la vanguardia antropofágica y el muralismo mexicano constituyeron propuestas sin precedentes que procuraron colaborar con la construcción identitaria de sus respectivos países, sin excluir el pasado local previo a la conquista. El retrato del indígena, la inclusión de símbolos prehispánicos o la representación del paisaje nativo, todos ellos desprovistos del exotismo de la mirada europea[13], fueron combinados con las estéticas y los códigos extranjeros.

13   La mirada exótica sobre el territorio americano, afín al espíritu romántico, fue plasmada en los trabajos de los artistas viajeros del siglo XIX, como Mauricio Rugendas, Daniel Thomas Egerton, Claudio Linati, Jean-Frédéric Waldeck, Guillermo Dupaix y Alexander von Humboldt. Este último fue un naturalista alemán que permaneció en América entre 1799 y 1804, recorriendo Venezuela, Cuba, México, Ecuador, Perú y Colombia. Durante sus viajes tomó notas y realizó dibujos de la arquitectura, el paisaje y la indumentaria prehispánicos.

A diferencia de la posición crítica que podría atribuirse a los ya mencionados Huidobro, Mariátegui y Vallejo, el estridentismo demostró una fuerte atracción ejercida por la expansión de la máquina, mediante la confluencia de recursos foráneos y lenguajes vernáculos. Éstos se manifestaron tanto en el campo de la literatura como en el de las artes plásticas. Influido por el ultraísmo español, el movimiento estridentista fue fundado en México en 1921 por Manuel Maples Arce, a partir de la redacción del manifiesto titulado "Actual n.1, Hoja de Vanguardia, Comprimida Estridentista del poeta Manuel Maple Arce". Entre sus integrantes también se encontraban Germán List Arzubide, Germán Cueto, Fermín Revueltas, Luis Quintanilla del Valle, Ramón Alva de la Canal, Leopoldo Méndez y Arqueles Vela. Si bien Porfirio Díaz había apoyado el desarrollo de las tecnologías a través de la construcción de vías férreas, la importación de automóviles y la comercialización de máquinas de escribir, los artistas de su época se mostraban reacios a las novedades de la técnica porque consideraban que los alejaba de los principios y valores estéticos del modernismo decimonónico (Gallo, 2005). Sin embargo, la situación sería alterada hacia la década del veinte, cuando las tecnologías progresivamente difundidas en el contexto mexicano de los años veinte –automóviles, radios, cámaras fotográficas, aviones y máquinas de escribir– fueron modulando el imaginario artístico-tecnológico de toda una generación de escritores y artistas visuales. En este punto, los artistas estridentistas coincidieron con el futurismo italiano:

> Es necesario exaltar en todos los tonos estridentes de nuestro Diapasón propagandista, la belleza actualista de las máquinas, de los puentes gímnicos reciamente extendidos sobre las vertientes por músculos de acero, el humo de las fábricas, las emociones cubistas de los grandes trasatlánticos con humeantes chimeneas de rojo y negro, anclados horoscópicamente –Ruiz Hidobro– junto a los muelles efervescentes y congestionados, el régimen industrialista de las grandes ciudades palpitantes, las blusas (sic) azules de los obreros explosivos en esta hora emocionante y conmovida (...). (Maples Arce, 1921: párr. 5)

Son claras las resonancias del "Manifiesto del Futurismo", redactado por Filippo Tommaso Marinetti y publicado en el periódico francés *Le Figaro* en 1909, texto que fue expresamente citado en el manifiesto estridentista. La belleza de las máquinas que transformaban el paisaje de la ciudad, el humo de las chimeneas fabriles, los nuevos medios de transporte y las construcciones urbanas como puentes colosales comparables con el cuerpo de gimnastas extendidos en el horizonte, son algunas de las imágenes que ya se leían en el escrito del artista italiano:

> Nosotros cantaremos a las grandes muchedumbres agitadas por el trabajo, por el placer o la revuelta; cantaremos a las marchas multicolores y polifónicas de las revoluciones en las capitales modernas, cantaremos al vibrante fervor nocturno de los arsenales y los astilleros incendiados por violentas lunas eléctricas; las estaciones glotonas, devoradoras de serpientes humeantes; las fábricas colgadas de las nubes por los retorcidos hilos de sus humos; a los puentes semejantes a gimnastas gigantes que saltan los ríos, relampagueantes al sol con un brillo de cuchillos; los vapores aventureros que olfatean el horizonte, las locomotoras de ancho pecho que piafan a los raíles como enormes caballos de acero embridados con tubos, y el vuelo deslizante de los aeroplanos, cuya hélice ondea al viento como una bandera y parece aplaudir como una muchedumbre entusiasta. (Marinetti, 1979 [1909]: 307)

No obstante, la vinculación entre el movimiento europeo y el latinoamericano no fue plenamente directa ni la única que los artistas mexicanos mantuvieron con otras tendencias. Si bien las influencias del futurismo en el estridentismo resultan evidentes en el tono de los manifiestos, el frenesí de la vida moderna y el rechazo hacia el pasado, tampoco es posible afirmar que aquel constituya una versión local de la vanguardia italiana. En efecto, existen declaraciones del propio Maples Arce donde el artista señala las diferencias que distancian a su obra de la producción de Marinetti:

> Decir que Marinetti influyó en mí es absurdo. Mi poesía no tiene nada que ver con las tendencias estéticas ni con la poesía misma del futurismo italiano (…). La exaltación de la vida moderna, de las máquinas y del trabajo data de antes. Whitman y Verhaeren sintieron fervor por estas manifestaciones de la civilización de nuestro siglo. El futurismo cantó desde un ángulo externo los objetos mecánicos, yo interpreto desde el interior su canto, su influencia sociológica (…). Creo que las interrelaciones emocionales constituyen uno de los aspectos de mi poesía en aquel tiempo. (Maples Arce, en Mora, 2000: 266)

Independientemente del testimonio de Maples Arce, cuyos esfuerzos por marcar las disimilitudes con el futurismo por momentos eclipsan la claridad de sus argumentos, lo cierto es que concebir las relaciones entre ambos movimientos en clave derivativa omite tanto la compleja trama de relaciones que los estridentistas establecieron con otras corrientes –el ultraísmo español, el unanimismo, el creacionismo–, como los rasgos propios que hicieron a la originalidad de su propuesta. Esta última devino de un contexto particular, signado por la Revolución Mexicana, y recurrió al espíritu provocador gestado en dicha coyuntura para generar una renovación estética, política y social.

En la literatura estridentista, las frases incoherentes y la sintaxis interrumpida evidencian el ritmo agitado de la ciudad, cuya dinámica es traducida a nuevos principios narrativos, en lugar de ser representada de manera mimética (Pardo, 2010). Del mismo modo, las líneas diagonales acentuadas que atraviesan las xilografías *Estación de radio de Estridentópolis* y *Edificio del movimiento estridentista*, ambas de Ramón Alva de la Canal, destacan la monumentalidad de las construcciones y logran captar el ímpetu de la urbe. La primera de ellas presenta el proyecto de una estación de radio para Estridentópolis, denominación acuñada para designar a la ciudad de Xalapa, donde los estridentistas se establecieron hacia 1925. El punto de vista bajo de la representación exagera la altura de las torres que rematan el edificio y, en consecuencia, instaura una perspectiva vertiginosa. Los orígenes de la radiodifusión en México se remontan a 1921. Ese año Constantino de Tárnava –ingeniero mexicano formado en los Estados Unidos– creó la primera radiodifusora del país, cuyo slogan sería "La voz de Monterrey desde 1921". Los estridentistas se vieron cautivados por la radio desde sus comienzos:

> Al igual que Marinetti, los estridentistas vieron a la radio como el modelo perfecto para un proyecto artístico radicalmente nuevo: era un medio caracterizado por la habilidad para trascender fronteras, por el poder para transmitir simultáneamente una miríada de programas diferentes y por el potencial para inspirar una "imaginación inalámbrica" capaz de revolucionar a la literatura.[14] (Gallo, 2005: 26, trad. propia)

La "imaginación inalámbrica" (*imaginazione senza fili*), referida por Marinetti en 1914 como TSF (*telegrafia senza fili*) en *Zang Tumb Tuuum*,

---

14 "Like Marinetti, the Estridentistas saw radio as the perfect model for a radically new poetic project: it was a medium characterized by the ability to trascend national boundaries, by the power to simultaneously broadcast a myriad of different programs, by the capacity to transmit the sounds of modernity, including interference and static, and by the potential to inspire a wireless imagination capable of revolutionizing literature". A partir de aquí, cuando las citas se encuentran en otro idioma, se incorpora la referencia traducida en el cuerpo del texto y la cita original en nota al pie.

mediante el recurso de las "palabras en libertad", selló el comienzo de la fascinación literaria por la radio (Gallo, 2005: 121). Poco tiempo después, en 1923, la revista literaria *El Universal Ilustrado* lanzó la primera estación radial mexicana. En su programa inaugural, Maples Arce leyó *TSH* ("telegrafía sin hilos"), una obra que no solo remitía a la obra de Marinetti a través del título, sino que también celebraba las posibilidades del medio (Gallo, 2005: 123). Luis Quintanilla fue otro de los artistas interesados en él. Su colección de poemas *Radio. Poema inalámbrico en trece mensajes*, publicado bajo el seudónimo de Kyn Taniya, es un ejemplo paradigmático del carácter "radiogénico" de la poesía estridentista. Gallo retoma la teoría del crítico francés André Cœuroy, quien en *Panorama de la radio* (1930) dividió la literatura asociada con la radio en dos categorías: mientras que la estructura y el lenguaje de las obras radiofónicas no son modificadas por el medio, dado que solo abordan a la radio como tema y son transmitidas a través de ella, los trabajos radiogénicos "son escritos para ser emitidos y su estilo, estructura e incluso extensión son configurados por las posibilidades y las limitaciones de la radio"[15] (Gallo, 2005: 164, trad. propia). Una obra como la de Kyn Taniya fue escrita para un "oyente inalámbrico" y, junto con otras producciones realizadas por sus contemporáneos, lleva la "huella" de la tecnología que la creó[16] (Gallo, 2005: 164, trad. propia). En resumen, la radio permitió ampliar la difusión de las obras estridentistas, a la vez que moduló una literatura diferente cuya instancia de producción atendía a las condiciones de recepción propias del nuevo medio: fueron obras hechas *de* y *para* la radio, uno de los emblemas por excelencia de la Modernidad.

4. Cultura de mezcla: criollismo, modernidad e invención

Al analizar los movimientos argentinos de vanguardia, detectamos un proceso similar con respecto al de otros territorios latinoamericanos. En el primer capítulo del libro *Una modernidad periférica: Buenos Aires 1920 y 1930*, titulado "Buenos Aires: una ciudad moderna", Beatriz Sarlo (2007 [1988]) hace una descripción minuciosa de algunas de las obras que Xul Solar exhibió en Buenos Aires a partir de 1924, fecha de su regreso al país luego de haber residido doce años en Europa. La geometrización de las figuras que pueblan sus composiciones, y el carácter místico y simbólico que las caracte-

---

15   "(…) are written for broadcast, and their style, structure, and even lenght are shaped by the possibilities and limitations of the radio".

16   "(…) they bear the imprint of the new technology that produced them".

riza, son algunos de los rasgos derivados de las influencias europeas, como la vertiente visionaria-utópica del expresionismo alemán, de acuerdo a la cual la arquitectura permitiría la unión del hombre y las prácticas artísticas, pero también los artistas de *Die Brüke* y la impronta espiritual de *Der Blaue Reiter*, fundamentalmente a través de la obra de Paul Klee y Wassily Kandinsky.

La reconstrucción de Sarlo, asimismo, logra captar el sistema iconográfico característico del trabajo de Xul Solar, que combina banderas, efigies precolombinas, signos astrológicos y cabalísticos, construcciones fantásticas, personajes híbridos antropo-zoomorfos, panlengua, neocriollo y "modernas quimeras" (Sarlo, 2007 [1988]: 13): hombres con cabeza de ave, ruedas en los pies, chimeneas, escaleras y anclas desprendidas desde el centro del cuerpo y hélices en el cuello que les permiten sobrevolar un paisaje esquemático y descontextualizado. Estas últimas imágenes refieren a *Dos mestizos de avión y gente* (1935), realizada en lápiz acuarela y grafito sobre papel. El mestizaje propio de las obras de Xul Solar, compuestas por la coexistencia de elementos heterogéneos, es leído por Sarlo como un "rompecabezas de Buenos Aires" (Sarlo, 2007 [1988]: 14), cuya mezcla asimismo resonó en la esfera cultural. Los imaginarios de modernización argentinos fueron modulados por una doble tendencia que de forma simultánea "intersectó modernidad europea y diferencia rioplatense, aceleración y angustia, tradicionalismo y espíritu renovador, criollismo y vanguardia" (Sarlo, 2007 [1988]: 15). Entre los años veinte y treinta, en Buenos Aires no solamente se mezclaban idiomas, como efecto del proceso migratorio iniciado hacia fines del siglo xix, sino que también se fusionaban paisajes diversos, donde convivían cables de alumbrado eléctrico, medios de comunicación novedosos como la radio y la ramificación del tranvía, con terrenos baldíos que aún no habían sido incorporados al nuevo diseño urbano. Se trataba de un proyecto en vías de concreción que sorprendía a los habitantes que todavía recordaban la fisonomía de la Buenos Aires de antaño. Los vestigios de la ciudad del pasado comenzaban a solaparse con los primeros signos de la capital moderna, configurando una "cultura de mezcla" que resultaba de la coexistencia de "elementos defensivos y residuales junto con los programas renovadores; rasgos culturales de la formación criolla al mismo tiempo que un proceso descomunal de importación de bienes, discursos y prácticas simbólicas" (Sarlo, 2007 [1988]: 28).

En su investigación acerca de la imaginación de futuro en Buenos Aires en torno al Centenario, Margarita Gutman (2011: 26) advirtió que las imágenes anticipatorias del porvenir construyeron un futuro urbano, vale decir, un "futuro de ciudades". Las tensiones descritas por Sarlo entre las reminiscencias de la Buenos Aires que había sido y los nuevos rasgos urbanos adquiridos son también subrayadas por Gutman. El futuro de la ciudad imaginada, alterada por su incremento demográfico, composición social y mercado interno, "contrasta con el desarrollo económico del país en esos años, básicamente centrado en la explotación agropecuaria" (Gutman, 2011: 27). En las primeras dos décadas del siglo xx creció el interés por la ciencia y la tecnología en el ámbito porteño, cuya atracción cristalizó en la convicción de que estas esferas permitirían "iluminar los excitantes senderos de un futuro mejor, llenos de confort y velocidad" (Gutman, 2011: 28). La autora demuestra que los idearios de modernización que fueron plasmados en las revistas ilustradas de la época –*Caras y Caretas, La Vida Moderna* y *El Hogar*, entre otras– se nutrieron de las innovaciones tecnológicas que estaban transformando el paisaje de Buenos Aires, en particular, las comunicaciones, el transporte y la electricidad. Mientras que los "planes letrados disciplinares", diseñados por ingenieros, arquitectos, paisajistas, higienistas y funcionarios públicos, se basaron en los proyectos urbanos parisinos para mejorar la ciudad preexistente manteniendo la cuadrícula, abriendo avenidas, creando plazas y jerarquizando puntos centrales, pero eludiendo la incorporación de los desarrollos tecnológicos, la propuesta de la "ciudad vertical del porvenir", construida y difundida por las revistas ilustradas, tomando como modelo a Nueva York, fue completamente diferente (Gutman, 2011: 37). La ciudad vertical del porvenir ideó un plan urbanístico vertical y tridimensional, conectado por diferentes medios de transporte, provisto de energía eléctrica y permeable a todos los desarrollos científicos y tecnológicos de la época. Gutman resume las oposiciones entre ambos planes en los siguientes términos:

> (…) la ciudad bidimensional desarrollada sobre un plano principal de los planes letrados *versus* una estructura tridimensional que ocupa el espacio aéreo en la ciudad vertical del porvenir; los transportes corriendo mayormente sobre un único plano horizontal *versus* los transportes que conquistan el aire y corren por estructuras tridimensionales segregados por tipo y velocidad; la organización jerárquica y centralizada *versus* estructura isomorfa en red; una concepción unitaria de plan *versus* un agregado por fragmentos; los espacios de lugares de los planes letrados *versus* espacios de flujo de la ciudad vertical del porvenir; las calles como ámbito de encuentro y multifuncionales *versus* calles sumergidas destinadas al transporte y los

servicios; energía eléctrica utilizada como apoyo al funcionamiento de la ciudad *versus* energía eléctrica vital para el funcionamiento de los flujos; ciudades distantes conectadas relativamente en el tiempo *versus* compactación del tiempo y el espacio con la comunicación instantánea y los transportes; ritmos de vida rutinarios cíclicos de día y noche *versus* la ciudad 24/7. (Gutman, 2011: 39)

Pero los imaginarios de modernización y la fe en el futuro no se manifestaron de igual manera en los distintos círculos políticos e intelectuales. El cosmopolitismo de los sectores conservadores coexistía con cierto desdeño hacia el proceso de modernización urbana. Este último fue encarnado por artistas y pensadores que añoraban el pasado perdido y defendían una utopía centrada en el escenario rural. Si Manuel Gálvez, Leopoldo Lugones y Ricardo Rojas habían expresado desde distintas perspectivas un nacionalismo cultural melancólico en torno al Centenario de la Revolución de Mayo, una década más tarde Ricardo Güiraldes proclamaba un ruralismo utópico (Sarlo, 2007 [1988]: 43), mientras que Jorge Luis Borges impulsaba un criollismo urbano de vanguardia, afín a la propuesta estética y conceptual de Xul Solar, entrelazando tradiciones rioplatenses y corrientes europeas como el ultraísmo. La argentinidad ya no radicaba en la figura del gaucho y el ambiente del campo, sino en la construcción de personajes suburbanos. A diferencia de la producción plástica de Xul Solar, atraída por las máquinas y las ciudades fantásticas tecnologizadas, y lejos también de los paisajes urbanos futuristas descritos por Arlt en obras como *El amor brujo* –los cuales en gran medida recuerdan las ciudades proyectadas por las revistas ilustradas y evocan escenas de películas de Fritz Lang o Friedrich Murnau[17]–, Borges aún enunciaba la nostalgia hacia la ciudad criolla en vías de desaparición (Sarlo, 1995).

La revista *Martín Fierro*, publicada entre 1924 y 1927, fue uno de los órganos difusores de la vanguardia argentina de los años veinte y un instrumento de intervención en el nuevo paisaje moderno (Sarlo, 2007 [1988]). Influida por el ultraísmo, los textos de Ramón Gómez de la Serna y la obra de Evaristo Carriego, la publicación buscaba producir una renovación estética, al mismo tiempo que se preguntaba por la identidad nacional y el

---

17 Sarlo (1992) analiza las relaciones entre los rascacielos en H, proyectados por Balder en *El amor brujo* de Arlt, y el city-block ideado por Wladimiro Acosta entre 1927 y 1935. El arquitecto ruso había emigrado a Buenos Aires, luego de haber trabajado en el diseño de los decorados de *Fausto* de Friedrich Murnau: "El city-block (rascacielos en cruz) y el rascacielos en H son un planteo contra la ciudad construida por la historia, desde las posibilidades abiertas por las nuevas tecnologías que, en el marco económico y de desarrollo urbano de Buenos Aires, desempeñaban una función futurística: es la ciencia ficción de la novela y la reforma urbana" (Sarlo, 1992: 49).

modo de abordarla desde la consolidación de un lenguaje vanguardista. La revista contó con las participaciones de escritores como Oliverio Girondo, Jorge Luis Borges y Leopoldo Marechal, así como de artistas visuales, entre ellos Xul Solar, Norah Borges y Emilio Pettoruti. En el "Manifiesto de Martín Fierro", escrito por Girondo en 1924 e incluido en el cuarto número de la publicación, se pone en evidencia la atracción ejercida por los desarrollos de la técnica, la cual operaba como "discurso de lo nuevo" (García Cedro, 2014: 23). En los primeros párrafos del texto, se hacía referencia a la nueva sensibilidad que caracterizaba a la época y que permitía descubrir "panoramas insospechados y nuevos medios y formas de expresión" (*Martín Fierro*, 1924: 1). Haciendo eco de la famosa frase del "Manifiesto del Futurismo" (1909), firmado por Marinetti y citado previamente, donde el artista italiano declaraba que "un automóvil rugiente que parece correr sobre la metralla es más bello que la Victoria de Samotracia" (Marinetti, 1979 [1909]: 307), el manifiesto argentino exponía: "MARTÍN FIERRO se encuentra (…) más a gusto en un transatlántico moderno que en un palacio renacentista, y sostiene que un buen Hispano-Suiza es una OBRA DE ARTE muchísimo más perfecta que una silla de manos de la época de Luis XV" (*Martín Fierro*, 1924: 2). Aunque Girondo no ignoraba los aportes americanos para el desarrollo de un lenguaje artístico propio, destacaba la confianza en la "capacidad digestiva y de asimilación", la importancia de dar un "tijeretazo a todo cordón umbilical" y la necesidad de "mirar el mundo con pupilas actuales" (*Martín Fierro*, 1924: 1-2).

Paralelamente, la izquierda nucleada en torno a la editorial Claridad, representada en el campo de las artes plásticas por los Artistas del Pueblo –José Arato, Adolfo Bellocq, Guillermo Facio Hébecquer, Agustín Riganelli y Abraham Vigo–, rechazó la tendencia de la revista *Martín Fierro* y el Grupo de Florida, calificándolos como extranjerizantes y cosmopolitas. Optaron, en cambio, por retratar la vida del proletariado en aguafuertes, xilografías y litografías realistas que se valían de técnicas de reproducción sencillas para lograr su amplia difusión. Mientras tanto, *Martín Fierro* refería a la literatura del Grupo de Boedo como una producción escrita por quienes mantienen una relación con el lenguaje exterior y buscan ocultar su pronunciación extranjera (Sarlo, 1982). No obstante, es conveniente evitar las frecuentes aseveraciones radicales que se agotan en el antagonismo tecnofilia martinfierrista/tecnofobia boediana. Aunque en la revista *Martín Fierro* la técnica aparecía sobre todo como símbolo de lo nuevo, mientras que para *Claridad* y los artistas de Boedo la máquina era el ícono de la explotación de la clase trabajadora[18], hubo asimismo zonas intermedias dadas por la concurrente seducción y rechazo hacia la técnica. Así lo testimonia la obra de algunos artistas que participaron simultáneamente de ambas publicaciones.

En síntesis, la idea de lo nacional fue adquiriendo sentidos diversos en función de las distintas percepciones de los actores sobre su realidad contemporánea (Wechsler, 2010: 311): algunos traducían la pregunta identitaria en paisajes campestres y retratos de los personajes locales; otros mostraban los efectos indeseados del proceso de modernización mediante un arte social que aspiraba a la liberación de los trabajadores oprimidos; y un tercer grupo apostaba al desarrollo de nuevos lenguajes que afianzaran un verdadero arte de vanguardia.

5. Neurosis identitaria: ¿civilización mecanizada o barbarie artesanal?

Los idearios que asocian a la máquina con el ámbito de la ciudad, por oposición al contexto rural ajeno a los avances de la técnica, hunden sus raíces en las tensiones decimonónicas entre civilización y barbarie. Estas fricciones no fueron privativas del ámbito argentino, sino que se inscriben en la "neurosis identitaria" que ha expresado sus síntomas en el terreno de las artes plásticas, jugando de rebote a través de la apropiación de tendencias hegemónicas provenientes del norte (Mosquera, 2010). En el marco del proyecto de investigación "Arte Contemporáneo del Ecuador" (Centro Ecuatoriano de Arte Contemporáneo), Gerardo Mosquera sugirió que la pregunta latinoamericana por el quiénes somos ha emergido de una serie de causas específicas propias de la historia de la región, como los múltiples componentes de su etnogénesis, los complejos procesos de acriollamiento e hibridación, la presencia de grandes grupos indígenas no integrados, y el enorme flujo migratorio mantenido durante todo el siglo xx (Mosquera, 2010: 124).

Cuando en los años cuarenta José Medeiros participó de la Expedición Roncador-Xingú, en Mato Grosso, impulsada por la presidencia de Getúlio Vargas con el objetivo de adentrarse en el territorio central de Brasil, el artista tomó diversas fotografías que retrataban a los grupos indígenas de la zona.

---

18 Sarlo (2007 [1988]: 27) explica que mientras que la revista *Martín Fierro* difundió el criollismo urbano, *Claridad* y *Los Pensadores* se concentraron en realizar traducciones para lograr la democratización de la cultura europea. Estas dos últimas se habrían ubicado en una posición intermedia entre el enfoque de *Martín Fierro* y el otro extremo representado por la revista *Contra*, abocada a la relación entre la revolución estética y la revolución política.

En una de ellas, titulada *Indios Xavante empurrando avião*, cinco indios pertenecientes a esta etnia amerindia son capturados de espaldas mientras empujan desnudos una de las alas de una avioneta. Una sexta persona asoma en primer plano parcialmente cubierta por la hélice. En otra imagen, un habitante yawalapiti hace un movimiento similar; también fotografiado de atrás, toma con su mano derecha una de las ruedas de la nave y apoya la izquierda sobre su parte delantera. Ambas fotografías resumen las antinomias tecnología/naturaleza y pasado/futuro, al mismo tiempo que recuerdan la figura del "bárbaro tecnizado"[19] referido por Oswald de Andrade en el "Manifiesto Antropófago" de 1928: mediante la operación antropofágica implícita en la deglución de lenguajes artísticos extranjeros, en pos de la consolidación de un arte local, el bárbaro tecnizado expresa la posibilidad de apropiación del patrimonio cultural de los países centrales, incluso sus conocimientos y herramientas técnicas. Despojándola de su aspecto alienador, la Antropofagia contribuiría con la humanización de la técnica y a liberar así su potencial creativo (Nitschack, 2016).

La dicotomía entre civilización y barbarie marcó tajantemente los idearios argentinos. Aquella utopía encarnada por la consolidación de una nación moderna, forjada hacia fines del siglo xix por la Generación del 80 y continuada durante la centuria siguiente, concibió a la máquina como símbolo de civilización. De esa forma tendió a configurar una esfera tecnológica en tanto dominio universal, evitando problematizar los significados locales de los medios, instrumentos y herramientas comprometidos. Si la ciudad era concebida como el espacio civilizado que albergaba los desarrollos de la tecnología, el campo no era más que un territorio atrasado y vacío –un "desierto"– que había que ocupar. Según Paola Cortés-Rocca (2011: 128), quien se dedicó a estudiar las transformaciones culturales producidas por el surgimiento de la fotografía hacia fines del siglo xix, la detentación de la máquina precedía al propio acto de conquista. Más aun, dicha posesión constituía el fundamento que desencadenaba toda la operatoria: la civilización se autoconcedía el derecho de domesticación de la barbarie porque ostentaba la técnica que certificaba su carácter civilizado.

---

19   La noción de "bárbaro tecnizado", citada por Oswald de Andrade en el "Manifiesto Antropófago", había sido propuesta por Hermann Graf Keyserling, filósofo y viajero alemán que recorrió Sudamérica en la década del veinte. Atravesado por ideales aristocráticos, clichés orientalistas y concepciones románticas, para Keyserling el bárbaro tecnizado era el resultado de la potencia destructiva de la técnica y el tiempo avasallador del progreso, en lugar de un símbolo de redención del mundo occidental en decadencia, tal como lo veía Andrade (Faria, 2013: 912).

Estos idearios no solo impactaron en el ámbito de las artes, sino también en los campos de la ciencia y la tecnología. También lo hicieron las tensiones entre nacionalismo y cosmopolitismo aludidas en los apartados precedentes. En el plano específico de la conformación y el desarrollo de las políticas de ciencia, tecnología e innovación en la Argentina, se hacen ostensibles las fricciones entre dos estrategias dispares que han ido alternándose en distintos períodos, especialmente desde mediados del siglo xx: por un lado, estrategias político-tecnológicas que tienden a disminuir el papel regulacionista del Estado y favorecen la importación de tecnología, entendiéndola como una vía necesaria y eficaz para contribuir con el proceso de modernización; por otro lado, modelos caracterizados por un mayor nivel de intervencionismo estatal en los distintos sectores de la economía, mediante la creación de instituciones tendientes a promover, regular y solventar el desarrollo tecnológico. Diego Hurtado (2010: 18), físico y especialista en historia de la ciencia argentina, sintetizó estas tensiones al describir el "impacto traumático" –otra faceta de la neurosis identitaria descrita por Mosquera– que sufrieron las instituciones al pasar de un régimen de sustitución de importaciones, basado en la industrialización, a la apertura económica y la desregulación del mercado. En una de las entrevistas realizadas por Hurtado a distintos especialistas citados por el libro, el autor retoma la postura de Juan Carlos Del Bello, quien afirmó que la comunidad científica argentina cabalga en medio de contradicciones. Mientras que algunos cuestionan la intervención del Estado a favor de la autonomía científica y económica, otros defienden la estatización de la ciencia y la tecnología (Hurtado, 2010: 225).

La década del treinta habría sido clave para la historia de la ciencia local porque para esa época ya había surgido una comunidad científica que disputaba su posicionamiento político y social –un campo científico en términos de Bourdieu– y, por otra parte, se asistía al inicio del proceso de industrialización que repercutiría en el aspecto económico de las tareas de investigación. La tesis de Hurtado sugiere que desde 1930 fueron combinadas sucesivas perspectivas idealizantes sobre la actividad científica de otros países que funcionaron como modelos, entre ellos Alemania, Estados Unidos y Japón, según una lógica de caja negra: "se proponen ajustes a la entrada para obtener un resultado a la salida" (Hurtado, 2010: 13). La yuxtaposición caleidoscópica de enfoques e imaginarios provenientes de los países "avanzados"[20], sumada a la ausencia de firmes políticas públicas que promovieran el crecimiento y la consolidación del campo tecno-científico, habrían provocado que el sistema de la ciencia y la tecnología argentinas no lograra superar su estadio de subdesarrollo. Sería ingenuo relegar la solución del problema a la cuestión financiera, descuidando el carácter sustancial desempeñado por aspectos relativos a la gestión e infraestructura:

> (…) Hoy el país tiene la capacidad de fabricar satélites, pero debe pagar muchos millones de dólares para ponerlos en órbita. Estas historias muestran que no importa cuánto capital se invierta, ni la capacidad de los científicos e ingenieros involucrados, ni el grado de avance alcanzado, ni los metros cúbicos de instalaciones, la volatilidad de los proyectos de desarrollo de tecnologías complejas en los países periféricos depende de manera vital de la capacidad de gestión política y diplomática. (Hurtado, 2010: 232-233)

Repetidamente las políticas públicas combinaron de manera heterogénea un complejo de prescripciones elaboradas con la mirada puesta en casos exitosos de otras latitudes (Hurtado, 2010: 12), pero omitiendo trabajar en las condiciones de posibilidad necesarias para que aquellas teorías exógenas fueran asimiladas, o bien en los desafíos planteados por la adaptación de tecnologías de punta en contextos diferentes a los ámbitos en los cuales dichas innovaciones han sido desarrolladas.

6. Artistas inventores

Una arista de las complejidades inherentes a la cultura de mezcla es advertida en la configuración de imaginarios de modernización divergentes, encarnados en determinadas figuras que asumieron los avances de la técnica desde perspectivas antagónicas. La fascinación provocada por la ciencia y la tecnología no solo operó como ícono de lo nuevo en las búsquedas de las vanguardias estéticas, sino que también integró los "saberes del pobre" (Sarlo, 1992: 9) que mixturaban fragmentariamente conocimientos tecno-científicos y paracientíficos diversos –astrología, alquimia, hipnosis–, compensando las diferencias culturales entre la esfera letrada y la cultura de los sectores populares, sobre todo de origen inmigratorio. Poco a poco nacía la figura del inventor. Frente a los saberes teóricos del intelectual, los "amateurs de lo

de desarrollo. Suelen ser descritas de esta manera aquellas naciones con economías más fuertes, mayor desarrollo industrial y comercial y altos índices de desarrollo humano (IDH), en función de la riqueza, educación y salud de sus habitantes.

nuevo" (Sarlo: 1992: 90), de origen popular, trabajaban de modo autodidacta estimulados por la ilusión de obtener fama y riqueza, mediante un saber hacer que convertía a la técnica en la "literatura de los humildes" (Sarlo, 2007 [1988]: 57). Esta figura del inventor resulta paradigmática en algunas obras de Roberto Arlt, en particular *El juguete rabioso, Los siete locos* y *Los lanzallamas,* cuyos personajes denotan "saberes o prácticas que entrecruzan modernidad y arcaísmo, ciencia y paraciencia, empirismo y fantasías supra-sensoriales" (Sarlo, 2007 [1988]: 55), vale decir, otra de las manifestaciones de la cultura de mezcla forjada en Buenos Aires en los años veinte y treinta. No obstante, en otras obras de Arlt como *El amor brujo,* anteriormente nombrada, el autor proyecta imaginarios urbanos que no reconocen filiaciones con los saberes del pobre, sino que son concebidos más allá del paisaje real de la Buenos Aires de los años treinta y más acá de la idea de una ciudad del futuro atravesada por la técnica. Allí se superponen imágenes de rasca-cielos y muros de cobre, aluminio o cristal con descripciones de los viejos conventillos, el aire contaminado y las calles sucias y atiborradas, bajo una "estética industrial barroca" (Sarlo, 1992: 48), casi un "delirio gótico" (Sarlo, 1992: 52), que también expresa la cultura de mezcla porteña.

Fernando Crudo pudo haber sido uno de los protagonistas arltianos y probablemente su invento hubiera quedado plasmado en alguna obra de Xul Solar, junto con otras de las máquinas fantásticas representadas por el artista. Aunque el trabajo de Crudo –formado como químico industrial en una escuela politécnica porteña– no comprometió prácticas místicas ni imaginó una ciudad del futuro, su labor combinó técnicas litográficas, fo-tográficas y fonográficas que resultaron en la creación de su fotoliptófono,

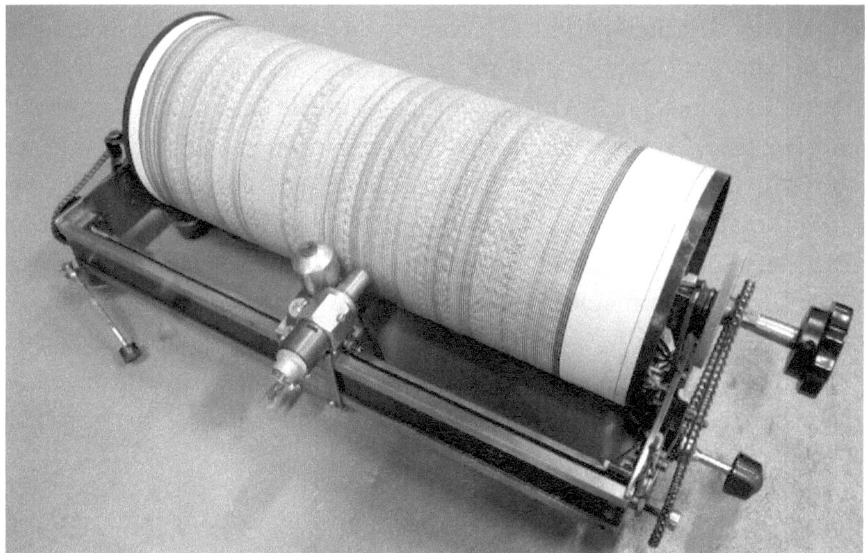

concebido en la década del veinte y patentado en 1934. Basándose en la reciente tecnología del cine sonoro, donde una fuente de luz impactaba en la tira de oscilogramas y las variaciones lumínicas captadas por un sensor eran traducidas a modulaciones de sonido, Crudo diseñó un artefacto que permitía grabar y reproducir audio tomando como soporte a una hoja de papel. El dispositivo consistía en un cilindro motorizado que contenía una película fotosensible. Al girar, una lámpara proyectaba luz sobre él, al tiempo que un micrófono relevaba las variaciones sonoras y las convertía en cambios de tensión. De acuerdo a las descripciones de Jorge Petrosino y Ianina Canalis, quienes estudiaron la historia del fotoliptófono en el marco de un proyecto de investigación radicado en la Universidad Nacional de Lanús, el proceso se completaba del siguiente modo:

> Para lograr las escalas de grises, se amplificaba la señal del micrófono para llegar con mayor nivel a un tubo de vidrio encorvado que contenía gas de neón enrarecido que, según la corriente que pasaba por él, emitía una luz actínica (acción química de las reacciones luminosas) proporcional a la corriente que lo atravesaba, la cual era reflejada por un reflector de metal pulido que concentraba la luz sobre el objetivo. Entonces la luz emitida quemaba la información de audio sobre la película sensible a la luz. (Canalis, 2010: § 3.3.1)

Cuando finalizaba el proceso de grabación, la película mostraba un conjunto de líneas que contenían la información sonora y, luego de ser revelada, se obtenían matrices litográficas para imprimir páginas sonoras. A través de un proceso inverso al de grabación, las páginas debían ser colocadas en el fotoliptófono para que las líneas fueran iluminadas. Una célula fotosensible captaba las variaciones de luz, las convertía en energía eléctrica y, finalmente, los sonidos eran amplificados por un parlante. En julio de 1933, el diario francés *Le Journal* publicó una página que contenía unos minutos de sonido impreso. Este desarrollo habría sido el primer intento de difundir sonido en un medio masivo de comunicación (Canalis y Petrosino, 2014).

Si Fernando Crudo constituye un exponente de la figura del inventor-artista, en tanto aplicó saberes técnicos para el desarrollo de una máquina que, al permitir transformar los procedimientos de grabación y reproducción de sonido, pudo haber revolucionado el mundo de la música de la década del treinta, en los años cuarenta Gyula Kosice personifica el artista-inventor, quien desde el campo artístico fusionó medios tradicionales, herramientas tecnológicas e imaginarios científicos, de cara a fundar una práctica artística que se integrara a la vida.

La noción de invención operaba a nivel pragmático pero también poético. En 1944, Kosice había formado parte del núcleo editor de *Arturo. Revista de artes abstractas*, junto con Carmelo Arden Quin, Rhod Rothfuss, Edgar Bayley, Tomás Maldonado y Lidy Prati. La revista fue el órgano difusor del arte concreto rioplatense. La conformación del grupo fue signada por la confianza de que el proyecto marxista lograría consolidar un mundo nuevo (Gradowczyk, 2006). De hecho, la afiliación al Partido Comunista pudo haber sido uno de los rasgos que mantuvo unidos a los miembros de la agrupación.

El único número de la revista que fue publicado incluyó textos y poemas de Kosice, Arden Quin, Bayley y Rothfuss. También se sumaron los de Joaquín Torres García[21], Vicente Huidobro y Murilo Mendes[22], además de las reproducciones de Maldonado, Rothfuss, Prati, Vieira da Silva, Augusto Torres, Torres García, Kandinsky y Mondrian. En la retiración de cubierta figuraba la definición del término "inventar", como el hallazgo o descubrimiento de una fuerza de ingenio hasta entonces desconocida. La "invención" propiamente dicha era pensada como la acción o el efecto de inventar, aunque ubicada en las antípodas del automatismo que el invencionismo proponía superar (García, 2011). El invencionismo habría encarnado un nuevo modo de afrontar el hecho artístico, jerarquizando la autonomía del acto de invención y su aspecto intelectual por sobre las características meramente descriptivas:

> La invención era precisa, científica, delimitada y surgía a través de un proceso intelectual que reorganizaba ese proyecto creativo. "INVENCIÓN CONTRA AUTOMATISMO" implicaba entonces el reconocimiento superador de la técnica surrealista y la proposición de un segundo momento, un nuevo estadio en la creación estética. (García, 2011: 32)

---

21   Torres García fue una de las referencias que permitió a los artistas nucleados en torno a *Arturo* conocer los desarrollos del arte abstracto europeo (Grinstein, 2007: 110). En 1935 Arden Quin había conocido a Torres García en Montevideo. Además, el uruguayo exhibió sus obras en Buenos Aires, en las galerías Müller (1942) y Comte (1944), y sus ideas se difundieron a partir de 1944 cuando la editorial Poseidón publicó *El Universalismo Constructivo. Contribución a la unificación del arte y la cultura de América*. Por otro lado, Rothfuss había estrechado una amistad con Torres García en Montevideo, quien además había sido su maestro. Por motivos de extensión, aquí no ahondamos en las diferentes influencias que recibieron los invencionistas. Para ampliar la trama de relaciones establecidas entre las distintas propuestas constructivas, véase García (2011) y Rossi (2016).

22   Entre los poemas de estos autores incluidos en la revista, se encuentran "Una mujer baila sus sueños", de Vicente Huidobro; "Novísimo Orfeo", "Homenaje a Mozart", "La libertad", "Momentos puros", "La operación plástica" y "La vida cotidiana", de Murilo Mendes; y "Divertimento", de Joaquín Torres García.

De esa forma, el grupo proclamaba la primacía del concepto de invención sobre la impronta onírica del surrealismo, al igual que desdeñaba la personalización de la obra de arte característica de otras tendencias que hacían foco en la subjetividad del artista y en las cualidades expresivas, simbólicas y representativas. En el primer escrito que aparece en *Arturo,* firmado por Arden Quin, el autor demuestra la influencia del materialismo histórico y deja en claro el interés del arte concreto por sintetizar las imágenes figurativas, mediante una conciencia ordenadora que logre depurar el caos de la imaginación "aflorando en todas sus contradicciones" (Arden Quin, 1944). El primitivismo expresivo, el realismo representativo y el simbolismo, guiados por la significación, eran contrastados con un período de recomienzo, concebido como un primitivismo moderno y científico sustentado en el propio concepto de invención (García, 2011: 31).

Otras fuentes también sugieren que el término "invencionismo" respondía a la utopía de reconstrucción racional y humanista perseguida por los artistas de la revista *Arturo*, donde convergían las búsquedas de la Bauhaus, el neoplasticismo y otros movimientos europeos vinculados con la abstracción (Grinstein, 2007: 110). Si bien el concepto de invención apuntaba a superar el automatismo surrealista para luego racionalizar aquellas primeras expresiones desordenadas, García (2011: 66) plantea que aún se hacía mención a una primera instancia creativa libre. De todas maneras, el invencionismo se consolidó como término equivalente al de arte concreto, en estrecha correlación con las ideas de Van Doesburg en torno al grupo Art Concret, luego recuperadas por Max Bill, cuyos planteos repercutirían en el ámbito latinoamericano de la década del cincuenta. Aquellas influencias europeas se intersectaron con la repercusión del creacionismo de Vicente Huidobro, quien en su poema "Arte Poética" ya había referido al papel central de la invención en la creación artística (Grinstein, 2007: 110). En la obra se lee: "Que el verso sea como una llave; / Que abra mil puertas; / Una hoja cae; / algo pasa volando; / Cuanto miren los ojos creado sea; / Y el alma del oyente quede temblando. / Inventa mundos nuevos y cuida tu palabra; / El adjetivo, cuando no da vida, mata" (Huidobro, 2011 [1916]: 13).

El sentido técnico y político de esta noción para los artistas de la revista *Arturo* es otro de los temas investigados. Si bien la concepción del artista como inventor defendía el rigor de la obra de arte desde un punto de vista estético, al mismo tiempo preservaba el ideal de que el desarrollo científico constituía un progreso para la sociedad (Del Gizzo, 2014). Dicho ideal se desprendía de la perspectiva teleológica marxista pero también respondía a la fe burguesa en los avances técnicos como símbolos de progreso, en un contexto que todavía no se había enfrentado a las desilusiones que advendrían poco tiempo después. La Argentina de mediados de los años cuarenta aún conservaba el entusiasmo ocasionado por la culminación de la Segunda Guerra Mundial, e inclusive, a nivel local, se mostraba optimista hacia los desarrollos de la industria: "(…) todavía no se había producido el bombardeo a Hiroshima ni el juicio de Nüremberg, por el cual se conocieron las atrocidades nazis, las dos consecuencias más oscuras de los vertiginosos adelantos técnicos originados durante la guerra" (Del Gizzo, 2014: 47).

El rigor estético de los invencionistas consignado por Del Gizzo se comprueba, por ejemplo, en el recurso del marco recortado, no solo orientado a reducir el lenguaje artístico a los elementos plásticos puros, sino también a jerarquizar el carácter intelectual de la obra y terminar con la representación ilusoria de una "figura sobre un fondo" (Maldonado, 1946: 5). En otro de los artículos compilados en la revista *Arturo*, titulado "El marco: un problema de la plástica actual", Rothfuss aseveraba que la obra debía comenzar y terminar en ella misma, motivo por el cual el borde no podía desempeñar un rol pasivo sirviendo únicamente como marco regular. En cambio, era preciso que estuviera "rigurosamente estructurado de acuerdo a la pintura" (Rothfuss, 1944). Tanto Arden Quin como Rothfuss enfatizaron la "rigurosidad" del quehacer artístico e inauguraron una concepción de las artes que insistía en su aspecto racional.

Estas ideas continuarían siendo promovidas incluso luego de la división de los invencionistas, producida en 1946, y la subsiguiente conformación del grupo Madí y la Asociación Arte Concreto-Invención. En el "Manifiesto Madí", publicado en el número 0 de la revista de la agrupación integrada por Kosice, Arden Quin y Rothfuss, entre otros artistas, se oponían a los "movimientos intuicionistas" que habían provocado que el inconsciente triunfara sobre el "análisis frío, el estudio y la detención rigurosa del creador ante las leyes del objeto a construirse" (Kosice *et al.*, 1947). Para terminar con la "conciencia paralizada por sus contradicciones sin solución, impermeabilizada a la renovación permanente de la técnica y el estilo", los artistas Madí llevaron a fondo la experimentación con el marco recortado, la pintura plana sobre superficies frecuentemente curvas y la conjunción de elementos geométricos articulados, guiados por las ideas de invención ("método superable") y creación ("totalidad incambiable").

La Asociación Arte Concreto-Invención también promovió el concepto de invención. En 1945, Tomás Maldonado, Enio Iommi, Claudio Girola, Alfredo

Hlito y Lidy Prati organizaron una exposición en el taller de Maldonado. Un año después, el grupo mostró sus obras en el Salón Peuser, donde se sumaron Edgar Bayley, Manuel Espinosa y otros artistas. Allí repartieron el "Manifiesto Invencionista" que tiempo más tarde sería reimpreso en el primer número de la revista *Arte-Concreto Invención*. El grupo rioplatense bregó por la desaparición de la estética idealista de base representativa, aún anclada en la vieja noción de belleza, y su reemplazo por una "estética científica":

> La estética científica reemplazará a la milenaria estética especulativa e idealista. Las consideraciones en torno a la naturaleza de lo Bello ya no tienen razón de ser. La metafísica de lo Bello ha muerto por agostamiento. Se impone ahora la física de la belleza (…) Por el júbilo inventivo. Contra la nefasta polilla existencialista o romántica. Contra los subpoetas de la pequeña llaga y del pequeño drama íntimo. Contra todo arte de élites. Por un arte colectivo (…) Lo fundamental: rodear al hombre de cosas reales y no de fantasmas. El arte concreto habitúa al hombre a la relación directa con las cosas y no con las ficciones de las cosas. A una estética precisa, una técnica precisa. La función estética contra el "buen gusto". La función blanca. NI BUSCAR NI ENCONTRAR: INVENTAR. (Bayley *et al.*, 1947: 39)

Según Del Gizzo (2014), así como en las artes plásticas los principios matemáticos de Max Bill, junto con las exploraciones del neoplasticismo y las vanguardias rusas, habían conducido a investigar la estructura de la obra de arte (formas, líneas, colores, marco recortado, coplanariedad), en la poesía también se experimentó la descomposición de sus partes constitutivas, en este caso mediante la desarticulación del lenguaje. La argumentación de la autora se sustenta en un poema de Juan Carlos Lamadrid quien, bajo el seudónimo de Simón Contreras, publicó "Dos relatos (fragmentos)", en el suplemento de poesía de la revista *Arte Concreto-Invención* de 1946. Pese a que el autor hace referencia a ciertos elementos que remiten a la técnica y la ciencia, como las "terceras dimensiones del espacio iluminado por las intermitencias iónicas", Del Gizzo sostiene que aquellas no aparecen como temas, sino que el propio lenguaje es convertido en una máquina: "una máquina descompuesta que al desarmarla y volver a montar sus partes no encajan y deja piezas al descubierto" (Del Gizzo, 2014: 52). La dislocación entre la gramática y la semiosis del poema de Simón Contreras –distorsión planificada y no azarosa como en el surrealismo– da cuenta de la idea de estructura del lenguaje como una "máquina mediadora de sentido" (Del

Gizzo, 2014: 59), característica de los primeros tiempos del invencionismo. Luego esta noción sería sucedida por la concepción de estilo como función poética –asociada con el concepto de "buena forma"[23] de Max Bill–, trabajada por Tomás Maldonado y Edgar Bayley, entre otros.

La noción de función poética habría acabado por materializarse en "Realidad interna y función de la poesía", un texto de Bayley publicado en la revista *poesía buenos aires* en 1952 que será retomado unas líneas más abajo. Previo a eso, en el primer número de la revista *Arte Concreto-Invención* había aparecido su escrito "Sobre invención poética". Inclusive un año antes, el autor ya había redactado el manifiesto titulado "La batalla por la invención" para el segundo número de los cuadernos *Invención*. En ambos textos de la década del cuarenta se pensaba a la invención como la creación de objetos concretos que permitieran construir una nueva realidad, prescindiendo de la reproducción mimética propia del arte figurativo. El escrito de 1946 alegaba que el poema debía constituir un hecho en sí mismo y evitar así un lenguaje limitado a describir las particularidades del contexto: "El poeta no canta ya parcelas del mundo, porque ha comprendido que su oficio no reside en la mera enunciación de objetos, sino, en el más esencial, de producir en cada hombre una relación poética con la totalidad de las cosas y de las situaciones" (Bayley, 1946: 13). En definitiva, la invención implicaba la articulación entre conceptos, ideas y recursos previamente inexistentes. En palabras de Bayley (1946: 13): "la poesía invencionista persigue una familiaridad con lo desconocido". El análisis de Del Gizzo demuestra que la idea formulada por Bayley en el texto de 1952 –según la cual en el estilo del poeta (la forma) se asiste a una "conjugación crítica" (Bayley, 1952: 3) entre el enriquecimiento y la plenitud vital (función de la poesía) y las condiciones objetivas de los recursos de expresión (condiciones de producción)– atestigua el surgimiento de una nueva concepción de función poética. Para Del Gizzo (2014: 58), a diferencia de la teoría de Bill, en el enfoque de Bayley función poética y condiciones de producción establecen una tensión crítica que marcó la "novedad del estilo y el avance de las tendencias poéticas".

Al margen de sus respectivas diferencias, tanto la línea cientificista de los artistas concretos, como la vertiente utópica que caracterizó al grupo Madí, defendieron la noción de invención; el interés del invencionismo por impulsar un lenguaje artístico abstracto, universal, racional y objetivo redundó en una marcada fascinación hacia la ciencia y la tecnología, cuyos desarrollos

---

23   La noción de "buena forma" (*Gute Form*), formulada por Max Bill, proponía el diseño y la producción de objetos basados en ciertas reglas, como la innovación, la utilidad del objeto, la estética, la coherencia entre la estructura del producto y su función, y la honestidad y discreción del diseño, entre otros principios.

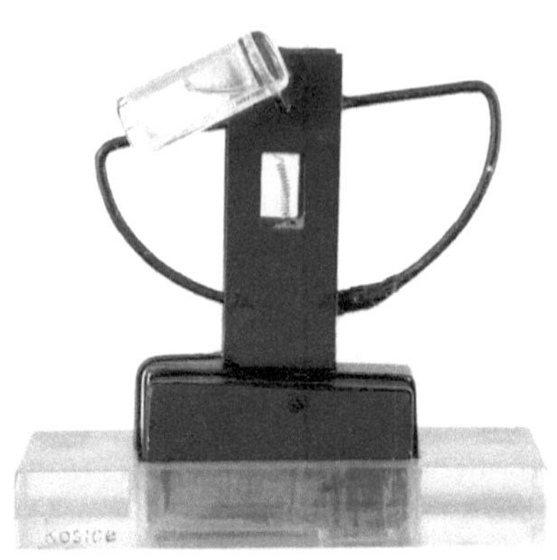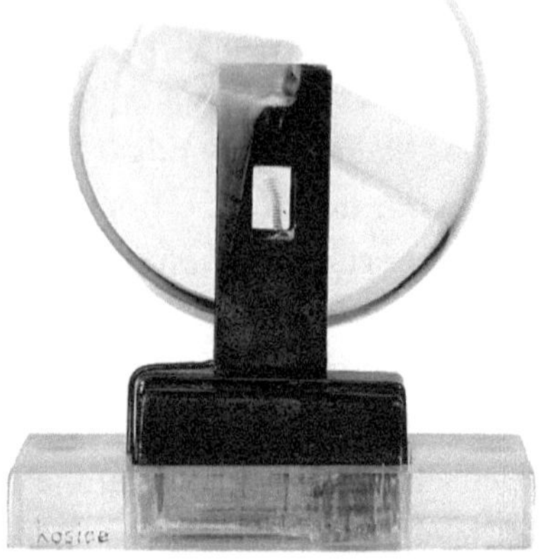

permitirían transformar a la humanidad. Las obras de Gyula Kosice fueron claves en este sentido. El diseño de un proyecto como *La Ciudad Hidroespacial* (1960) indica que las primeras incursiones latinoamericanas en los cruces entre el arte, la ciencia y la tecnología no solo estuvieron signadas por la búsqueda inventiva previamente analizada, sino también caladas por el programa utópico vanguardista. Para ese entonces, las obras de Kosice ya habían indagado en los usos creativos de las tecnologías. Sus esculturas de gas neón realizadas desde 1946 y otras obras como *Una gota de agua acunada a toda velocidad* (1946/1948) –una pieza cinética motorizada que por primera vez introdujo el agua en el campo artístico anticipando los siguientes objetos hidrocinéticos– constituyen trabajos fundamentales para la historia de las poéticas electrónicas. Perpetuando el carácter visionario que recorre toda su producción, en *La Ciudad Hidroespacial* el artista imaginó una urbe del futuro suspendida a más de mil metros sobre el nivel del mar, compuesta por hábitats que serían acoplados en función de las necesidades de sus habitantes. La ciudad contaría también con sitios dedicados a funciones diversas, como lugares para tener ganas y alargar la vida. En el Manifiesto firmado en 1971, Kosice explica que en la nueva ciudad se tomaría el agua de las nubes y se la descompondría por electrólisis, de manera que el oxígeno permitiría respirar, mientras que el hidrógeno sería procesado por una máquina de fisión nuclear que generaría la energía requerida. En tono irónico, el Manifiesto ridiculizaba a todo aquel que considerara que *La Ciudad Hidroespacial* daba fe de un idealismo utópico:

> Probablemente aparecerán otros condicionamientos pero en la ciudad hidroespacial nos proponemos destruir la angustia y las

enfermedades, revalorizar el amor, los recreos de la inteligencia, el humor, el esparcimiento lúdico, los deportes, los júbilos indefinidos, las posibilidades mentales hasta ahora no exploradas, la abolición de los límites geográficos y del pensamiento. ¿Idealismo utópico? En absoluto. Los que no creen en su factibilidad es porque siguen aferrados a la caverna, a las guerras y diluvios. Por lo tanto disolver el arte en la vivienda y en la vida misma es preanunciar síntesis e integración. (Kosice, 1971: párr. 4)

En una descripción poética y rigurosa, María Gainza (2011) refirió al proyecto como una ciencia-ficción plástica que une las ideas de Kosice con las maravillas imaginadas por Luciano Samosata en el siglo ii, o por Ludovico Ariosto catorce siglos más tarde[24]. Es sabido que la NASA consideró que *La Ciudad Hidroespacial* podía ser factible pero los costos serían extremadamente elevados. La ciudad soñada por Kosice fue un proyecto precursor del arte espacial (*space art*) impulsado en los años ochenta, a partir de los vuelos orbitales. Inclusive, los últimos comentarios del artista sobre la digitalización animada de los hábitats hidroespaciales han sido interpretados como un indicador de que en la utopía kosiceana subyacía la idea revolucionaria de concretar estas arquitecturas en un espacio virtual (Györi, 2011).

Más allá de los derroteros de *La Ciudad Hidroespacial* en el ciberespacio, es evidente que este y otros proyectos de Kosice constituyeron verdaderos aportes a los intercambios entre el arte, la ciencia y la tecnología en la Argentina. En un texto titulado "La integración arte-ciencia-técnica", publicado en el diario *La Nación* en 1986 y, una década más tarde incluido en *Filosofía y arte porvenirista* (1996), el artista apuntaba que las fuentes teóricas del arte de vanguardia provenían de la tradición filosófica y lingüística de cuño formalista, es decir que sus propuestas no habían logrado un correlato con la producción científica de su época: las investigaciones de Albert Einstein sobre los fotones, las ondas de materia de Louis de Broglie, el formalismo de la mecánica ondulatoria de Erwin Schrödinger o la indeterminación de Werner Heisenberg, entre otros ejemplos. Aunque el desfasaje identificado por Kosice en los años ochenta hoy ha quedado en gran medida saldado con el desarrollo de poéticas electrónicas que discurren sobre principios, temas y conceptos conformes al ámbito tecno-científico, aquella tensión que reconocía el artista tres décadas atrás abrió camino para ahondar en el papel desempeñado por el artista-inventor contemporáneo.

---

24   "Kosice comparte con ellos la creencia en otros muchos mundos habitables, la conquista del espacio en busca de un futuro posible" (Gainza, 2011: 209).

7. Utopía e invención en las poéticas electrónicas contemporáneas

Las conexiones entre la glorificación tecnológica de las vanguardias argentinas y los idearios de modernización implícitos en proyectos artísticos contemporáneos constituyeron el eje del guión curatorial de la exposición *El futuro ya no es lo que era: imaginarios de futuro 1910-2010*, curada por Rodrigo Alonso en 2009 e inaugurada en la Fundación OSDE. A través de un recorte integrado por obras realizadas en diversos medios, soportes y formatos –pintura, instalación, animación digital y fotografía–, dispuestas en la sala en función de los núcleos conceptuales "utopía", "progreso" y "revolución", la hipótesis de la curaduría sostenía que los imaginarios de futuro se manifestaron de manera recurrente en el arte y la cultura argentinos a lo largo de la centuria a la cual estaba dedicada la muestra. La exposición conjugó obras de artistas argentinos del siglo xx, por ejemplo Xul Solar, Raquel Forner, Gyula Kosice, Jorge de la Vega, Luis Felipe Noé y Víctor Gippo, y trabajos contemporáneos como los de Jorge Macchi, Mara Facchin, Aurelio García, Mariano Sardón, el Grupo Proyecto Biopus, Daniel Ontiveros, Sebastián Gordín, Tomás Saraceno, Graciela Sacco, Lux Lindner y Ricardo Pons, entre otros. Según explica el curador en la introducción del catálogo, la exhibición de materiales diversos procuraba revisar las propuestas, reflexiones y fantasías que podían proporcionar determinadas claves para pensar el presente (Alonso, 2009: 8).

Las obras de Ricardo Pons que fueron incluidas en la exposición –el video *R.E.M. Hecho en Argentina* y el *Proyecto Pulqui II. Multimedia*– forman parte de un trabajo desarrollado por el artista entre los años 2000 y 2004, mediante un subsidio de la Fundación Antorchas. La propuesta consistió en una investigación exhaustiva acerca del avión de guerra "Pulqui II", construido durante el primer peronismo, que finalmente derivó en un libro, un CD y un DVD. Los distintos materiales recopilan entrevistas a diversos referentes de la cultura que reflexionan sobre las políticas implementadas durante el peronismo y las nociones de crisis y utopía. Además, la obra incluye un programa para instalar un simulador de vuelo. Pons (2004: 32-33) se vio interesado en esta empresa tecnológica impulsada por Perón al considerarla "un ejemplo emblemático de la carencia aún presente de desarrollo técnico, de la falta de continuidad de las políticas de desarrollo e inversión, de la prevalencia de las presiones externas por sobre los intereses nacionales y de la inexplicable necesidad de iconización política". Por un lado, las afirmaciones del artista se asocian con el análisis de Diego Hurtado al que hemos referido unas páginas más atrás, particularmente en relación a la inestabilidad de las estrategias dirigidas a impulsar el campo tecno-científico argentino. Por otra parte, cuando Pons (2004) alude a la noción de utopía no limita su pesquisa a este proyecto específico, sino que considera que el carácter utópico encarnado por "Pulqui II" constituye el componente necesario para que cualquier proyecto imaginado alcance a ser materializado. Aunque los modelos utópicos dejan de serlo en la medida en que son concretados, es posible continuar postulándolos manteniendo la tensión entre utopía y realidad. Si la ideología tiende a fundirse con el pensamiento de su época, las utopías se dirigen a desestabilizar el orden establecido (Mannheim, 1956); mientras que la primera se inclina a preservar la organización preexistente, las segundas hacen aflorar nuevas alternativas de pensamiento y acción para un determinado grupo social (Ricoeur, 2000).

Específicamente en la escena de las poéticas electrónicas, numerosos intercambios entre la labor artística y la praxis tecno-científica devinieron de la necesidad de los artistas de obtener las herramientas y saberes indispensables para que los comportamientos pretendidos para sus obras –efectos "utópicos" en este sentido– fueran conciliados con las posibilidades reales ofrecidas por las tecnologías disponibles. Entre otros ejemplos, cabe señalar las históricas colaboraciones de Billy Klüver y otros ingenieros de los Laboratorios Bell, quienes posteriormente conformarían *Experiments in Art and Technology* (E.A.T.), en diversos proyectos artístico-tecnológicos de los años sesenta: *Silver Clouds* de Andy Warhol, *Homage to New York* de Jean Tinguely, *Oracle* de Robert Rauschenberg, *Variations V* de Merce Cunningham y John Cage, y *Minuphone* de Marta Minujín, solo por mencionar algunos.

Si bien el acto de invención suele estar guiado por la utopía en diferentes campos del conocimiento, y la función utópica actúa en distintas esferas (Bloch, 2004), la objetividad y eventual funcionalidad de la invención provocaron que la noción quedara mayormente asociada a los campos de la ciencia y la tecnología. Simultáneamente, para muchas concepciones del arte, éste quedó confinado al terreno de lo subjetivo. El subjetivismo romántico, por ejemplo, operó como reacción ante el carácter universal y colectivo de la razón proclamada por la Ilustración y la Revolución Industrial. El énfasis puesto en la inspiración del artista y las emociones suscitadas por la contemplación de la naturaleza forjaron una práctica artística instituida en lo individual. Esta concepción idealista fue el flanco de críticas hacia la ideología liberal-burguesa, expresadas por Herbert Marcuse (2011 [1937]) en su artículo "El carácter afirmativo de la cultura", publicado en uno de los números de la revista del Instituto para la Investigación Social de la Universidad de Frankfurt. El carácter afirmativo de la cultura burguesa radicaría en su afirmación del orden vigente y el ocultamiento de las nuevas condiciones sociales de vida (Marcuse, 2011 [1937]: 14), operaciones sostenidas en la supuesta universalidad de la razón y en la división de dos esferas: cultura y condiciones materiales de la civilización. La ideología burguesa eleva a la primera al plano anímico-espiritual y, al ubicarla por encima de la civilización, aquella es falsamente asociada con la categoría de patrimonio colectivo. En palabras de Marcuse, la característica principal de la cultura afirmativa es:

> (…) la afirmación de un mundo valioso, obligatorio para todos, que ha de ser afirmado incondicionalmente y que es eternamente superior, esencialmente diferente del mundo real de la lucha cotidiana por la existencia, pero que todo individuo "desde su interioridad", sin modificar aquella situación fáctica, puede realizar por sí mismo. (Marcuse, 2011 [1937]: 14)

Humanidad universal, belleza del alma, libertad interna y virtud del deber –valores de la cultura afirmativa, según Marcuse (2011 [1937]: 17)– son afines a una estética idealista que históricamente excluyó de su discurso el aspecto premeditado y objetivo de la creación artística –diríamos aquí, su aspecto "inventivo"– y, por el contrario, situó a su praxis en el terreno de lo intuitivo y subjetivo[25], suprimiendo así no solo su dimensión técnica sino también la relación con otras esferas políticas, económicas y sociales[26].

Pero en el caso de la práctica artística involucrada en las poéticas electrónicas, la invención sí encuentra cabida. Desde un enfoque simondoniano, Juliana Gontijo (2016: 17) recuperó la idea de invención como "energía informada" (Simondon, 2013 [1965-66]: 81) e identificó en su tesis doctoral una "inventiva tecnopoética" que funcionaría como táctica de resistencia hacia los procesos de subjetivación devenidos de las "herencias de modernidad fallidas y el capitalismo cognitivo posfordista". Sus hipótesis se fundamentan en una serie de proyectos argentinos y brasileños que cuestionan el progreso técnico lineal, a través de la subversión de las funciones originales de las tecnologías

---

25 La relación de tensión entre el aspecto calculable y el carácter azaroso de la creación artística resuena en la distinción experimento/experiencia, formulada por Giorgio Agamben (2011) en *Infancia e historia: destrucción de la experiencia y origen de la historia,* y analizada en el último capítulo.

26 Diversos teóricos discurrieron sobre la división instituida en la Modernidad entre el arte (situado en la esfera de lo subjetivo) y la ciencia (asociada con la objetividad). Ya en una conferencia impartida en 1959, titulada "Las dos culturas y la revolución científica", Charles P. Snow (2000 [1959]) alertaba acerca de la separación ente las ciencias y las humanidades, dos campos constituidos como grupos polarmente antitéticos. Como respuesta a esta tendencia, concomitantemente con el auge de la revolución científica, Snow proponía conformar una tercera cultura que, bajo un nuevo modelo educativo, propiciara intercambios fluidos entre científicos e intelectuales.

empleadas por las obras y la ruptura con la autonomía del arte proclamada por la modernidad estética (Gontijo, 2016: 18). Valentina Montero (2015: 546) destacó que en Chile estas operaciones de desvío reciben el apelativo de "hechizo", un término que en español antiguo significaba "malhecho" o "falsificado", posteriormente reemplazado por su connotación mágica. Los ensamblajes, *gambiarras*[27] y prácticas artísticas sustentadas en bajas tecnologías, en tanto desvían las funciones originales de los dispositivos, encarnan el "hechizo" en el primer sentido, pero también requieren de habilidades específicas para lograr "deletrear el conjuro (código)" (Montero, 2015: 546).

Aunque en los análisis de Gontijo y Montero la figura del artista inventor refiere particularmente a quien lleva adelante estrategias de apropiación y resignificación de tecnologías preexistentes, desafiantes de la concepción de máquina y progreso modernos, es posible extender el ímpetu inventivo a toda la praxis ubicada en el cruce del arte y la tecnología. La investigación de lo inexplorado y la posibilidad de establecer nuevas relaciones entre elementos diversos han sido motores de las creaciones artísticas, al igual que desde siempre impulsaron la producción tecno-científica. En este sentido, la invención puede simultáneamente ser conectada con los universos de la técnica y la poética, es decir, con la propia *poiesis*, entendida como todo acto creativo que desencadena la emergencia de formas nuevas.

En su conferencia "Creación científica y artística", Vilém Flusser (2007 [1982]: 76) expuso que el divorcio moderno del arte y la ciencia habría provocado la despolitización de la vida y la pérdida de sentido de "con-vivencia", "co-conocimiento" y "co-valoración". Sin embargo, no habría diferencias en las creaciones del arte y la ciencia: "toda creación científica es obra de arte, toda creación artística es articulación de conocimiento" (Flusser, 2007 [1982]: 77). Ante la amenaza de la tecnocracia, el teórico responde impulsando la síntesis entre arte y ciencia mediante la política: "Cuando los técnicos sean artistas, y los artistas, técnicos, el discurso científico pasará a estar informado por las vivencias, el quehacer artístico por las teorías científicas, y todo, teoría y praxis, será informado por los valores ético-políticos de la sociedad, como lo era antes de la Edad Moderna" (Flusser, 2007 [1982]: 77).

Las poéticas electrónicas contribuyen a remendar los nexos entre el arte y la ciencia, resquebrajados por las nociones modernas de estética y técnica.

27 "Se trata de una palabra-concepto usada a larga escala en Brasil para considerar la resolución de problemas cotidianos de forma alternativa y barata, estableciendo funciones poco comunes para los objetos disponibles. En contextos donde los recursos materiales y tecnológicos son escasos para parte de la población, una *gambiarra* estético-tecnológica se reapropia creativamente de los medios y tecnologías y adquiere el potencial de táctica política al afirmarse como una alternativa para los escasos recursos" (Gontijo, 2016: 58).

Echan por tierra las fronteras entre el carácter funcional de los dispositivos y el aspecto subjetivo del quehacer artístico, a través de diferentes proyectos –objetos, procesos, prácticas, experiencias– que pueden ser oportunamente abordados a la luz de la categoría de invento, una noción que en nuestro contexto se entrelaza con la figura del "amateur de lo nuevo". Arte, ciencia y tecnología se imbrican en procesos inventivos que entretejen distintas instancias teóricas y prácticas. Desde la formulación de las primeras ideas hasta la culminación de la pieza, aunque solo sea un final temporario sujeto a futuras modificaciones, el artista inventor, impulsado por una cierta dimensión utópica, atraviesa diversas etapas de investigación y creación inherentes a la producción material, técnica y estético-conceptual de sus proyectos.

Entre la constante preocupación por lograr instalar en la Argentina la idea de progreso[28], los intentos de consolidación de la industria local, los desarrollos de lenguajes artísticos vernáculos, los modos diversos de incorporación de la técnica y las influencias persistentes de los modelos europeos primero, y estadounidenses después, nuestro país se ha visto surcado por concepciones poéticas, políticas y tecno-científicas ambivalentes. Fundamentaremos que los imaginarios de modernización que trazan los devenires del cruce del arte y la tecnología en Argentina devienen de la convergencia entre las tensiones heredadas de la conformación y desarrollo del campo artístico, y aquellas provenientes de la historia de la ciencia y la tecnología argentinas. La repetición mimética de realidades exógenas y la implantación de paradigmas ajenos como medios de legitimación de las propuestas locales han sido (y continúan siendo) hábitos recurrentes a la hora de concebir la escena local.

A partir de los años noventa, uno de los efectos de la cultura de mezcla y el constante pivote entre componentes europeos e influencias rioplatenses, entre tradiciones locales y coyunturas extranjeras, se manifestó en la frecuente idealización de las tecnologías empleadas por los proyectos inscritos en la escena de las poéticas electrónicas que desde entonces irá adquiriendo autonomía. Sin embargo, previo al boom digital, los intercambios entre el arte y la tecnología se desarrollaron desde el interior del circuito del arte contemporáneo emergente, protagonizado en las décadas del sesenta y setenta por las dos instituciones que ocuparán la atención del próximo capítulo: el Instituto Di Tella y el Centro de Arte y Comunicación.

---

28 Retomando a Oscar Terán, Tulio Halperín Donghi, Gregorio Weinberg, Dora Barrancos y Eduardo Zimmermann, entre otros investigadores, Margarita Gutman (2011: 490-491) declara: "fue intensa la influencia del positivismo, junto al cientificismo y el evolucionismo asociados a la idea de progreso, sobre los intelectuales y las élites gobernantes de la Argentina".

02

Primeros amores del arte y la tecnología en Argentina

1. Poéticas electrónicas y arte contemporáneo: historiografías divergentes

Durante los últimos años, diversos críticos y académicos han participado de un debate candente en torno al lugar que las poéticas electrónicas ocupan en el mundo del arte contemporáneo, así como la naturaleza de las relaciones establecidas entre ambas escenas. Uno de los autores más activos al respecto es Edward Shanken (2001, 2007, 2009, 2013, 2015), cuyo análisis sostiene que el crecimiento exponencial experimentado por el circuito del arte contemporáneo hegemónico (*mainstream contemporary art*) desde mediados de los años noventa ocurrió en paralelo a la expansión de las artes electrónicas (*new media art*), fenómeno que habría provocado el advenimiento de discursos divergentes:

> Desde mediados de la década del noventa, el arte de los nuevos medios devino una importante fuerza para el desarrollo económico y cultural, estableciendo sus propias instituciones. La investigación colaborativa y transdisciplinaria en la intersección del arte, la ciencia y la tecnología también ganó estima y apoyo institucional con los programas de doctorado interdisciplinarios que fueron proliferando alrededor del mundo. Durante el mismo período, el arte contemporáneo hegemónico experimentó un crecimiento dramático en su mercado y su popularidad, impulsado por la prosperidad económica y la propagación de museo, ferias de arte y exposiciones internacionales. Este entorno dinámico nutrió una enorme creatividad e invención en el trabajo de artistas, curadores, teóricos y pedagogos que trabajan en ambas escenas. Sin embargo, raramente el arte contemporáneo hegemónico converge con el mundo del arte de los nuevos medios.

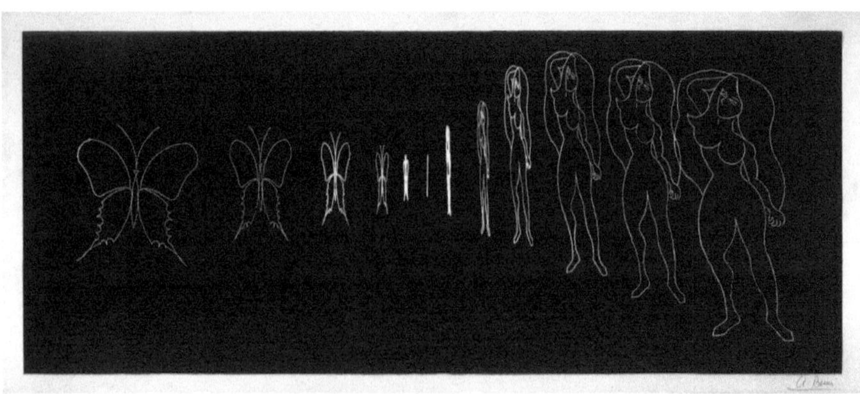

Como resultado, los discursos han sido cada vez más divergentes.[29]
(Shanken, 2015: 75, trad. propia)

Podemos incluso retrotraer los postulados de Shanken hacia los comienzos del arte contemporáneo. Cuando en las primeras líneas del famoso artículo dedicado a la expansión del campo escultórico, Rosalind Krauss (2002a [1979]: 59) asevera que "en los últimos años una serie de cosas bastante sorprendentes han recibido el nombre de esculturas", la autora enumera fotografías que documentan espejos ubicados en habitaciones comunes, líneas dibujadas en mitad del desierto estadounidense y pasillos con televisores, como *Live-Taped Video Corridor* de Bruce Nauman. Excepto la alusión a la fotografía y la videoinstalación, Krauss omite mencionar a una serie de trabajos que también la habrían dejado atónita. Lo cierto es que mientras se difundían las obras del minimalismo, el arte conceptual, el Land Art y otras de las manifestaciones descritas por Krauss, grandes referentes de la confluencia entre el arte y la tecnología –Mary Ellen Bute, Nicolas Schöffer, Gyula Kosice, Lucio Fontana, Michael Noll, Charles Csuri, Frieder Nake, Georg Nees, Lillian Schwartz, Charlotte Moorman y Nam June Paik, entre muchos otros– dilataban los límites del campo artístico hasta entonces conocido, a través de esculturas robóticas, instalaciones interactivas, animaciones, performances y obras realizadas por computadora.

A pesar de su concomitancia, ambos circuitos no tendieron a converger. Particularmente entre los años sesenta y noventa fueron consolidándose nuevos sistemas de creación, distribución y crítica, además de programas educativos que permitieron transformar el antiguo nicho en un mundo del arte independiente, con sus propios códigos y convenciones. Más aun, hacia fines de la década del ochenta y principios del noventa comenzaron a crearse instituciones que poco a poco impulsarían la conformación de las poéticas electrónicas como una escena autónoma, sustentada en museos, festivales y congresos específicos, entre ellas, el ZKM en Alemania, el InterCommunication Center en Tokyo, Ars Electronica y el International Symposium on Electronic Art –más conocido como ISEA–. En Estados Unidos el impulso

29 "Since the mid-1990s, new media art (NMA) has become an important force for economic and cultural development internationally, establishing its own institutions. Collaborative, transdisciplinary research at the intersections of art, science, and technology also has gained esteem and institutional support with interdisciplinary Ph.D. programs proliferating around the world. During the same period, mainstream contemporary art (MCA) experienced dramatic growth in its market and popularity, propelled by economic prosperity and the propagation of international museums, art fairs and exhibitions. This dynamic environment has nurtured tremendous creativity and invention by artists, curators, theorists and pedagogues operating in both domains. Yet rarely does the mainstream artworld converge with the new media artworld. As a result, their discourses have become increasingly divergent".

institucional fue bastante más lento que en Australia, Japón y Europa, hasta que hacia fines de los años noventa la sustancial MIT Press se posicionó como una editorial clave para la publicación de libros especializados (Manovich, 2003; Quaranta, 2013). Desde los inicios de esa década, el Museo de Arte Moderno de San Francisco, The Walker Art Gallery en Minneapolis; y el Guggenheim, el Whitney Museum of American Art, el Museo de Arte Moderno y la Postmasters Gallery, en Nueva York, emprendieron la difusión de las artes electrónicas.

Este punto ha sido abordado por Domenico Quaranta (2013) quien, retomando la teoría de Howard Becker, argumentó que en las décadas del sesenta y setenta surgieron lenguajes artísticos que desafiaron los mundos del arte vigentes y, por consiguiente, acabaron relegando a sus artistas a un nicho apartado del ámbito del arte contemporáneo. Quaranta retoma la metáfora introducida por Tom Wolfe en *La palabra pintada* (2010 [1975]) para aprehender el vínculo establecido entre los movimientos de vanguardia y el *establishment* del arte. Wolfe describe aquella relación como un "ritual de apareamiento", desarrollado en dos etapas. En la primera –"Danza de los bohemios" (*The Boho Dance)*– los artistas muestran su obra innovadora, realizada por fuera del arte establecido. En la segunda instancia, denominada "Consumación" (*The Consummation),* el *establishment* recluta a nuevos artistas y movimientos de la bohemia, transformándolos en figuras célebres del mundo del arte. El galanteo entre las poéticas electrónicas y el arte contemporáneo hegemónico nunca habría alcanzado la segunda fase. Se trataría entonces de un baile entre dos amantes que coquetean pero cuya relación nunca se llega a consumar (Quaranta, 2013).

La idea de que las poéticas electrónicas fueron consolidándose como un nicho aislado con respecto al arte contemporáneo fue asimismo analizada por Geert Lovink (2007). El teórico holandés sugirió que aquellas no lograron expandirse por fuera de la subcultura que conforman, al punto de constituirse como un campo independiente, fundado en torno a exposiciones, festivales, reuniones académicas y publicaciones especializadas, pero todavía relativamente separado de otras prácticas artísticas contemporáneas. Aunque vivimos en una época signada por la expansión de Internet, teléfonos celulares y diversas tecnologías que circulan cotidianamente en las sociedades de nuestros tiempos, hace diez años todavía las artes electrónicas parecían actuar en un gueto autorreferencial dominado por un "tecnofetichismo" (Lovink, 2007). Más adelante argüiremos que en gran medida la situación no ha sido alterada, por lo menos en nuestro contexto.

2. Materialidades inmateriales

La materialidad de las obras constituye uno de los ejes centrales a la hora de indagar en la divergencia historiográfica entre ambas escenas. Cierto desinterés del arte contemporáneo hegemónico hacia las obras tecnológicas radicaría en la materialidad de estos proyectos, basados en dispositivos y artefactos que frecuentemente obstaculizan la comprensión de sus dimensiones conceptuales. Por lo tanto, hasta que el mercado no termine por acoger a estas prácticas, la historia del arte electrónico no será reconocida por el arte contemporáneo dominante (Shanken, 2013). Como Patrick Lichty (2013) discute en su respuesta al polémico artículo de Claire Bishop[30] (2012), la supervivencia del sistema de las artes visuales, cuyo apego a los objetos coleccionables es aún primordial, se siente amenazado por la desmaterialización que introduce la revolución digital, idea que de cierto modo es reconocida por la propia Bishop (2012: 441, trad. propia): "en la situación más utópica, la revolución digital abre una nueva realidad de cultura colectiva, desmaterializada, desprovista de autores y con dificultades para ingresar al mercado; en el peor caso, da signos de la inminente obsolescencia de las artes visuales en sí mismas".[31] Uno de los aspectos subrayados por Bishop es la ausencia de reflexión crítica acerca de las tecnologías digitales empleadas por las obras. Según su perspectiva, son pocos los proyectos que tematizan o reflejan profundamente cómo experimentamos y somos alterados por la digitalización de nuestra existencia (Bishop, 2012). No solo podemos objetar la afirmación de la autora proporcionando ejemplos de artistas que exploran la especificidad del medio de modos diversos, sino además arriesgar que la tesis de Bishop comete el error de suponer que las artes electrónicas deberían explícitamente hacer referencia a las tecnologías involucradas, cuando a otras prácticas contemporáneas no se les exige la tematización o el reflejo de los medios y herramientas de los cuales se valen. Lo cierto es que el adjetivo

---

30 El artículo de Claire Bishop, titulado "Digital Divide", fue publicado en septiembre de 2012 en *Artforum*. Ha sido incluido en el número "Art's New Media", editado por Michelle Kuo con motivo del cincuentavo aniversario de esta revista. Allí Bishop sostiene que el "arte de los nuevos medios" (*new media art*) constituye un campo especializado que raramente se superpone con el circuito del arte contemporáneo hegemónico, identificado con las galerías comerciales, el Premio Turner y los pabellones nacionales de la Bienal de Venecia. Este es el motivo por el cual la autora opta por estudiar el impacto de las tecnologías digitales en la obra de una serie de artistas del mundo del arte contemporáneo *mainstream* (Thomas Hirschhorn, Tacita Dean, Andreas Gursky, Frances Stark, Rashid Johnson), en lugar de examinar proyectos realizados por artistas del mundo de las artes electrónicas. El ensayo de Bishop ha sido cuestionado por varios autores. Una de las críticas más duras fue la de Patrick Lichty (2013), quien caracterizó a la postura de Bishop como tradicionalista y reactiva.

31 "At its most utopian, the digital revolution opens up a new dematerialized, deauthored, and unmarketable reality of collective culture; at its worst, it signals the impending obsolescence of visual art itself".

"electrónico" no contribuye con la reconciliación de ambas escenas. Convendría preguntarse si la dificultad de las poéticas electrónicas para integrarse al mundo del arte contemporáneo no estaría en parte ligada a su clasificación como tal, dada la jerarquización de su condición "tecnológica". Asimismo, deberíamos inquirir en la necesidad de resaltar las herramientas o medios implicados en las obras, teniendo en cuenta que cuando se hace referencia a la pintura no se habla de arte "oleoso", o cuando se alude a la escultura no se enfatiza su carácter "marmóreo".

Por otro lado, cuando Bishop refiere a la desmaterialización como una cualidad distintiva de la revolución digital, no considera que la noción de obra desmaterializada se remonta por lo menos a los inicios del arte contemporáneo, en la medida en que el concepto no alude a la ausencia de materiales ni niega la existencia del aspecto material de las obras. Por el contrario, remite a la emergencia de materialidades que hasta entonces no habían formado parte del ámbito de las artes. De allí que Lucy Lippard (2004: 33) explicara en *Seis años: la desmaterialización del objeto artístico de 1966 a 1972*, un texto dedicado al análisis del arte conceptual reciente, que la desmaterialización es interpretada como una "retirada del énfasis sobre los aspectos materiales (singularidad, permanencia, atractivo decorativo)", es decir, una pérdida de protagonismo del aspecto material, estético y formal de la obra. Ya en 1967, junto con John Chandler, Lippard había escrito el artículo "The Dematerialization of Art", publicado en febrero de 1968 en *Art International*. Los autores allí sostenían:

> Durante los años sesenta, el proceso anti-intelectual, emocional/intuitivo del quehacer artístico, característico de las últimas dos décadas, comenzó a dar lugar a un arte ultra-conceptual que enfatiza el proceso de pensamiento de manera casi exclusiva (…) Esta tendencia parece estar provocando una profunda desmaterialización del arte, especialmente del arte como objeto y, si continúa prevaleciendo, puede resultar en la obsolescencia total del objeto. (Chandler y Lippard, 1968: 31)

La hipótesis que revela ciertos procesos de desmaterialización en obras que no recurren a medios tecnológicos ha sido el nudo gordiano de la curaduría de Jean-François Lyotard en *Les Immatériaux*, una exposición organizada en el Centro Georges Pompidou entre marzo y julio de 1985. Por inmateriales Lyotard comprendía la emergencia de nuevos materiales y materialidades devenidos de la expansión de las tecnologías telecomunicacionales, los cuales comenzaban a transformar la sensibilidad y generaban una ruptura con respecto a la concepción moderna de materialidad, asociada a obras, objetos y cuerpos asibles. Sin embargo, la exposición no se limitaba a difundir las obras que resultaban de la experimentación con los nuevos medios (imágenes computarizadas, hologramas y piezas lumínicas), sino también trabajos futuristas, constructivistas y postimpresionistas, entre otras creaciones realizadas en soportes y lenguajes tradicionales[32]. Las diferentes obras se encontraban organizadas según los cinco ejes conceptuales que estructuraban la curaduría, de acuerdo a un modelo telecomunicacional basado en los conceptos de medio, receptor, emisor, código y referente:

> ¿De dónde vienen los mensajes que nos son propuestos (cuál es su maternidad)?, ¿A qué se refieren estos mensajes (a qué materia adscriben)?, ¿Según qué códigos son descifrables (cuál es su matriz)?, ¿Sobre qué soporte son inscritos (cuál es su material)?, ¿Cómo son transmitidos a sus destinatarios (cuál es la materialidad de esta dinámica)? Estas secuencias son ilustradas por objetos provenientes de ámbitos heterogéneos (pintura, biología, fotografía, arquitectura, astrofísica, música, etc.), reagrupadas de acuerdo con el régimen de una pregunta única que ilumina un aspecto de la complejidad. (Lyotard, 1985: 2, trad. propia)[33]

Es decir que la desmaterialización de la obra, iniciada en los años sesenta, implicó la experimentación con nuevos materiales y la implementación de materialidades difíciles de ser percibidas sensorialmente por carecer de existencia concreta, como es el caso de la materialidad de la información (Kozak, 2015). Aunque volveremos sobre el problema de la desmaterialización al analizar algunos proyectos realizados en el ITDT y el CAyC, cabe adelantar aquí que el concepto no supone un rasgo privativo de las artes tecnológicas, ni constituye un atributo específicamente devenido de la revolución digital como sugirió Bishop. Por el contrario, entraña uno de los aspectos característicos de la expansión propia del arte contemporáneo en su afán de forjar una nueva concepción de obra que trascendiera ampliamente las fronteras

32 Algunos de los artistas que formaron parte de la exhibición fueron Giacomo Balla, Sonia Delaunay, Yves Klein, Lucio Fontana, Piero Manzoni, Joseph Kosuth, Dan Flavin, Vito Acconci, Dan Graham, László Moholy-Nagy, Stephen Benton, Kazimir Malévich, Andy Warhol y Marcel Duchamp.

33 "D'où viennent les messages qui nous sont proposés (quelle est leur maternité? À quoi se réfèrent-ils (à quelle matière se rapportent-ils)? Selon quel code sont-ils déchiffrables (quelle en est la matrice)? Sur quel support sont-ils inscrits (quel est leur matériau)? Comment sont-ils transmis aux destinataires (quel est le matériel de cette dynamique)? Ces séquences sont illustrées par des objets empruntés à des domaines hétérogènes (peinture, biologie, photographie, architecture, astrophysique, musique... etc.) regroupés sous le régime d'une question unique, qui en éclaire un aspect de la complexité".

del campo artístico instituido. Un enfoque teórico de esta naturaleza estimula ciertas reformulaciones de la historiografía del arte contemporáneo, de manera que efectivamente en ella coexistan expresiones del proceso de desmaterialización tecnológica –píxeles, proyecciones, algoritmos, efectos lumínicos y comportamientos cinéticos– y otras manifestaciones contemporáneas –obras conceptuales, arte povera, Land Art, solo por mencionar algunos ejemplos– las cuales, sin recurrir a las tecnologías, también propusieron desmaterializar los proyectos mediante la puesta en jaque de la idea de obra de arte material, física, tangible, permanente y cerrada, predominante a lo largo de la historia de las artes visuales en Occidente.

3. El lado B de la historia del arte

Las tensiones conceptuales repuestas en las páginas precedentes incitan nuevos relatos historiográficos, a través de la configuración de un discurso híbrido que pueda tender puentes entre las historias de cada escena. Esto permitiría contrarrestar cierta inclinación de la práctica y teoría del arte contemporáneo a acuñar nociones vinculadas a la cultura digital y la conectividad global –"interactividad", "programación", "redes"–, omitiendo un estudio profundo de los aspectos tecnológicos y científicos necesarios para la comprensión de las obras (Shanken, 2015). El llamado de Shanken a fundar nuevas perspectivas que permitan repensar los puntos de contacto entre las poéticas electrónicas y la escena hegemónica fue plasmado en su ensayo "Art in the Information Age: Technology and Conceptual Art". En este escrito el autor propone revisar las relaciones entre el arte conceptual y obras "tecnológicas" que no han sido incorporadas en los relatos canónicos sobre el conceptualismo, si bien ambas constituirían manifestaciones anticipadas de la denominada "era de la información" (Shanken, 2013: 112). De manera análoga, su libro *Art and Electronic Media,* editado por Phaidon en 2009 como parte de la colección *Themes and Movements*, plantea un abordaje heterodoxo. Mientras que cada uno de los volúmenes que integran la serie están dedicados a diferentes tendencias y movimientos artísticos (minimalismo, arte conceptual, Land Art, arte povera, dadaísmo, surrealismo y pop, entre otros), Shanken disputó aquellas fronteras tradicionales estructurando su trabajo en función de temáticas que no son cronológicas ni tampoco se basan en los medios empleados por los proyectos, sino que apuntan a develar continuidades entre distintas épocas y géneros: "(…) procedo a derribar los sistemas de valoración basados en el mercado al unir perfectamente a artistas contemporáneos de primera categoría como Bruce Nauman, Jenny Holzer y Olafur Eliasson con grandes figuras del arte de los nuevos medios como Roy Ascott, Lynn Hershman y Stelarc" (Shanken, 2013: 116). La organización del libro deja entrever una de las principales hipótesis de las que Shanken se vale para proponer una revisión de la historia del arte canónica, a saber, que la innovación técnica y el uso de tecnologías emergentes como medios creativos tuvieron continuidad en la historia del arte occidental, desde la creación de la pintura al óleo hasta el desarrollo de entornos virtuales interactivos y el arte telemático (Shanken, 2009). Sin embargo, esta clase de enfoques transversales no han sido frecuentes en muchas de las teorías extensamente difundidas:

> Por ejemplo, *Art Since 1900* (2004) es un texto canónico sobre el arte moderno y contemporáneo escrito por Hal Foster, Rosalind Krauss, Yve-Alain Bois y Benjamin Buchloh, el que podría considerarse como el principal grupo de historiadores del arte contemporáneo de Estados Unidos, sino del mundo. Sin embargo, es tal el grado de desconocimiento (o de hostilidad) de sus autores respecto a cualquier tipo de arte que utilice medios tecnológicos, que ignoran incluso los mayores hitos de los discursos de la historia del arte de los nuevos medios, como Billy Klüver y E.A.T. Si Klüver y E.A.T. no le resultan familiares al lector, no es por su culpa, sino que más bien eso demuestra el problema. (Shanken, 2013: 114-115)

Un caso similar tratado por Shanken consiste en la desatención de teóricos como Rosalind Krauss o Charles Harrison hacia las reflexiones de Jack Burnham sobre el campo escultórico. En sus investigaciones sobre el arte conceptual y la historia de la escultura moderna, los autores parecen desconocer los postulados del escritor inglés, cuyos libros *Beyond Modern Sculpture: The Effects of Science and Technology on the Sculpture of Our Time* (1968), *The Structure of Art* (1971) o *The Great Western Salt Works* (1973), compilación de artículos publicados en *Arts Magazine* y *Artforum* en los años precedentes, abordan temas afines a los estudios de Krauss y Harrison:

> En lugar de dignificar las teorías artísticas de Burnham disintiendo con él de manera directa, Harrison eludió referir explícitamente a él. Al igual que la teórica y crítica americana Rosalind Krauss, esta exclusión contribuyó con una agenda crítica en revistas de arte influyentes que han minimizado las contribuciones de Burnham hacia la historia del arte. *Passages in Modern Sculpture* de Krauss

no incluyó *Beyond Modern Sculpture* en su bibliografía.[34] (Shanken, 2001: 159, trad. propia)

En realidad, si bien en *Pasajes en la escultura moderna*, Krauss (2002b [1977]: 207) sí menciona *Beyond Modern Sculpture* de Burnham cuando recupera determinadas obras que hicieron uso de las tecnologías, por ejemplo, *Modulador de espacio-luz* de Moholy-Nagy, las citas apuntan a criticar la tesis de Burnham, de acuerdo a la cual la ambición fundamental de la escultura habría sido desde sus inicios la reproducción de la vida, mientras que la expansión de las nuevas tecnologías permitiría a largo plazo asimilarla a la cibernética. Krauss cuestiona esta idea argumentando que muchas obras nunca tuvieron una intención mimética, como los *readymades* duchampianos, las construcciones de Picasso, o bien el proyecto de Tatlin para el monumento a la Tercera Internacional. No obstante, el futuro de "metas fáusticas" (Krauss, 2002b [1977]: 209) que vislumbra en los postulados de Burnham, conduce a la autora a derivar conclusiones que corren el riesgo de ser leídas como simplistas y apresuradas:

> El libro de Burnham es una de las exposiciones más amplias y minuciosas de la escultura puesta al servicio de una concepción mecanicista del mundo. Pero, lejos de ser necesaria, esa concepción es precisamente contra lo que gran parte de la escultura contemporánea (y del arte en general) quiere luchar. (Krauss, 2002b [1977]: 210)

Es seguro que por momentos la concepción teleológica de Burnham acerca del desarrollo de la escultura insinúa que los medios tecnológicos pueden ser utilizados de manera neutral, descuidando que los modos en que éstos son empleados implican determinados posicionamientos socio-políticos. No obstante, la dura sentencia de Krauss olvida interpretar el trabajo de Burnham en sintonía con las transformaciones operadas en la escultura contemporánea no necesariamente tecnológica, en el marco del proceso de desmaterialización que empezaba a caracterizar a las obras producidas en los años sesenta y la irrupción del arte conceptual. El fenómeno referido por muchos críticos de la época como "desmaterialización del objeto artístico" y "post-formalismo" era descrito por Burnham según la retórica de la co-

---

34 "Rather than dignify Burnham's theories of art by disagreeing with them directly, Harrison avoided specific reference to him. Like American critic and historian Rosalind Krauss, this exclusion contributed to a critical agenda in influential art journals that has minimized Burnham's contributions to art history. Krauss's *Passages in Modern Sculpture* did not include *Beyond Modern Sculpture* in its bibliography".

municación y las nuevas tecnologías (Lee, 2004). Aparentemente, Krauss y otros críticos contemporáneos no concibieron dichas conexiones.

Otra de las fricciones entre la escena del arte contemporáneo y las poéticas electrónicas fue revelada por Shanken en 2010, cuando en Art Basel organizó una mesa redonda titulada "Contemporary Art and New Media: Towards a Hybrid Discourse". Los invitados a disertar sobre el tema fueron Nicolas Bourriaud, Peter Weibel y Michael Grey, tres referentes de ambos circuitos. Según Shanken (2013: 117), una muestra evidente de la escisión entre los dos mundos es que Weibel y Bourriaud no se conocían, a pesar de que el primero es uno de los artistas y teóricos más significativos de la escena del arte y la tecnología, mientras que el segundo es un reconocido curador y académico en el terreno del arte contemporáneo dominante. Las discusiones devenidas allí fueron productivas, dado que pusieron de manifiesto algunos de los prejuicios que muchas veces recaen sobre las poéticas electrónicas. En línea con la perspectiva esbozada en su libro *Estética relacional*, Bourriaud sostuvo que las tecnologías influyen de manera indirecta en el desarrollo de las prácticas artísticas, en tanto la irrupción de cualquier nueva tecnología inaugura modelos de pensamiento hasta entones inexistentes: la fotografía repercutió entre los artistas impresionistas, configurando un nuevo modo de ver el mundo. Para el autor francés, la computadora o la red no constituyen medios en sí mismos, sino herramientas empleadas en el contexto de la era postmedia. Luego de la exposición de Bourriaud, Weibel retomó el impacto ejercido por la fotografía en la pintura del impresionismo, para recordar que a su vez el campo fotográfico produjo sus propias obras. En pocas palabras, sería un error dejar de considerar a las tecnologías como medios legítimos destinados a la creación artística. Shanken (2013: 120) sintetizó la contradicción de esta manera: "Peter Weibel retomó astutamente la distinción de Bourriaud entre influencias directas e indirectas y advirtió la incongruencia de valorar la influencia indirecta de la tecnología al tiempo que se ignora el uso directo de la tecnología como medio artístico de pleno derecho". De acuerdo a su opinión, las argumentaciones de Bourriaud acaban legitimando el discurso del arte contemporáneo hegemónico, el cual frecuentemente se ha mostrado reacio a aceptar como parte de su historia a muchas de las prácticas artísticas que incorporan medios emergentes. Este punto condujo al autor a concluir que "(…) un relato del arte contemporáneo en el que los nuevos medios sean un componente central requiere una historia diferente que incluya una reevaluación de los hitos principales" (Shanken, 2013: 118).

Un relato planteado en estos términos supondría analizar, por ejemplo, la obra de Sol LeWitt en relación a otros proyectos contemporáneos, los cuales, a través del uso explícito de las tecnologías, también atendieron a las lógicas matemáticas que gobernaban la propuesta artística. Entre ellos, las obras algorítmicas de Manfred Mohr, como su animación por computadora titulada *Cubic Limit*, realizada entre 1973 y 1976 investigando las posibilidades de la combinatoria programada, o las variaciones geométricas de Vera Molnar, quien a partir de 1968 comenzó a utilizar el ordenador para diseñar dibujos lineales que originalmente eran ploteados y, años después, pasaron a ser impresos. Independientemente de las diferencias en los medios y herramientas utilizados por cada uno de los artistas, en los tres casos las prácticas artísticas demuestran un carácter sistémico, asociado al devenir de obras abiertas y procesuales fundadas en las relaciones dinámicas establecidas entre sus partes, así como en las estructuras que subyacen en determinados comportamientos perceptibles.

En el contexto argentino, la historia del arte generativo por computadora podría hibridarse con sus tempranas manifestaciones en el campo pictórico. En 1960, Miguel Ángel Vidal y Eduardo Mac Entyre redactaron el "Manifiesto de arte generativo", donde describieron a la pintura generativa como aquella capaz de engendrar secuencias ópticas mediante un desarrollo producido por una forma. Ya en ese entonces detectaban la relación entre la pintura generativa y nociones vinculadas a la tecnología, como la fuerza y la energía. Incluso la definición del término "generador" que los artistas proporcionan en su escrito, "dícese de la línea o la figura que por su movimiento engendra respectivamente una figura o un cuerpo geométrico" (Mac Entyre y Vidal, 1960), evoca un grado de autonomía de los elementos plásticos con respecto al plano, coincidente con la difundida caracterización de las prácticas artísticas generativas según Philip Galanter (2003). Su teoría sostiene que los artistas generativos ceden el control de la obra a un sistema que opera con cierta independencia de acuerdo a una serie de reglas e instrucciones preestablecidas. Mientras que la pintura generativa nace de la vibración, el giro y el desplazamiento de los elementos plásticos que se originan progresivamente despegándose de la superficie plana que los contiene, el arte generativo basado en las tecnologías digitales es creado por medio de algoritmos que constituyen la arquitectura de datos a partir de la cual la obra se autogenera.[35]

35 De hecho, Miguel Ángel Vidal y Eduardo Mac Entyre participaron en la exposición *Arte y Cibernética*, organizada por el CAyC en 1969. La investigación plástica encauzada por los artistas desde los años precedentes en torno a la generatividad desembocó allí en la exploración de las opciones creativas proporcionadas por la computadora. Unas páginas más adelante analizaremos esta muestra.

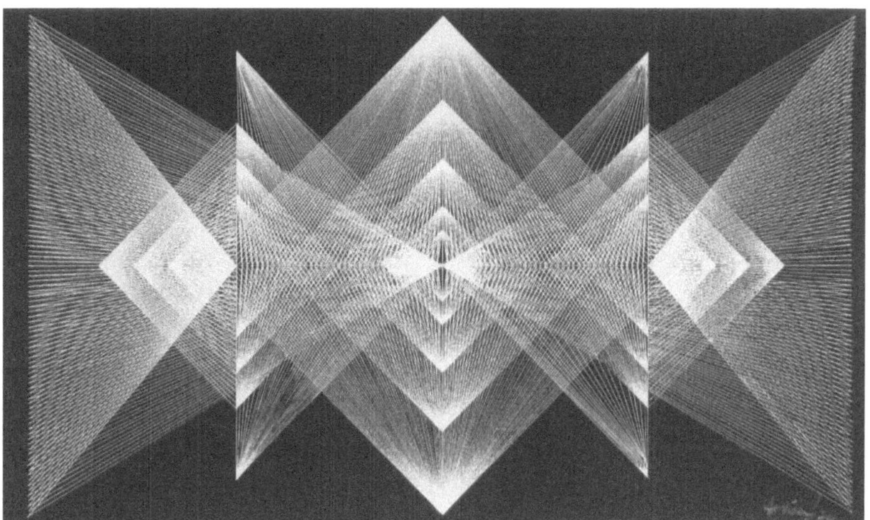

No obstante, el relevamiento de puntos de convergencia entre ambas historias no debe limitarse a un relato lineal de desarrollos encadenados que descuide las especificidades de sus respectivas prácticas. Söke Dinkla (1996) expuso críticas oportunas hacia la homologación sin distinciones entre las primeras obras participativas de los años cincuenta y sesenta, como ambientaciones, performances y happenings, y el surgimiento del arte interactivo. Frente a las ideas de Regina Cornwell y Erkki Huhtamo, quienes postularon que el rol activo del público en las obras interactivas es una derivación directa de las reconfiguraciones instauradas con el happening y otras manifestaciones del arte participativo –Allan Kaprow, Robert Rauschenberg, Yoko Ono, Fluxus y Situacionismo, entre otras–, Dinkla propone atender también a las diferencias introducidas por las características privativas de la interactividad. Aunque los trabajos de Jeffrey Shaw, Lynn Hershman Leeson, Peter Weibel y Bill Seaman reconocen nexos con el arte participativo, las producciones de Myron Krueger o David Rokeby resultan de sus métodos orientados hacia la investigación estrictamente tecnológica (Dinkla, 1996: 282). Por otro lado, si el happening se vincula con el teatro experimental y su distanciamiento de la estructura dramática clásica, gira en torno a la relación (neo)vanguardista arte/vida y sus artistas aún se encuentran presentes en la obra, los proyectos interactivos no proceden de géneros artísticos determinados, reemplazan el vínculo arte/vida por el par arte/tecnología, sus autores desaparecen de la escena al ser sustituidos por procesos automatizados y el material artístico de las obras es el diálogo entre el programa y el usuario (Dinkla, 1996:

288-289). Las particularidades de unas y otras prácticas también tienen que ser consideradas al momento de elaborar un nuevo relato sobre el arte contemporáneo.

La construcción de una nueva historia del arte –o bien, de su "lado B"– exige la adopción de herramientas epistemológicas que permitan complementar conocimientos de la teoría e historia del arte con determinadas nociones sobre ciencia y tecnología. Y allí reside uno de los mayores desafíos. En la introducción de *New Media in the White Cube and Beyond: Curatorial Models for Digital Art*, Christiane Paul (2008b) caracteriza al paradigmático cubo blanco como un espacio que presenta evidentes limitaciones para albergar propuestas performáticas o que, aun cuando no lo sean, solicitan espacios que no se limiten a la contemplación estética. Al igual que es preciso reformular el contexto adecuado para exhibir toda clase de poéticas electrónicas, cabe repensar las perspectivas teóricas desde las cuales dichas obras son abordadas:

> Los nuevos medios nunca podrían ser entendidos solamente desde la perspectiva de la historia del arte: la historia de la tecnología y las ciencias mediales desempeñan un rol igualmente importante en la formación y recepción de las artes. Los nuevos medios requieren de una alfabetización mediática.[36] (Paul, 2008: 5, trad. propia)

La alfabetización referida por Paul implica la instrucción de nuevos espectadores, pero también –en primer lugar– supone la formación de historiadores del arte, críticos y curadores, quienes además de analizar las obras estéticamente, comprendan su propuesta técnica y puedan desentrañar comportamientos a menudo complejos.

Como argumentaremos más adelante, en concordancia con el contexto internacional analizado por Shanken, Lovink y Quaranta, el surgimiento de nichos independientes en el ámbito argentino comenzó a perfilarse hacia los años noventa. En los próximos apartados veremos que, antes de esa fecha, los programas institucionales de los emblemáticos ITDT y CAyC promovieron las poéticas electrónicas sin marcar distinciones entre los artistas que incursionaban en la investigación de las tecnologías y aquellos que no lo hacían. Argüiremos que hacia mediados de los noventa, la expansión digital desencadenó una gradual autonomización de la escena de las poéticas electrónicas con respecto a la del arte contemporáneo hegemónico, que de

---

36 "New media could never be understood from a strictly art-historical perspective: the history of technology and media sciences plays an equally important role in this art's formation and reception. New media art requires media literacy".

hecho solo terminaría de conformarse en la década siguiente. Integradas por artistas que poco a poco se orientaron hacia un margen otro, estas escenas fueron acompañadas por historiografías divergentes que proporcionaron marcos de lectura específicos para cada desarrollo.

4. Instituto Di Tella: cruces arte/tecnología en la "manzana loca"

El 22 de julio de 1958 –diez años después de la muerte de Torcuato Di Tella, ingeniero y filántropo ítalo-argentino, mentor de la empresa SIAM–, sus dos hijos fundaron un centro de investigación sin fines de lucro dedicado a "promover el estudio y la investigación de alto nivel, en cuanto atañe al desarrollo científico, cultural y artístico del país, sin perder de vista el contexto latinoamericano donde está ubicada Argentina"[37]. Paralelamente, la firma establecida por Torcuato padre, luego devenida en Siam Di Tella, mantuvo su papel destacado en la producción metalmecánica sudamericana, hasta que hacia la segunda mitad de los años sesenta enfrentó serios problemas financieros.

Las actividades del ITDT comenzaron en agosto de 1960 con la muestra de la colección del Di Tella en el Museo Nacional de Bellas Artes y con los premios de arte que constituyeron el punto de partida para la creación del Centro de Artes Visuales (CAV). El temprano interés del Instituto por los intercambios entre el arte y la tecnología se encuentra vinculado a los dos núcleos que confluían en su plataforma institucional: innovación tecnológica, debido a su foco empresarial, y modernización del campo artístico nacional, asociado al eje cultural de la Fundación. Así lo evidencia la creación del CAV en 1960, dirigido por Jorge Romero Brest desde 1963, año en que el crítico y gestor renunció a la dirección del Museo Nacional de Bellas Artes. Aunque en otro capítulo profundizaremos en las correspondencias entre el modelo desarrollista impulsado por la presidencia de Arturo Frondizi y el proyecto de desarrollo cultural del ITDT, cuyos ejes centrales fueron modernización e industrialización, es pertinente señalar aquí que el afán inventivo del Instituto se tornaría una condición fundamental de su plataforma:

> No admitiremos repetición por considerar inoperante la actitud creadora de quienes vuelven sobre lo hecho, aunque sea hecho por ellos mismos, y por mucha calidad que se le pueda reconocer a las obras que hagan. Con lo cual quiero subrayar que nuestra vara no

---

37   Este objetivo se encuentra detallado en la carta constitutiva del ITDT (1958).

es la del valor, cuya estimación es social y exige reconocimiento público, sino la de la invención, aún mejor dicho, la de la aventura (…). (Jorge Romero Brest, 1992: 24)

A pesar de que aquellas afirmaciones de Romero Brest, presentadas en el acto público organizado antes de que se hiciera cargo del CAV, pueden ser cuestionadas –artistas "innovadores" como Narcisa Hirsch nunca lograron insertarse en el circuito del ITDT[38]–, lo cierto es que el Instituto se convirtió en el centro neurálgico "casi monopólico" (Pacheco, 2007: 17) de la vanguardia de los años sesenta, ubicado en pleno centro de la Ciudad de Buenos Aires: una suerte de *mainstream* del *off* porteño, un "underground institucionalizado" (Masotta, 1969 [1967]), el corazón de una "manzana loca"[39] donde era sabido que podía encontrarse cualquier clase de extravagancia. Como explica Patricia Rizzo (1998: 31) en el catálogo de la reconstrucción de Experiencias 1968, organizada por la Fundación Proa treinta años después, el Di Tella era identificado como "el lugar" donde convergían las acciones de los artistas, la crítica y el público. El reconocimiento que recibió desde su apertura devino del trabajo sostenido del ITDT para difundir la obra de toda una nueva generación de artistas. En palabras de Rizzo: "El desarrollo de una política basada en facilitar los medios –sin dictados ni normas– a los jóvenes artistas y el estímulo a la acción creadora y a los fenómenos emergentes, posibilitó la legitimación de las tendencias de avanzada hacia límites que ampliaron los márgenes establecidos y le dieron al Instituto vigencia y prestigio internacional" (Rizzo, 1998: 31).

---

38 "Con amargura [Narcisa Hirsch] se siente incomprendida por Jorge Romero Brest, el gurú del arte contemporáneo del momento, quien parece carecer de atracción por la imagen en movimiento. A pesar de la admiración que le profesa Narcisa y de lo vanguardista de su propuesta, no hubo un buen contacto con el director del Di Tella, tal vez pensaba podría haberse dedicado a la jardinería o a la cerámica sin vislumbrar que estaba haciendo un cine diferente, pero con el cual no se conectaba" (Taquini, 2010a: 38).

39 La llamada "manzana loca" estaba delimitada por las calles porteñas Florida, Paraguay, Maipú y Charcas. Allí se encontraba la sede del ITDT que albergaba el CAV y sus otros dos centros de arte –el Centro de Experimentación Audiovisual (CEA) y el Centro Latinoamericano de Altos Estudios Musicales (CLAEM), dirigidos por Roberto Villanueva y Alberto Ginastera respectivamente–, próximos a la Galería del Este, los bares Florida Garden y Moderno, y otros ámbitos de intercambio social y cultural. Dado que este libro focaliza en el ámbito de las artes visuales, el análisis no ahonda en los modos en que las esferas del arte y tecnología confluyeron en las plataformas del CEA y el CLAEM. Tanto el protagonismo tecnológico en el terreno de la música electrónica de los años sesenta en Argentina, como los imaginarios de modernización expresados en el ámbito audiovisual y sonoro de la época, han sido extensamente estudiados por Laura Novoa (2014). También la autora reconstruyó una serie de experiencias interdisciplinarias en las cuales confluyeron arte, ciencia, tecnología e industria, bajo el auspicio del Estado y empresas privadas (Novoa, 2019), entre ellas, el Pabellón Shell (1960-61), el Pabellón Siam en la Rural (1964), el stand MOSPE (Ministerio de Obras y Servicios Públicos del Estado) y el stand Plaza de la República (1965).

Los propios escritos de Romero Brest también aluden al espíritu innovador de manera recurrente. En el prólogo de *El arte en la Argentina: últimas décadas*, originalmente redactado para la colección "L' Arte dal dopoguerra ad oggi" de la Editorial Cappelli y publicado por Paidós en 1969, se expresa el deseo de mencionar únicamente a aquellos artistas que habían innovado en el medio artístico argentino. Esta idea es reforzada en las primeras páginas del ensayo, cuando en el apartado titulado "Quién soy", Romero Brest expone:

> Para mí, el arte no es un fenómeno de repetición como suponen unos, ni un epifenómeno como suponen otros; es un fenómeno original que sucesivos e irrepetibles momentos componen en el tiempo, conservando su carácter únicamente cuando los creadores y contempladores provocan esos momentos, que son de cambio permanente, avanzando hacia nuevas realizaciones. (Romero Brest, 1969: 13)

La incorporación de las tecnologías en algunas de las obras exhibidas y financiadas por el ITDT fue uno de los caminos sondeados por diversos artistas, mentores de obras y prácticas que irrumpían en el medio local como lo nuevo. Si el arte contemporáneo para ese entonces ya pretendía innovar rompiendo con los moldes heredados, y sobrellevando la presión de encarnar la novedad después del quiebre provocado por las primeras vanguardias, el carácter profético inherente a las tecnologías permitía redoblar la promesa de invención de las obras contemporáneas, en el seno de una institución que se atribuyó explícitamente a la innovación como bandera.[40]

Por ejemplo, en *La Menesunda* –ambientación ideada en 1965 por Marta Minujín y Rubén Santantonín[41]–, las tecnologías de los tubos de neón, la cámara frigorífica, el dial telefónico y el circuito cerrado de televisión confluían con otras zonas no tecnológicas del recorrido, como la pareja recostada en la cama o la maquilladora quien, ubicada en el interior de una cabeza

---

40 La intención de convertir al ITDT en un ámbito enteramente dedicado a lo nuevo no solo era puesta de relieve a través de las prácticas artísticas que albergaba, sino también en el modelo de gestión llevado adelante: "Uno de los propósitos de aquellos que forman parte de la empresa es hacer del Instituto algo nuevo en Argentina. Nuevo no en el sentido de su creación reciente, sino en su organización, su espíritu, su manera de encarar problemas. Necesitamos que nuestro Instituto sea rápido para adaptarse, que no se someta fácilmente a los altibajos de las crisis políticas, que sea desprejuiciado y objetivo, y que esté en estado de alerta". ("One of the purposes of those taking part in the enterprise is to make of the Instituto something new in Argentina. New, not in the sense of its recent creation, but in its organization, its spirit, its way of facing problems. We require our Instituto to be quick to adapt itself, not easily swayed by the ups and downs of political crises, umprejudiced, objetive and on the alert") (Di Tella y Oteiza, en Di Tella, Oteiza y Robiola, 1963: párr. 7, trad. propia).

41 Los artistas contaron con las contribuciones de Floreal Amor, David Lamelas, Pablo Suárez y Rodolfo Prayón en el desarrollo de objetos, así como de Leopoldo Maler, quien realizó un film sobre la obra.

monumental, ofrecía acicalar al público visitante. Unos y otros recursos, sin diferencias jerárquicas, trabajaban en conjunto para generar una "experiencia difícilmente nominable" (Romero Brest, 1969: 75), la cual desmaterializaba el aspecto objetual y acabado de la obra de arte tradicional.

La noción de experiencia presente en el ITDT desde el comienzo evolucionó con los años, al punto que en 1967 se crearon las famosas *Experiencias Visuales*. A partir de entonces, los artistas ya no competían como en el Premio otorgado desde 1960; ahora, en cambio, eran invitados a producir obras financiadas por el Instituto y luego exhibidas en una muestra colectiva. El término "experiencia" remitía al nuevo rol adoptado por el espectador al encontrarse ante obras que trascendían los confines de la pintura y la escultura:

> La palabra "experiencia" origina interpretaciones distintas y hasta puede ser redundante su empleo, ya que toda obra de arte implica

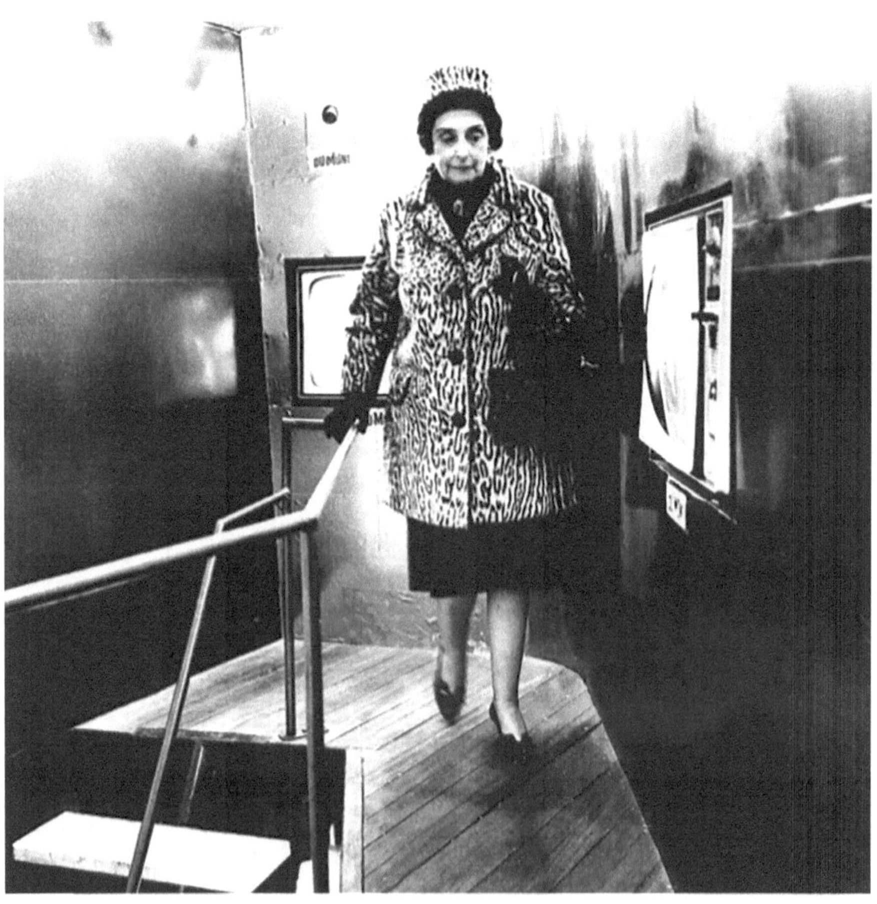

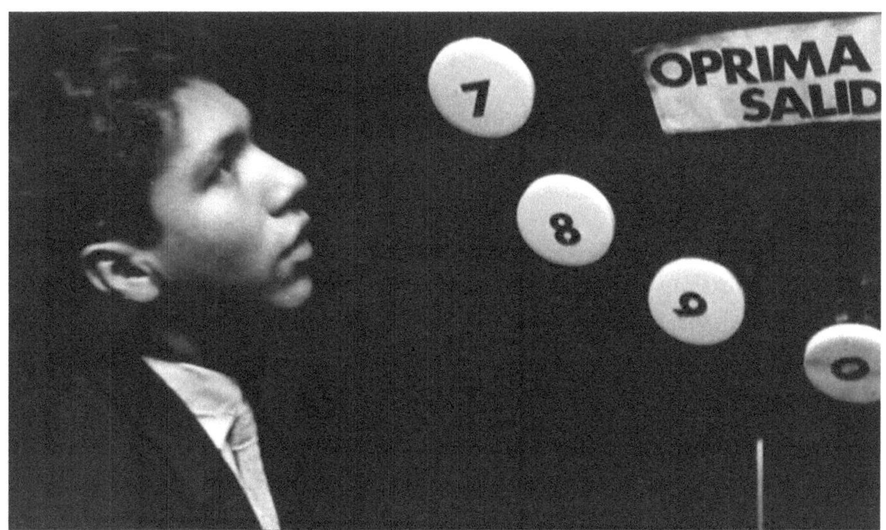

una experiencia del creador, destinada a provocar otra en el contemplador. Aquí, sin embargo, es usada con intención definida, para
indicar que no son estáticas "obras de arte" –terminadas y definiti-
vas– sino proyectos de creación dinámica para el contemplador. Se
trata de otra actitud, que va más allá de la mera contemplación de
imágenes pintadas o esculpidas: se trata de alertar al contemplador
acerca de lo que tiene a la vista y en lo que tal vez no repara, para
que intensifique su contemplación hasta vivir él mismo con la mayor intensidad, tomando conciencia de su posición en el mundo[42].
(Romero Brest [1968] en Longoni y Mestman, 2000: 93)

La idea de creación dinámica en lugar de materializaciones en objetos
estáticos constituye un aspecto central de estos eventos, cuya intención no
era que los artistas exteriorizaran sus experiencias en imágenes, sino que
las plasmaran en "estado virginal" (Romero Brest, 1969: 90). Precisamente,
en varias de las propuestas presentadas en las distintas ediciones, las tecnologías encarnaron medios y herramientas propicios para revelar la actitud
experiencial a la que aludía el director del CAV. Entre ellas, *Sesenta metros
cuadrados de alambre tejido y su información,* obra de Oscar Bony pionera
en el terreno de la videoinstalación y el arte conceptual en la Argentina,
expuesta en *Experiencias Visuales 1967.*

42 La conciencia del espectador acerca de su posición en el mundo debe ser leída en clave política. El texto
citado fue escrito por Romero Brest en mayo de 1968 cuando la obra *Baños* de Roberto Plate, presentada
en Experiencias 1968, fue clausurada por la dictadura militar de Juan Carlos Onganía.

Del mismo modo que Joseph Kosuth en *Una y tres sillas* (1965) exhibía una silla de madera, la fotografía del objeto y una ampliación fotográfica de la definición de la palabra "silla", en la instalación de Bony el público era enfrentado a diferentes niveles de percepción del alambre. Este material se encontraba extendido en el piso de la sala, al tiempo que una sección del mismo alambre era proyectado sobre una de las paredes. La percepción táctil al caminar sobre el material dispuesto sobre el suelo, la percepción visual de la imagen proyectada y la asociación mental que unía el objeto físico con el contrapunto de su imagen desmaterializada iteraban así la información.

La desmaterialización de la imagen y la experimentación con el medio fueron asimismo protagónicas en *Situación de tiempo* de David Lamelas, otra de las instalaciones que integraron aquella edición de *Experiencias Visuales*. Diecisiete televisores producidos por Siam Di Tella no mostraban programas televisivos, sino que emitían ruido electromagnético. La sala era inundada por un sonido electrónico e iluminada por la luz blanca que procedía de las pantallas como efecto lluvia. De esta manera, las fallas de comunicación experimentadas por el propio dispositivo tecnológico, desprovisto de contenido narrativo, invitaba al público a participar activamente de la pura experiencia temporal, permaneciendo en la sala de exhibición durante las ocho horas en que la muestra se encontraba abierta. Como señaló Valeria González (2017: 69), la dimensión espacial del tiempo que había sido puesta en escena en una obra previa como *Conexión de tres espacios*[43] era sustituida en esta ocasión por una dimensión temporal del espacio. Por su parte, Inés Katzenstein (2017: 84) observó que *Situación de tiempo* combinaba la tecnología de los medios con la estética tautológica de la escultura minimalista, basada en la estructura modular y la jerarquización de la materialidad, característica de otras de las instalaciones que el artista realizó hacia la misma época. La primacía de las tecnologías implicadas, los procesos y el carácter escultórico de la experiencia espacio-temporal –antes que la disrupción del contenido de la información (Herrera, 2017: 48)– habían ya sido plasmados en *Límite de una proyección*, obra realizada para la exposición *Más allá de la geometría. Extensión del lenguaje artístico-visual en nuestros días*, curada por Romero Brest en el ITDT, entre abril y mayo de 1967. El curador reunió diferentes obras geométricas que permitían reconstruir la transición de los

---

43   *Conexión de tres espacios* obtuvo el Premio Nacional Instituto Torcuato Di Tella de 1966. La obra consistió en tres cajas de luz dispuestas en distintos lugares del ITDT, de manera que la totalidad de la instalación solo podía ser reconstruida en la mente del público, a medida que el espacio iba siendo recorrido.

formatos tradicionales del cuadro y la escultura hacia el objeto, a través del movimiento, la desmaterialización y las tácticas del minimalismo[44] (Rossi, 2016). Lamelas presentó un cono de luz proyectado hacia abajo, dibujando un círculo perfecto sobre el piso de la sala oscura. Al igual que en *Situación de tiempo*, el artista se concentró en las posibilidades específicas brindadas por el propio medio (Herrera, 2017: 49).

Aunque la obra de 1967 también exploraba la relación entre "el objeto expuesto en determinado lugar" y su ambiente arquitectónico, interés que según Lamelas recorre a toda su producción (Lamelas en Katzenstein, 2007: 266), el espacio no era escindido en una zona de luz y otra de oscuridad como en *Límite de una proyección*:

> Mi interés en la relación objeto-ambiente me llevó a considerar la importancia del objeto tecnológico, su capacidad de modificar su ambiente, su influencia; en un espacio su presencia se vuelve dominante. Este trabajo consistió en una gran habitación oscura, con 17 televisores exhibidos, cada uno sintonizado en un canal inexistente sin ninguna imagen. No había nada más en la habitación excepto la oscuridad de la misma, invadida por la luz emitida por los televisores (la superposición de un espacio iluminado sobre un espacio oscuro). Aquí el espacio no fue dividido o separado como en mi trabajo anterior, excepto que el efecto fue como si una hoja de papel blanco traslúcido fuera superimpuesto a una hoja negra de cartón. (Lamelas en Katzenstein, 2007: 267).

Mientras que las obras de Bony y Lamelas se encuentran principalmente enlazadas a la historia del video, en *Experiencias Visuales 1967* Margarita Paksa mostró un trabajo que abría paso hacia el territorio del arte sonoro y las instalaciones interactivas, titulado *500 Watts, 4.635 Kc, 4,5 C*. Con la colaboración de Fernando Von Reichenbach, ingeniero, inventor y director técnico del Laboratorio de Música Electroacústica del ITDT, desarrolló una instalación integrada por un proyector de luz pulsante. El haz de luz atravesaba un espacio de dieciocho metros de largo en completa oscuridad y, al traspasar cajas de acrílico que contenían una sustancia gaseosa, formaba cilindros blancos en la sala. El empleo de células fotoeléctricas, destinadas

---

44 Junto con Lamelas, participaron en la exposición los artistas Manuel Álvarez, César Ambrosini, Ary Brizzi, Germaine Derbecq, Manuel Espinosa, Claudio Girola, Ennio Iommi, Kenneth Kemble, Gyula Kosice, Jorge Edgardo Lezama, Eduardo Mac Entyre, María Martorell, Fernando Maza, Gabriel Messil, Margarita Paksa, Oscar Palacio, César Paternosto, Alberto Pellegrino, Alejandro Puente, Rogelio Polesello, Eduardo Rodríguez, Eduardo Sabelli, Carlos Silva, María Simón, Antonio Trotta y Miguel Ángel Vidal.

a convertir energía lumínica en energía eléctrica, permitía que, cuando el público transitaba por el espacio, produjera transformaciones lumínicas y, en consecuencia, modificara el sonido de la instalación en tiempo real:

> La descripción técnica sobre el sonido consigna que a partir de una nota fundamental del 2º, 3º y 4º armónicos, o sea la combinación de un sonido cuya frecuencia es múltiplo de la de otro denominado principal y que se produce simultáneamente con éste, se articula una cantidad de 2 sonidos (a, b, c) más un cuarto que es la suma de los componentes; el número de los parlantes es de 8 (dos por sonido); el volumen es de 3 a 6 Watts y el timbre es agudo-grave. (Paksa, 1997: 40)

Al juego de oposiciones silencio/ruido y luz/oscuridad se sumaba el binomio materialización/desmaterialización. Para Paksa, la desmaterialización permitía llegar al "número en código" a través de una "situación tecnológica" (Paksa, 1997: 41) que conduciría a una "comunicación por otra forma de los sentidos, un desdoblarse de sí misma creando un estremecimiento del conocimiento, apuntando a lo intangible, pero repudiando toda situación metafórica o simbólica" (Paksa, 1997: 42). Esta tentativa de materialización de lo inmaterial sería leída por Glusberg como un punto en que el proceso de desmaterialización "tocaba su fin":

> Deseaba la artista informar acerca de algo que es obvio: hacer visible lo invisible (haz luminoso), tornar audible lo inaudible (los sonidos que no estaban al alcance del oído humano). El proceso de desmaterialización tocaba su fin en este *environment tecnológico*: es que había llegado el sonido, y ello en virtud del empleo de la luz. (Glusberg, 1985: 368)

En *Experiencias 1968* Paksa volvería a realizar una obra sonora. *Comunicaciones* presentaba una pista de arena en cuya superficie podía identificarse las siluetas impresas de un hombre y una mujer –contornos de Paksa y su pareja–. Junto a ella, dos discos provistos de auriculares invitaban a escuchar grabaciones diferentes. En uno de los lados del disco (faz azul) se reproducía *Santuario del sueño*, un poema que presentaba la descripción minuciosa de un ambiente. El otro lado del disco (faz roja), titulado *Candente*, se oía los gemidos de una pareja en un encuentro íntimo. La experiencia perceptiva desplegada por la instalación permitía que el público reconstruyera una ausencia, de la que no quedaban sino rastros en el espacio expositivo. En la instalación se incluyó también *Esquema de trabajo*, un documento impreso que presentaba el circuito comunicacional establecido por la obra, identificando al emisor, al receptor y al código que actuaba en cada uno de los mensajes. (Herrera, 2012: 208)

Otra de las incursiones del ITDT en las relaciones del arte y la tecnología llegó de la mano de Julio Le Parc, quien desde 1960 se encontraba realizando objetos tridimensionales lumínicos y cinéticos. Los movimientos sugeridos por las obras a veces devenían de efectos ópticos, producidos por el desplazamiento del espectador, pero en otras ocasiones eran físicos y reales. En ambos casos recurrentemente el rol desempeñado por público era sustancial, ora a través del desplazamiento de su cuerpo en el espacio para percibir determinadas transformaciones ópticas, ora mediante la puesta en marcha de algún sistema mecánico que permitiera la activación de la obra[45]. En 1964, Le Parc fue invitado a participar en el Premio Internacional lanzado por el ITDT, donde presentó obras que generaban juegos lumínicos diversos, como *Inestabilidad. Proposición arquitectural.* Un motor conectado a ocho placas de aluminio imprimía movimiento al sistema, permitiendo que las luces rasantes de la estructura generaran sombras y reflejos que iban siendo modificados en el tiempo. Tres años después, el ITDT organizó una muestra retrospectiva dedicada a la obra de Le Parc, la cual reunió cajas, relieves e instalaciones de luz y movimiento, y se consagró como la exposición más visitada de la historia del CAV (Plante, 2011: 20).

Una línea asociada al desarrollo tecnológico propio de la cultura de masas, también encauzada por artistas vinculados con el ITDT, fue aquella impulsada por Roberto Jacoby, Eduardo Costa y Raúl Escari, miembros del grupo "Arte de los Medios de Comunicación". Mientras que Bony, Lamelas y Minujín desarrollaron su experimentación con las nuevas tecnologías dentro de las instituciones de vanguardia, este colectivo inscribió a sus obras en los circuitos de comunicación masiva (Vindel-Gamonal, 2014), acompañados por las reflexiones de Oscar Masotta –figura clave para el campo cultural

---

45 El papel activo por parte del público ha estado presente en la obra Le Parc desde sus inicios. En las pinturas abstractas realizadas desde 1956, el artista ya tenía en cuenta la percepción del espectador y cómo la misma variaba según las distintas situaciones visuales generadas por las obras. Este interés fue profundizado a partir de 1960, cuando en París participó de la fundación del G.R.A.V. (Grupo de Investigación de Arte Visual), un colectivo originalmente integrado por once artistas y, desde 1961, conformado por el propio Le Parc, Horacio García Rossi, Francisco Sobrino, François Morellet, Joël Stein y Jean-Pierre Yvaral. Una de las principales intenciones del grupo, tal como fue plasmada en una de sus famosas experiencias participativas, titulada *Une journée dans la rue* (1966), fue cuestionar las nociones de obra estable y permanente, y la idea de artista como genio inspirado. Frente al ojo "cultivado", "sensible", "intelectual", "esteta" y "diletante", el G.R.A.V. proponía tomar como punto de partida al ojo "humano".

argentino de los años sesenta– sobre las nociones de discontinuidad y desmaterialización, cuyas teorías entrañaron aportes cardinales para la agrupación. Como explica Ana Longoni (2017: 54), la primera categoría refiere a una obra discontinua "no solo en tiempo y espacio, sino sobre todo en la percepción". La idea de discontinuidad provino de la lectura que Masotta había hecho de Roland Barthes, en particular, de la interpretación que Barthes propuso para el libro *Mobile*, de Michel Butor: "Igual que en la escritura fragmentaria y palimpséstica de Butor, la nueva estética asume una forma discontinua, pretende revolucionar el lenguaje y expandir la noción de obra" (Longoni, 2017: 53). Por su parte, el concepto de desmaterialización sugerido por Masotta no se basaba en el trabajo de John Chandler y Lucy Lippard[46], referido algunas páginas atrás, sino en la concepción de desmaterialización tempranamente enunciada por El Lissitzky en "The Future of the Book", un ensayo escrito en 1926 y reeditado en *New Left Review*, en febrero de 1967. En la conferencia impartida en el ITDT el 21 de julio de 1967, publicada como "Después del pop, nosotros desmaterializamos", Masotta (1969 [1967]) citaba "los párrafos nerviosos y lúcidos" de Lissitzky y, de esa forma, daba cuenta de la influencia que sus propias disquisiciones habían recibido del artista ruso[47]. Como hemos previamente explicitado, antes que la desaparición de los materiales, la desmaterialización significaba el trabajo con materiales que hasta el momento no eran considerados artísticos, en un contexto signado por el surgimiento de happenings, ambientaciones y obras de los medios: "Evidentemente la noción quiere aludir no al fin de los materiales, sino a una característica nueva con respecto a las obras de arte anteriores: el desplazamiento del interés en ciertos aspectos materiales que apuntan a la obra única, permanente, estática" (Longoni, 2017: 56).

Refiriéndose a la labor de "Arte de los Medios de Comunicación", Vindel-Gamonal (2014: 532) escribe: "Su trabajo con los medios persiguió generar extrañamientos e interrupciones en el flujo normalizado de la información

46 A propósito del posible encuentro entre Lippard y Masotta, Longoni expone (2017: 56): "No es descabellado suponer que Lippard y Masotta habían entrado en contacto, sino personalmente, al menos a través de sus textos o sus ideas, tanto en alguno de los viajes de éste a Estados Unidos (1966, 1967) como en el que en septiembre de 1968 realiza ella a Argentina, para participar como jurado junto al francés Jean Clay en el Premio Materiales: nuevas técnicas, nueva expresión (…)".

47 "Hoy los consumidores son todo el mundo, las masas. La idea que actualmente mueve a las masas se llama materialismo; sin embargo, la desmaterialización es la característica de la época. Piénsese en la correspondencia, por ejemplo: ella crece, cree el número de cartas, la cantidad de papel escrito, se extiende así la cantidad de material consumido, hasta que la llegada del teléfono la alivia. Se repite después el mismo fenómeno. Resultado: la red de trabajo y el material de suministro crecen entonces hasta que son aliviados por la radio. Brévemente: la materia disminuye; el proceso de desmaterialización aumenta cada vez más. Perezosas masas de materia son reemplazadas por energía liberada" (Lissitzky en Masotta, 1969 [1967]).

y la visualidad en la industria cultural contemporánea, invitando mediante esa operación al espectador a la toma de conciencia de la naturaleza sobre los medios que lo encauzan". Atravesados por las ideas de Marshall McLuhan –cuyos libros, recuerda Lamelas, pasaban de mesa en mesa en el bar Moderno (Lamelas en Katzenstein, 2017: 86)–, Jacoby, Costa y Escari iniciaron, hacia mediados de 1966, el *Happening de la participación total*, también conocido como *Happening para un jabalí difunto, Happening que nunca existió* o "anti-happening". La obra fue una suerte de experimento sociológico que consistió en hacerle creer a los medios de comunicación masiva que había tenido lugar un importante happening con la participación de grandes personalidades de la época, cuando en realidad nada de ello había sucedido. Los artistas entregaron a la prensa un informe con el relato escrito de lo acontecido, a modo de gacetilla, y trece fotografías tomadas por Rubén Santantonín en distintos puntos de la ciudad (Teatro Avenida, Galería Bonino, Bar Moderno y la Zapatería Norde, entre otros). Efectivamente, entre los meses de agosto y diciembre se publicaron una serie de notas periodísticas que hacían referencia a la experiencia. La obra se dio por concluida cuando apareció un artículo en el diario *El Mundo* que desmintió el reporte y el sociólogo Darío Cantón repartió una carta en la calle Florida, próximo al ITDT, donde calificaba a la experiencia como pobre por explicarle al público aquello que ya conoce aunque a menudo tienda a olvidárselo, a saber, que la confianza a priori del espectador en la información transmitida por los medios garantiza la credibilidad de su discurso. En este caso, la relación entre el arte y la tecnología no se manifestaba en la experimentación con dispositivos tecnológicos, como en otras de las propuestas analizadas, sino en la utilización del espacio mediático con fines creativos, en vistas de discurrir sobre cómo los medios de comunicación de masas eran susceptibles de ser elaborados estéticamente (Jacoby en Masotta, 1967), infringiendo así los límites entre la cultura de masas y la cultura de élites.

Roberto Jacoby más tarde participaría en *Experiencias 1968* con su obra *Mensaje en el Di Tella*, una instalación conformada por la fotografía de un hombre afroamericano sosteniendo un cartel en el que se leía *"I am a man"* ("soy un hombre"), un teletipo que recibía las noticias de los sucesos del Mayo Francés en tiempo real, transmitidas por la agencia France-Press, y un manifiesto expuesto en la sala, también repartido a los visitantes. Entre otras ideas expresadas en el texto, Jacoby (1968) afirmaba que todos los fenómenos de la vida social habían devenido en materia estética, tal como quedaba demostrado a través de la moda, la industria, la tecnología y los medios de comunicación de masas.

Las diferentes obras que hemos mencionado indican que el ITDT mostró una apertura considerable hacia las poéticas electrónicas, las cuales fueron incluidas en su programación como parte de las propuestas innovadoras y emergentes de la escena artística de los años sesenta. En muchos casos, estas prácticas utilizaron los medios de comunicación masiva como nueva materialidad artística, operación que redundó en un "arte de los medios"[48] desarrollado a través de happenings, performances, ambientaciones e instalaciones. Sin embargo, Herrera (2012: 187) sostiene que "los medios y los efectos analizados son similares, pero los contenidos puestos en juego por cada tendencia son diferentes". Si las obras de Minujín expresan una cierta "dimensión dionisíaca de la tecnología", mediante un "vitalismo lúdico" que no remata en una crítica hacia el poder mediático, las actividades del grupo integrado por Jacoby, Costa y Escari sí dan cuenta de un explícito compromiso político. La hipótesis sustentada por Herrera es que el hecho de que los medios masivos no encarnaran una tradición artística en la Argentina, probablemente haya modulado cierto optimismo con respecto a su eficacia como "vehículos de contenidos estéticos" (Herrera, 2012: 188).

Una década después, la actividad de Jorge Glusberg en el CAyC seguiría favoreciendo el proceso de expansión de las poéticas electrónicas. A continuación, indagamos comparativamente en el rol desempeñado por los proyectos artísticos que exploraban las nuevas tecnologías en ambos programas institucionales y examinaremos los nexos que en los dos casos dichos trabajos establecieron con otro tipo de obras contemporáneas.

5. CAyC: prácticas artísticas, medios tecnológicos y entorno social

Cuando hacia fines de la década del sesenta la actividad del ITDT se encontraba en descenso[49], el CAyC irrumpió en la escena porteña y paulatina-

---

48 Herrera (2012) explica que la categoría "arte de los medios" surgió de los propios artistas y fue adoptada por la crítica para designar a un conjunto de prácticas diversas ligadas al pop, el minimalismo y el arte conceptual. Por motivos de extensión aquí nos hemos limitado a citar solo la obra de algunos de los artistas nucleados en torno al ITDT. La experimentación con el medio fue también característica de muchas otras propuestas, entre ellas *Simultaneidad en Simultaneidad* (1966), *Circuit Super Heterodyne* (1967) y *Minuphone* (1967) de Marta Minujín. Para ampliar este punto, véase: María José Herrera (2012).

49 Marta Traba (1973) explica que el cierre del ITDT respondió a causas complejas, como las presiones políticas de la dictadura militar de Juan Carlos Onganía (1966-1970), pero también la oposición de la izquierda frente al respaldo proporcionado por las Fundaciones Rockefeller y Ford. Asimismo, la autora destaca la pérdida de apoyo financiero de la empresa Siam Di Tella, rescatada de la bancarrota por el gobierno. Por su parte, María

mente fue adquiriendo notoriedad. Dirigida por Jorge Glusberg –empresario, gestor cultural y curador–, la institución derivó del Centro de Estudios de Arte y Comunicación (CEAC), creado en 1968, y se dio a conocer públicamente en la Galería Bonino en 1969. Desde sus primeros tiempos, el centro se dedicó a impulsar intercambios interdisciplinarios entre el arte, los medios tecnológicos y la comunidad. La muestra inaugural, titulada *Arte y Cibernética*, constituye un eslabón fundamental de la historia de la confluencia entre el arte y la tecnología en la Argentina. En aquella ocasión, un grupo de artistas integrado por Antonio Berni, Luis Fernando Benedit, Ernesto Deira, Eduardo Mac Entyre, Osvaldo Romberg y Miguel Ángel Vidal, expuso sus obras realizadas por computadora, empleando un software provisto por IBM para crear imágenes en función de la reproducción y alteración de un patrón determinado. Los dibujos fueron desarrollados con la asistencia del Centro de Cálculos de la escuela ORT[50] y, luego de ser impresos a través de la utilización de un plóter que era dirigido por coordenadas, se exhibieron en la Galería Bonino.[51]

Entre las obras que integraron *Arte y Cibernética* se incluyeron veinte trabajos de CTG (*Computer Technique Group*), un colectivo japonés fundado en 1966 por Masao Komura, Haruki Tsuchiya, Kunio Yamanaka y Junichiro Kakizaki, cuya producción ya había formado parte de la célebre exposición *Cybernetic Serendipity*, curada por Jasia Reichardt[52] para el Instituto de Arte

Fernanda Pinta (2013: 162) ha detallado con precisión los factores económicos, políticos y artísticos externos que afectaron al funcionamiento de la institución, como así también las limitaciones de sus propias políticas culturales, las cuales entre mediados de la década del sesenta y comienzos del setenta ya no contaban con la misma legitimación que en los años anteriores.

50   Los ingenieros fueron liderados por Julio Guibourg (director del Centro de Cálculos) y Ricardo Ferraro (encargado de guiar la utilización de la computadora IBM 1130-2-C). Participaron también Arturo Montagú, Pablo Jonovich, César Armoza, Silvia Yacub y Silvia Brucciamonti.

51   Los artistas invitados a experiementar con el software de IBM fueron Antonio Berni, Luis Fernando Benedit, Ernesto Deira, Hugo Demarco, Gregorio Dujovny, Eduardo Mac Entyre, Mario Mariño, Isaías Nougués, Luis Pazos, Rogelio Polesello, Josefina Robirosa, Osvaldo Romberg, Norma Tamburini y Miguel Ángel Vidal. Sin embargo, solamente exhibieron sus obras Berni, Benedit, Deira, Mac Entyre, Romberg y Vidal. En el catálogo figuran como "Experiencias Buenos Aires". El espíritu interdisciplinario del Instituto fue también plasmado en la propuesta curatorial de la muestra, la cual incluyó como parte de su ambientación música electrónica compuesta por Dante Grela, Francisco Kröpfl, Carlos Rausch, Jorge Rotter y Eduardo Tejeda. Además, la exposición comprendió el Seminario de Información y Acercamiento sobre la relación entre el arte y la computación.

52   La crítica y curadora británica fue una de las invitadas internacionales del CAyC, junto con otros referentes extranjeros, como por ejemplo Lucy Lippard –co-organizadora con Charles Harrison de dos exposiciones de arte conceptual exhibidas en el CAyC–, el físico, filósofo y especialista en teoría de la comunicación Abraham Moles –docente del curso "Hacia una sociología de los objetos"– y el dramaturgo polaco Jerzy Grotowski, gran fuente de inspiración para la conformación del Grupo de los Trece (Jacques Bedel, Luis Fernando Benedit, Gregorio Dujovny, Carlos Ginzburg, Jorge Glusberg, Jorge González Mir, Víctor Grippo, Vicente Marotta, Luis Pazos, Alfredo Portillos, Juan Carlos Romero, Julio Teich y Horacio Zabala).

Contemporáneo de Londres, entre agosto y octubre de 1968. En febrero de 1969, unos meses antes de la muestra en la Galería Bonino, Glusberg había conocido en Tokyo a ocho artistas y matemáticos del grupo, quienes "unían su tradicional sensibilidad gráfica, la técnica y el rigor de la vedette científica del momento: la computadora" (Glusberg, 1985: 96). La selección de obras argentinas y japonesas se completó con las obras de seis artistas británicos y estadounidenses de las Ediciones Motif de Londres.

En el texto de presentación de la muestra, publicado en el catálogo de la Galería Bonino, Glusberg identificaba a la computación como una de las experiencias más significativas del siglo, la cual debía ser difundida entre los artistas argentinos de cara a que descubrieran su potencial creativo:

> Estamos hablando de un arte nuevo, dinámico, comprometido con el contexto social al que pertenece, con la época interplanetaria, que va más allá de las técnicas institucionalizadas. Un arte vivo, creado por el ejército de pioneros de nuestro tiempo que utilizan ideas, formas sintéticas o ecuaciones matemáticas, en lugar de pintura: luces y motores, e información en lugar de pinceles. (Glusberg, 1969b: párr. 16).

El reemplazo de la pintura tradicional por luces y motores puede ser interpretado en relación con la sustitución de la tela por el tubo de rayos catódicos, promovida por Nam June Paik hacia 1965.[53] Asimismo, hace eco del estímulo de la experimentación con el espacio televisivo, suscitado por Lucio Fontana en el *Manifiesto del Movimiento Espacial para la Televisión*, el cual fue presentado ante las cámaras de la RAI en 1952. Más tarde, Eduardo Kac y Marcel.lí Antúnez Roca volvieron a plantear la necesidad de ampliar el horizonte de las artes tradicionales, en este caso incluyendo las nuevas manifestaciones artísticas encarnadas por las obras robóticas.[54] Sin embargo, Glusberg no aísla a las obras que intersectan arte y tecnología a un territorio apartado de otras prácticas contemporáneas. Las luces, los motores, las formas

53   En un folleto repartido en 1965 en el Cafe a Go Go (Nueva York) durante la exhibición de su primer registro en video con una cámara Portapak, Paik declaraba: "Como la técnica del collage reemplazó a la pintura al óleo, el tubo de rayos catódicos sustituirá al lienzo". ("As collage technique replaced oil-paint, the cathode ray tube will replace the canvas").

54   En "Arte robótica: un manifiesto", Antúnez Roca y Kac afirmaban: "Los microprocesadores son tan importantes para la robótica como lo son los pinceles, el óleo y el lienzo para la pintura. Los robots pertenecen a una nueva categoría de objetos y situaciones disruptivos para la taxonomía tradicional del arte. Allí donde alguna vez hablamos de límites y fronteras, hoy encontramos nuevos territorios" (1997 [1996]: párr. 7, trad. propia). ("Microprocessors are as important in robotic art as brushes, paint, and canvases are in painting. Robots belong to a new category of objects and situations disruptive to the traditional taxonomy of art. Where one once spoke of boundaries, borders, and limits we find today new territories").

sintéticas y las ecuaciones matemáticas son enumeradas junto a las ideas y la información, todas ellas expresiones de nuevas técnicas y lenguajes aún no "institucionalizados" que hacen foco en los procesos desencadenantes de la actividad creativa, en lugar de centrarse en la elaboración de obras terminadas, fijas y cerradas. Un proyecto institucional que comenzaba a entender al arte como proceso, en "estado de cambio continuo" (Glusberg, 1969b: párr. 9), basado en comportamientos y atravesado por las redes de comunicación, se vio lógicamente atraído por el arte cibernético, pero lo hizo del mismo modo que manifestó su interés por vertientes del arte conceptual ajenas a la investigación con las nuevas tecnologías. Precisamente la categoría de "arte de sistemas", difundida por el CAyC a partir de 1970 con la exposición *De la figuración al arte de sistemas,* llevada a cabo en el Museo Emilio Caraffa de Córdoba, englobó tanto a las obras que incorporaban explícitamente las tecnologías –el famoso *Biotrón de* Luis F. Benedit, por ejemplo– como aquellas que no lo hacían: entre otras, las pinturas de Nicolás García Uriburu con la documentación de las acciones de coloración de aguas, y las xilografías, los poemas matemáticos, las cajas y el registro de señalamientos urbanos de Edgardo Antonio Vigo. El aspecto compartido por las obras reunidas en la exhibición consistía en sustituir el carácter figurativo de las obras, su tendencia a ser presentadas como objetos acabados y el rol contemplativo del público, por un arte como pura información, plasmado en todo tipo de experiencias destinadas a un público activo, eventualmente registradas por la cámara fotográfica y luego presentadas como parte de la propuesta artística.

La convivencia de obras que empleaban ostensiblemente las tecnologías y otras que no se basaban en una búsqueda semejante reapareció un año después en la exposición *Arte de Sistemas I,* albergada por el MAMbA. El término "arte de sistemas" fue acuñado para designar a las manifestaciones focalizadas en los procesos y "no en los productos terminados del buen arte" (Glusberg, 1985: 101). La categoría provenía de *Systems Aesthetics,* elaborado por Jack Burnham en 1968 para aludir a las obras centradas en el aspecto conceptual de la propuesta estética, los procesos, la información y las interacciones sistémicas (Herrera y Marchesi, 2013).

Numerosos artistas locales[55] exhibieron sus trabajos junto con artistas internacionales, entre ellos Vito Acconci, Allan Kaprow, Barry Flanagan, Joseph Kosuth, Richard Long y Mario Merz, muchos de los cuales habían

55 Luis Fernando Benedit, Mirtha Dermisache, Geny Dignac, Gregorio Dujovny, Nicolás García Uriburu, Carlos Ginzburg, Jorge González Mir, Víctor Grippo, Uzi Kotler, David Lamelas, Lea Lublin, Jorge de Luján Gutiérrez, Mario Mariño, Vicente Marotta, Luis Pazos, Alberto Pellegrino, Alfredo Portillos, Héctor Puppo, Juan Pablo Renzi, Juan Carlos Romero, Clorindo Testa, Antonio Trotta y Edgardo Antonio Vigo.

formado parte de *Information,* una exposición curada en 1970 por Kynaston McShine en el Museo de Arte Moderno de Nueva York. Algunas de las obras argentinas que se presentaron fueron *Analogía I,* de Víctor Grippo, donde cuarenta celdas exhibían papas conectadas con electrodos a un voltímetro que mostraba la capacidad energética del tubérculo como metáfora de la conciencia; *Tierra,* de Carlos Ginzburg, una intervención que presentaba dicha palabra escrita en el suelo de un terreno baldío cercano y podía ser observada desde el octavo piso del museo; y *Segmento AB=53.000 metros,* una performance fotográfica de Juan Carlos Romero, que registraba imágenes características del recorrido de Buenos Aires a La Plata como dos puntos de la realidad nacional percibida desde la Ruta 2.

Así, una obra como la de Grippo, considerada antecedente indiscutible de los intercambios entre el arte y la ciencia en la Argentina, coexistía con prácticas que utilizaban a la tecnología como medio de una acción performática, como la de Romero, o incluso otras obras que focalizaban en los procesos devenidos de intervenciones físicas del entorno. La curaduría del evento no hacía hincapié en las diferencias entre los medios implicados, sino que jerarquizaba el núcleo conceptual de la muestra. La noción de arte de sistemas funcionaba como nexo para conectar diferentes manifestaciones contemporáneas. La gacetilla que anunciaba la inauguración de *Arte de Sistemas,* fechada el 28 de junio de 1971, informaba:

> El arte de sistemas incluye las últimas tendencias surgidas en la segunda mitad de este siglo. Arte como idea, arte ecológico, arte pobre, arte cibernético, arte de propuestas, arte político, se agruparán bajo el término de arte de sistemas; son las inquietudes aparentemente distintas de diferentes artistas de avanzada que se aprestan a investigar la entrada del hombre al siglo XXI, donde el arte –como consecuencia del cambio social y la automatización que aumentará el ocio– podrá no llamarse así, se convertirá seguramente en uno de los ejercicios espirituales básicos de las nuevas comunidades. (Centro de Arte y Comunicación, 1971: párr. 3).

Una situación similar se vislumbró en otro de los eventos interdisciplinarios organizados por el CAyC, difundido como *Argentina Inter-Medios,* esta vez desarrollado en el Teatro Opera en el marco del X° Congreso Mundial de Arquitectura, poco tiempo después de *Arte y Cibernética.* Durante dos días de octubre de 1969, se presentaron una serie de performances que imbricaron música electrónica, artes plásticas, danza, teatro, films experimentales, poesía y dispositivos tecnológicos, con el objetivo de constituir un "environment total donde los diferentes estímulos, en un intercambio dinámico, ponen los medios al servicio de la percepción audiovisual" (Glusberg, 1969a: párr. 4). Al igual que en la muestra celebrada en la Galería Bonino y en las exhibiciones que acuñaron explícitamente la categoría de "arte de sistemas", aquí se enfatizaba la intención de generar una experiencia artística a partir de "sucesos incipientes" en desmedro de la exhibición de obras acabadas, y crear nuevos sistemas comunicacionales a partir de signos preexistentes. En el texto del catálogo del evento, firmado por Glusberg, se lee:

> Las nuevas tendencias de la música, danza, pintura y escultura vuelven a trabajar sobre códigos precisos y convencionales, y la reconstrucción de los objetos artísticos que ellas realizan se dan sobre estructuras comunicativas ya preformadas: relaciones matemáticas, dibujos de historietas, carteles publicitarios, moda, danza, es decir utilizan elementos del lenguaje cotidiano, signos que en el ámbito de códigos específicos adquieren significados determinados; pero que el artista al utilizarlos, los convierte en signos de otro lenguaje, los refiere a distintos sistemas referenciales, y acaba por realizar sobre códigos conocidos, otros nuevos que la audiencia debe descubrir. Esa invención de códigos inéditos en una constante del arte de la década del 60, y su institución se efectúa dialécticamente, en relación a un sistema de códigos preexistentes y reconocibles. (Glusberg, 1969a: párr. 8)

Para Glusberg el arte de la década del sesenta –el arte contemporáneo– estaba marcado por la creación de códigos inéditos a partir de otros previamente conocidos. *Argentina Inter-Medios* demostraba que dichas reconstrucciones podían ser cometidas desde las disciplinas más tradicionales, pero también desde las expresiones artísticas que incluían a las nuevas tecnologías. De hecho, unas y otras concurrían en las nueve partes que integraban un espectáculo que proclamaba "la relación entre el hombre y el espacio físico y social que lo rodea", en un "nuevo urbanismo" resultante de la conjunción de "música, movimiento, ruido, luz, sombra y objetos" (Glusberg, 1969a: párr. 14). El mismo evento reunió algunas acciones que ubicaron a las tecnologías en el centro de la escena, como aquella titulada "Música electrónica en vivo – Composición colectiva", coordinada por Francisco Kröpfl, quien construyó un sintetizador electrónico y montó sobre el escenario un laboratorio de música electrónica que era operado por doce compositores, asistidos por dos técnicos en electrónica. Mientras que en esta performance protagonizaba la "materialidad sonora" –en palabras de Kröpfl (1969), "su plasticidad revelada por los nuevos medios tecnológicos"–, determinadas acciones fueron más físicas y objetuales. Entre ellas se encontraba "El hombre come" del Equipo Frontera, experiencia compuesta por cine, teatro, poesía y esculturas de Inés Gross y Mercedes Esteves; también "Signo-señales-ruidos a través de una mujer actual, en pesadillas, realidad y persecución", donde Berni exhibió un cuadro de Ramona representado por Graciela Luciani, acompañado por slides de Tato Álvarez y Eduardo Davrient, obra cinética realizada por Gregorio Dujovny y música compuesta por Haydée Gerardi.

Todas las iniciativas del CAyC mencionadas dan cuenta de la temprana y estrecha conexión de Glusberg con la escena internacional. Si *Arte y Cibernética* se vio inspirada en la propuesta curatorial de Reichardt en *Cybernetic Serendipity*, y *Arte de Sistemas* fue influida por *Information*, Glusberg (1969a) atestigua que el primer antecedente de *Argentina Inter-Medios* consistió en *9 evenings: Theatre and Engineering*, ideado por Robert Rauschenberg y Billy Klüver en 1966. Durante nueve noches del mes de octubre, los galpones del 69° Regimiento Armory de Nueva York se habían convertido en el escenario de las performances realizadas por diez artistas[56] y treinta ingenieros de los Laboratorios Bell, quienes se desempeñaron colectivamente para crear diferentes acciones que imbricaban teatro, danza, música experimental y diferentes tecnologías. Este evento posteriormente devino en la agrupación *Experiments in Art and Technology* (EAT), fundada en noviembre del mismo año por un conjunto de artistas e ingenieros de los Laboratorios Bell: Billy Klüver, Fred Waldhauer, Robert Rauschenberg y Robert Whitman. La organización buscó propiciar la incorporación de las tecnologías en la creación artística, partiendo de "la fuerte convicción de que una relación de trabajo efectiva y esponsoreada por la industria entre artistas e ingenieros, conducirá a nuevas posibilidades que beneficiarán a la sociedad en su conjunto"[57] (Klüver y Rauschenberg, 1967: párr. 4, trad. propia). Según explica Kathy Battista (2015), EAT constituyó el primer modelo de una práctica tan habitual en nuestros días como es el trabajo colaborativo entre músicos, arquitectos, ingenieros, científicos y otros profesionales.

---

56 Steve Paxton, Alex Hay, Deborah Hay, Robert Rauschenberg, David Tudor, Yvonne Rainer, John Cage, Lucinda Childs, Robert Whitman y Öyvind Fahlström.

57 "EAT is founded on the strong belief that an industrially sponsored, effective working relationship between artists and engineers will lead to new possibilities which will benefit the society as a whole".

Sin dudas las actividades encauzadas por el CAyC se inspiraron en la plataforma de EAT. Pero resulta elocuente destacar que el impulso que dio el CAyC a los vínculos entre las prácticas artísticas y los desarrollos técnico-científicos constituía una de las vías posibles para lograr un proyecto que trascendía la curiosidad y experimentación tecnológicas. El ímpetu respondía a un programa mucho más amplio, acorde con las metas principales de la institución. En la conferencia inaugural de la muestra *Arte de Sistemas*, impartida el 19 de julio de 1971, el director del MAMbA, Guillermo Whitelow, declaraba las aspiraciones del centro del siguiente modo:

> Sus objetivos fundamentales tienden a propiciar, apoyar y desarrollar aquellas tareas de interés social, estudios experimentales o investigaciones en el área del arte y la comunicación grupal, que planteen una integración interdisciplinaria, para mejorar y ampliar el escenario actual de las inquietudes humanas. Está formado por artistas, sociólogos, lógicos, matemáticos, críticos de arte y psicólogos cuya tarea en común apunta a destacar la conducta y el desarrollo de los fenómenos de comunicaciones masivas y la ruptura de las formas tradicionales, para permitir la apertura a nuevos sistemas de expresión, donde investigadores y artistas intenten perfilar los intereses plásticos del hombre del siglo XXI. (Whitelow, 1971: párr. 1)

La anhelada "integración cultural" (Glusberg, 1985: 94) promovida por el CAyC provocó la interacción de distintos campos disciplinares; no solo la praxis artística, la ciencia y la tecnología, sino también la sociología, la filosofía, la psicología y otras ciencias humanísticas y sociales. Desde esta perspectiva, los medios tecnológicos suponían un recurso o "instrumento de creación" (Glusberg, 1969b: párr. 3) sugestivo para desarrollar nuevas situaciones de comunicación que tendieran hacia la "universalización de la cultura contemporánea"[58] (Glusberg, 1985: 96), pero no el único.

6. Hacia la definición de una nueva concepción de obra

El CAyC cumplió un papel preponderante en la conformación de la escena de las poéticas electrónicas en Buenos Aires, concediéndoles a estas prácticas un espacio destacado en el proyecto institucional, aunque no procuró posi-

---

58   La idea de universalización de la cultura aparece directamente ligada a las tecnologías en el texto de presentación de *Arte y Cibernética*: "Una de las características más importantes de la cibernética es su universalidad: es decir las posibilidades de esta nueva disciplina científica para abarcar los fenómenos más heterogéneos" (Glusberg, 1969b: párr. 5).

cionarse como un centro privativamente dedicado al nicho arte/tecnología. En otras palabras, el cruce entre los procesos artísticos, las investigaciones científicas y la exploración tecnológica constituyó un medio para encarar el principal objetivo interdisciplinario perseguido por la institución, en lugar de un fin en sí mismo.

El caso del ITDT fue semejante. Así como en el CAyC las poéticas electrónicas fueron incluidas como parte de su programación porque respondían oportunamente a su misión interdisciplinaria, diversas obras que intersectaban arte y tecnología tuvieron cabida en el ITDT debido a que encarnaban el vigor innovador, inventivo y modernizante aclamado por Romero Brest, e inclusive afirmado desde la presidencia del Instituto antes de que él asumiera como director del CAV. En el reporte de las actividades realizadas desde 1960, publicado dos años y medio después de que la Fundación comenzara a funcionar, María Robiola de Di Tella ya declaraba: "podemos decir que el Instituto es una prueba del progreso esencial del país a pesar de su aparente crisis"[59] (Robiola de Di Tella, 1963: párr. 2, trad. propia). No obstante, al igual que en muchos de los eventos organizados por CAyC, las obras del ITDT que hemos relevado fueron exhibidas en las mismas oportunidades en que se mostraron otros trabajos que no hacían foco en el aspecto tecnológico. Por ejemplo, en *Experiencias Visuales 1967*, proyectos como los de Oscar Bony, Margarita Paksa y David Lamelas fueron presentados junto con otras instalaciones e intervenciones que prescindían de recursos tecnológicos. Entre ellos, la estructura de 100 m² elaborada en satén blanco por Juan Stoppani, la pared construida por Pablo Suárez que bloqueaba el ingreso a la exhibición, o *Ejercicio de un conjunto*, de Ricardo Carreira, donde un muestrario presentaba de manera fragmentaria los distintos materiales constructivos del espacio expositivo (madera, yeso, vidrio, tiza y terciopelo), solo por mencionar algunos casos representativos. Así remitía Romero Brest a la pluralidad de experiencias reunidas en la muestra:

> (…) la validez de estas "experiencias" se funda en significados, no de palabras, ni siquiera de imágenes en muchos casos, sino de actitudes enderezadas hacia una clase especial de realidades. Entonces será fácil comprender por qué llamamos así a esta manifestación de nuestros artistas y por qué hemos juntado experiencias tan disímiles. Porque responden a una misma intencionalidad, que no apunta a fijar las experiencias en imágenes como antes, y escogiendo experiencias que

---

59   "It can be said that the Instituto is a proof of the country's essential progress in spite of its appearence of crisis".

no son fijables apunta a lo contrario, a que sigan siendo tales en la conciencia de quienes las realizan por instigación de los creadores. (Romero Brest, 1967: párr. 2)

Tanto el ITDT como el CAyC fueron ámbitos pioneros para el desarrollo de las poéticas electrónicas producidas en Buenos Aires entre los años sesenta y setenta. Sin embargo, en ninguna de las dos instituciones la cuestión central giró en torno a los medios específicos empleados para generar propuestas diferentes y novedosas, sino en inaugurar una nueva concepción de la obra de arte que trascendía las particularidades de las herramientas y los formatos utilizados. Por lo tanto, con anterioridad a la expansión de las tecnologías digitales y la comercialización de Internet, los circuitos de las poéticas electrónicas y el arte contemporáneo que no incorpora dichas tecnologías de manera preeminente aún no constituían escenas diferenciadas.

Se podría objetar que el video constituyó un caso excepcional en este sentido. En los años ochenta, germinó una "generación videasta" (Taquini, 2008b: 38) que con el regreso de la democracia y las crecientes posibilidades de acceso a las tecnologías empezó a investigar el terreno del videoarte. Un hecho significativo en esta historia fue el ingreso de los primeros equipos portátiles a la Escuela de Cine de Avellaneda, dirigida por Rodolfo Hermida (Zuzulich, 2014). Muchos de los artistas provenían del campo de la fotografía y el cine, mientras que algunos pocos se habían formado en artes visuales. Además del Instituto Goethe, institución que desde los años setenta había proporcionado un fuerte impulso al cine experimental, el Centro Cultural San Martín, el Centro Cultural Recoleta, el Centro Cultural Rojas y el Instituto de Cooperación Iberoamericana, entre otros espacios que serán retomados en los capítulos siguientes, incluyeron obras videográficas en sus respectivas programaciones a partir de la década del ochenta. En paralelo, comenzaron a surgir las figuras del curador especializado en video (Taquini, 2008b; Zuzulich, 2014) –Rodrigo Alonso y Jorge La Ferla, por ejemplo–; el "curador-artista" (Taquini, 2008b: 35), como Graciela Taquini y Carlos Trilnick, quien retornó a la Argentina luego de su exilio en Israel; y el "artista-gestor" (Taquini, 2008b: 36), con la labor de Gabriela Golder y Andrés Denegri, ambos artistas, docentes e investigadores.

De acuerdo a Taquini, en la década del noventa –momento en que un período de consolidación del video reemplazó a la etapa previa de gestación– todavía su circuito comprendía un nicho escindido de las artes visuales:

De alguna manera el video seguía siendo una labor estanca, separada del conjunto de las artes visuales. Esto se evidencia en el Centro Cultural Ricardo Rojas, donde las actividades de artes plásticas estaban a cargo del curador-artista Jorge Gumier Maier. Las tareas relacionadas con el video que allí se realizaron –los festivales organizados por Jorge La Ferla y los exitosos ciclos y programas llevados a cabo por Andrés Denegri– no se integraron a esa movida. (Taquini, 2008b: 43)

La irrupción digital resignificó la relación del arte y la tecnología e hizo emerger escenas parcialmente autónomas. En este panorama, el video no desapareció, sino que se "reacomodó" (Zuzulich, 2014: 6) en función de la aparición de la web y nuevas interfaces. Progresivamente, la producción videográfica adquirió una cierta legalidad dentro del campo del arte contemporáneo alrededor del mundo. A juicio de Shanken (2013: 118), de la misma forma en que la fotografía debió esperar hasta los ochenta para ser acogida por el arte contemporáneo, recién hacia los 2000 el video se transformó en el "niño mimado" de los curadores[60]. No obstante su gradual aceptación por parte de la escena hegemónica, hoy el circuito del video en gran medida conserva la autonomía referida por Taquini[61].

Así como durante la década del ochenta y comienzos de los años noventa el video no solía intersectarse con el circuito del arte contemporáneo de Buenos Aires, desde la segunda mitad de los noventa, la atracción ejercida por las tecnologías digitales en expansión impulsó la emergencia de las poéticas electrónicas que poco a poco trascendieron al video. Esta escena iría adquiriendo autonomía de manera paulatina hasta comenzar a consolidarse a partir del año 2004. Debido a aquellas dinámicas de desarrollo privativas del campo del video –las cuales desembocaron en su actual inclusión relativa en las exposiciones, colecciones y lógicas del mercado propias del arte contemporáneo–, las hipótesis que plantearemos en los próximos capítulos no se ocupan de la producción videográfica.

---

60   En 2006, la videoinstalación de Bill Viola *Eternal Return* fue vendida por el precio récord de 712.000 dólares (Horowitz, 2011; Shanken, 2013). Previamente, en el año 2000, el Museo de Arte Moderno de San Francisco y el Walker Art Center de Minneapolis habían comprado *Cremaster 2*, parte del *Ciclo Cremaster*, un proyecto de Matthew Barney integrado por fotografías y videos, entre otras piezas. Un tercer ejemplo elocuente es la obra de Viola *Five Angels for the Millennium*, adquirida en conjunto por el Whitney Museum of American Art (Nueva York), el Centro Georges Pompidou (París) y la Tate Modern (Londres), en 2003.

61   Aunque en numerosas ocasiones las obras de video son incluidas en curadurías de la escena del arte contemporáneo, otras veces suelen ser exhibidas en un sector especialmente dedicado a este medio (el Ciclo de Videos en arteBA Focus, por ejemplo).

03

Devenires de las poéticas electrónicas desde el boom digital:

historias (e histerias) de un romance

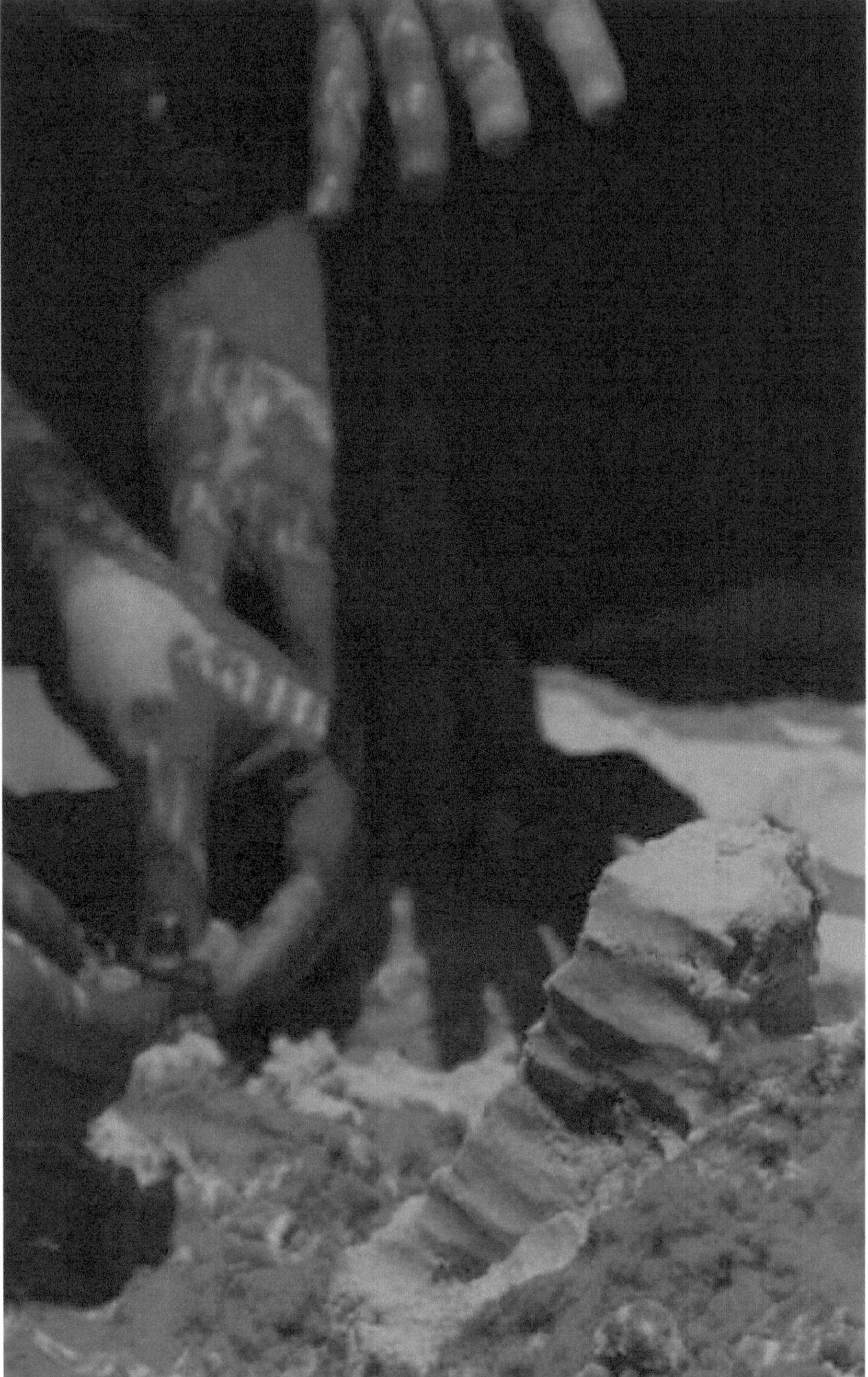

1. El boom digital en Argentina

La posibilidad de navegar por sitios web mediante el protocolo de transferencia de hipertextos comenzó a revolucionar al mundo en los años noventa. Como era de suponer, la creciente digitalización de la vida cotidiana impactaría de manera ineludible en el terreno artístico. Internet abrió paso a las primeras obras de net art, al tiempo que la expansión del lenguaje digital propició el surgimiento de CD-ROM interactivos y la multiplicación de obras que perpetuaron las experiencias visionarias de artistas que anticipadamente habían investigado las alternativas ofrecidas por la computadora[62]. Este es el caso de obras bidimensionales como fotografías, pinturas, dibujos y collages concebidos, manipulados e impresos digitalmente, o animaciones y objetos tridimensionales realizados a través de softwares de diseño 3D. Con la difusión de las computadoras personales y su inherente capacidad para procesar imágenes y sonidos en tiempo real, proliferaron diferentes propuestas interactivas, obras de realidad virtual y aumentada[63], entornos sensoriales inmersivos, visualizaciones de datos, videojuegos, y esculturas, instalaciones y performances robóticas. La inmaterialidad propia de muchas de estas manifestaciones, la primacía del proceso creativo sobre la obra terminada y la evidente multiplicidad de versiones posibles admitidas por la reconfiguración incesante de proyectos basados en código binario poco a poco socavaron los paradigmas estéticos tradicionales. Representación numérica, modularidad, automatización, variabilidad y transcodificación (Manovich, 2006 [2001]) incentivaron a un gran número de artistas en distintas partes del globo, cuya praxis fue volcándose hacia la experimentación con diversos soportes, lenguajes y formatos.

En mayo de 1995 empezaron a venderse las primeras conexiones comerciales a Internet de la Argentina (Ortíz, 2003)[64]. En ese momento se

---

62 En el capítulo precedente, hemos observado el carácter pionero de las obras de *Arte y Cibernética*. Omar Gancedo y Marta Minujín también fueron precursores en la investigación de las posibilidades creativas proporcionadas por la computadora en Argentina. Entre muchos otros artistas internacionales, cabe destacar a Michael Noll, Charles Csuri, Manfred Mohr, Vera Molnar, Kenneth Knowlton, Leon Harmon y Waldemar Cordeiro.

63 Si bien el desarrollo de la realidad aumentada se intensificó durante los últimos años, hubo proyectos artísticos que en la década del noventa adelantaron las futuras exploraciones. Un ejemplo clave en este sentido es *Golden Calf* (1994), de Jeffrey Shaw. El público era invitado a manipular un monitor LCD conectado a un pedestal. A medida que se desplazaba en torno a la plataforma, podía visualizar desde distintas perspectivas una simulación 3D de la escultura de un becerro. De esa manera, la obra generaba la ilusión de que la escultura física realmente se encontraba dispuesta sobre la base.

64 Previo a esa fecha, las incursiones en la red habían tenido lugar en el ámbito académico. En 1986, un equipo integrado por docentes y alumnos de la Facultad de Ciencias Exactas de la Universidad de Buenos Aires desarrolló el proyecto RAN (Red Académica Nacional), el cual "fue la punta de lanza del uso de correo electrónico

establecieron tempranos nodos de acceso a la web en algunas ciudades latinoamericanas, en un contexto que se asomaba a las posibilidades estéticas habilitadas por las tarjetas de sonido y de video con innumerables colores, y por el soporte CD, que incorporaba la interactividad bajo la forma de los CD multimedia (Pagola, 2008: 10). El desarrollo de las tecnologías digitales había desplegado una serie de opciones inusitadas, las cuales no tardaron en ingresar al campo artístico. Hacia mediados de los años noventa, el boom digital en Buenos Aires provocó que muchos artistas empezaran a ahondar en los nuevos medios. Fueron surgiendo así eventos e incipientes plataformas virtuales específicamente destinados a promover las poéticas electrónicas. De a poco empezaba a conformarse un circuito independiente con respecto al de las prácticas artísticas contemporáneas que no se lanzaron de lleno hacia la experimentación con las nuevas tecnologías. No obstante, todavía existían puntos de confluencia entre ambas escenas. Hasta el 2004, con la emergencia de instituciones especializadas, las poéticas electrónicas y el arte contemporáneo hegemónico delinearon una "historia de histerias". Alternando momentos de encuentro y tentativas de separación, coreografiaron una versión local de la "Danza de los bohemios" descrita por Quaranta (2013).

Entre aquellas primeras iniciativas se encuentran los "Seminarios para Realizadores" de la Fundación Antorchas[65], un programa de trabajo intensivo destinado a artistas de cine y video, creado en 1994 por iniciativa de Américo Castilla. El proyecto fue impulsado en alianza con las otras dos entidades que conformaban la Fundación Lampadia –Andes en Chile y Vitae en Brasil–, y también contó con la participación de las fundaciones estadounidenses Rockefeller y MacArthur. Coordinados por Jorge La Ferla, los seminarios fueron inicialmente dirigidos a artistas de cine y video. Durante una semana, realizadores provenientes de distintos países latinoamericanos eran reunidos en el Camping Musical Bariloche con el objetivo de intercambiar

en la comunidad académica argentina" (Novick, 2014: 3). Un año después, surgió la carrera de Informática y se creó el primer laboratorio que vinculó computadoras mediante UUCP (*Unix to Unix Copy Protocol*): una serie de programas y protocolos que posibilitaban la transferencia de archivos, correo electrónico y noticias. Finalmente, en 1992, la UBA fundó el CCC (Centro de Comunicación Científica), impulsando la RedUBA luego de largos años de investigación.

65   La Fundación Antorchas fue una asociación sin fines de lucro activa entre 1985 y 2006, con sede en Buenos Aires. Se creó a partir de fondos provenientes de la venta de los activos del grupo Empresas Sudamericanas Consolidadas, fundado por Mauricio Hochschild. Durante su gestión, la institución otorgó casi cien millones de dólares a becas y subsidios para artistas, investigadores y entidades dedicadas al arte, la educación y el patrimonio cultural. El primer presidente de Antorchas fue Pablo Hirsch y, desde 1996, la conducción quedó en manos de Josef Oppenheimer. La gestión de Américo Castilla, director del área cultural entre 1992 y 2003, tuvo como eje central el estímulo del arte contemporáneo. En 2006 la Fundación cerró sus puertas por agotamiento de fondos.

sus experiencias, debatir las posibilidades creativas de los medios, trabajar en un laboratorio de análisis de los proyectos a realizar, experimentar con distintas tecnologías provistas por el taller y asistir a las clases sobre cine, video y televisión impartidas por reconocidos profesores invitados[66]. Los artistas argentinos participantes eran elegidos por concurso, mientras que en otros países se efectuaba una selección directa[67].

Un cambio significativo aconteció en 1997, cuando los seminarios comenzaron a promover la investigación de las nuevas tecnologías, a través de manifestaciones que ya no se limitaban al cine y video. De esta forma nació el "Taller de Perfeccionamiento en el uso artístico de la Internet y multimedios". El esquema fue similar al anterior: en cada una de las ediciones fueron invitados artistas argentinos y extranjeros[68] para que impartieran conferencias teóricas vinculadas a las temáticas del encuentro y orientaran los proyectos presentados por cada uno de los artistas seleccionados[69]. Sin embargo, el impulso de las nuevas tecnologías no descuidaba las relaciones entre las posibilidades estéticas de los soportes digitales y los medios audiovisuales previos. La apuesta hacia los proyectos digitales, en muchos casos basados en la red, fue pionera en nuestro contexto y así atisbaba las transformaciones ocurridas en un horizonte marcado por la expansión tecnológica.

Por otro lado, fue meritorio el interés hacia el análisis crítico de la utilización de las tecnologías involucradas en los proyectos. En el documento de presentación de la edición de 1999, La Ferla (1999: 1) expresaba: "Se considerarán las potencialidades experimentales de las nuevas tecnologías con la intención de producir una crítica sobre los usos aleatorios, los manejos comerciales y de distribución de los nuevos medios y la situación del

---

66 En 1994 el seminario estuvo a cargo de Leandro Katz (Argentina/Estados Unidos) y Janice Tanaka (Estados Unidos), en 1995 fueron invitados Antoni Muntadas (España) y Edin Velez (Estados Unidos) y, en 1996, además de la participación de Velez, el taller contó con la presencia de Lourdes Portillo (Estados Unidos/México).

67 Entre los artistas que fueron seleccionados se encuentran Fernando Alvarez Cozzi (Uruguay), Norma Angeleri (Argentina), Christian Aspeé (Chile), David Bravo (Chile), Luis Campos (Argentina), Inés Cardoso (Brasil), Kiko Goifman (Brasil), Roberto Maya (Brasil), Adriano Nery (Brasil), Gonzalo Rebolledo (Chile), Gabriela Schmid (Argentina) y Luz Zorraquín (Argentina).

68 En 1997, Arlindo Machado (Brasil) y Fabián Wagmister (Estados Unidos); en 1998, Arlindo Machado y Margarita Schultz (Argentina/Chile); y en 1999, Andrea Di Castro (México) y Xavier Berenguer (España).

69 Tania Aedo (México), Rejane Cantoni (Brasil), Arcángel Constantini (México), Tania Fraga (Brasil), María Luiza Fragoso (Brasil), Martín Groisman (Argentina), Tereza Labarrère (Brasil), Susan Melo (Chile), Mariela Mujica (Argentina), Andrea Nacach (Argentina), Isaías Ortega (México), Grace Quintanilla (México), Paula Perissinoto (Brasil), Silvina Cafici (Argentina), Jorge Amaolo (Argentina), Cecilia Vázquez (Argentina), Gustavo Romano (Argentina), Haydée Berón (Argentina), Carlos Fadón Vicente (Brasil), Carol Vieytes (Chile) y Gilbertto Prado (Brasil), entre otros.

realizador, del receptor y del consumidor". La llamada a reflexionar sobre este punto constituye un aspecto poco habitual en plena época de surgimiento y propagación de muchas de las tecnologías empleadas. En lugar de proponer una perspectiva idealizada de los múltiples y atractivos recursos proporcionados –proyectores, computadoras, televisores, reproductores de video y conexión a Internet junto al lago Nahuel Huapi a través de antenas parabólicas–, el taller proponía indagar los rasgos distintivos de las poéticas electrónicas. Aunque las tecnologías de punta se encontraban a disposición de los artistas, lo hacían de una manera "no invasiva" (Cantú y La Ferla, 2008: párr. 16). Entre los proyectos de la edición de 1999, se presentó una obra de net art realizada por Arcángel Constantini; una escultura robótica de Isaías Ortega; una animación bidimensional realizada por Tereza Labarrère; y *Cyberdance*, una plataforma online de Paula Perissinotto y Ricardo Barreto, en la cual un maniquí virtual fragmentado era manipulado por el usuario a partir de un conjunto de instrucciones que le permitían asociar las diferentes partes del cuerpo en una retícula visualizada en la pantalla. La pluralidad de trabajos evidencia la riqueza de las búsquedas desarrolladas. Éstas constituyen, en todos los casos, obras tempranas de artistas que posteriormente devendrían referentes en el campo de las poéticas electrónicas latinoamericanas.

No había antecedentes en la Argentina de un espacio de clínica y encuentro diagramado como laboratorio de análisis de proyectos. Un punto central subrayado por La Ferla con respecto a la concepción del programa es que no se otorgaba una suma de dinero destinado a producción de obra, aspecto que en numerosas ocasiones desvinculó al artista de la institución organizadora, sino que apuntaba a forjar nexos entre los participantes y difundir el trabajo que venía siendo desarrollado en países vecinos. Mariela Yeregui, quien participó del taller en 1997, asevera que allí pudo conocer las investigaciones precursoras impulsadas en Brasil y México, donde se encontraban bastante más desarrollados en comparación con la escena argentina[70]. Por ejemplo, los brasileños trabajaban en net art y obras web, así como la artista mexicana Tania Aedo ya exploraba el terreno de la realidad virtual.

En relación a la importancia de los intercambios impulsados por el Taller, en una evaluación redactada posteriormente a la edición de 1998, se estimaba: "Las experiencias constituyeron instancias intensas de trabajo, de las que tanto los participantes como las instituciones organizadoras, rescataron la utilidad de la discusión y la importancia de continuar promoviéndolos"

70   Mariela Yeregui en comunicación personal, 18 de mayo de 2016.

(La Ferla, 1999: 1). Se hacía evidente la necesidad de perpetuar iniciativas similares en el tiempo, por lo menos aquellas que permitieran seguir afianzando instancias de intercambio y debate. Sin embargo, aquellas primeras incursiones acontecieron en un panorama endeble, habitado por unas pocas experiencias aisladas que procuraban reunir física o virtualmente a quienes comenzaban a incursionar en el cruce del arte y las tecnologías electrónicas.

El interés por los multimedios y el uso de Internet aplicados a la creación artística también tuvo lugar en dos plataformas contemporáneas a los Talleres impartidos por la Fundación Antorchas –arte*Una*[71] y Fin del Mundo[72], ambas lanzadas en 1996–, las cuales aspiraban a mancomunar proyectos emergentes. La primera fue creada por Anahí Cáceres, junto a su socio Roberto Fabbiani, como un espacio de difusión para el arte en Internet y plataforma de arte múltiple –plural, singular, femenino, masculino–, que reunía obras realizadas para la web y diferentes documentos teóricos sobre la confluencia del arte y la tecnología, además de otras disciplinas artísticas. El trabajo conjunto de Cáceres, artista y docente, y Fabbiani, programador y diseñador, partió de la exploración de las posibilidades creativas proporcionadas por Windows 95 y el ámbito alternativo de experimentación que significaba la web. Su alianza evidencia el interés por desarrollar un proyecto comunitario, cuya dinámica pudiera esquivar la lógica de producción artística tradicional, instaurada en la figura de un artista individual. En este sentido, Cáceres planteaba:

> El sistema, el público en general, el usuario, los artistas estamos –aún sin reflexionar del todo– ingresando en una época donde la multiplicidad, la instantaneidad, la simultaneidad, la inmaterialidad, son parte del lenguaje múltiple de una tecnología con diversas aplicaciones culturales, económicas, políticas, y científicas. Resulta fundamental, un análisis teórico profundo y desarrollar una estrategia para las nuevas producciones de arte que serán el antecedente cultural de un futuro que no veremos pero que ya somos parte arqueológica. (Cáceres, s.f.: párr. 5)

El sitio fue lanzado en 1996, en simultáneo a la muestra *a:e,iuo (Agosto: esculturas, instalaciones u objetos)*[73], un evento multidisciplinario organizado en el CCR bajo la gestión de Diana Saiegh, con curaduría de Liliana Piñeiro, Alfredo Portillos y Hugo Fortuny. Luego de una primera edición inaugu-

71 [http://www.arteuna.com].

72 [http://www.findelmundo.com.ar].

73 La muestra tuvo lugar entre el 6 y el 28 de agosto de 1996.

rada en 1994, la nueva versión de *a:e,iuo* procuraba dar lugar a "las cosas que vienen golpeando" (Karlovich, 1996: 7), es decir, arte por fax, arte por computadora, proyectos efímeros y objetos e instalaciones con diferentes materiales. Las vocales adquirían así nuevos significados:

> *"a"* no es solo agosto, sino también apertura y aventura; vuelve la escultura, tradicionalmente postergada en las exposiciones porteñas, con la que el espacio generoso del CCR tiene un compromiso especial; la "i" ahora incluye internet y todas las posibilidades estéticas que esta palabra sugiere y todavía esconde; la "u" perdió su condición de mera conjunción para significar "últimas tendencias" y utopía. (Karlovich, 1996: 7)

Fin del Mundo también consistió en una plataforma virtual, en este caso ideada por Carlos Trilnick, Belén Gache, Jorge Haro y Gustavo Romano. El proyecto fue creado con la intención de difundir proyectos artísticos realizados para Internet por artistas argentinos procedentes de diversos campos disciplinares, como Margarita Paksa, Pablo Schanton, Diego Lascano y Alessandra Sanguinetti. Aunque había sido creada en 1995, fue presentada en el Instituto Goethe en noviembre de 1996. La multiplicidad disciplinaria era plasmada en la formación de sus mentores: Trilnick provenía del terreno de la fotografía y el video, Gache de la literatura expandida, Haro del arte sonoro y Romano de las artes visuales y el video. En el sitio web del proyecto se asocia su denominación tanto con la ubicación geográfica como con la situación temporal:

> Fin del Mundo lleva su nombre en relación a nuestras coordenadas geográficas, pero también en relación al fin del siglo y al fin del milenio. La luz de un faro simboliza para el navegante un punto de orientación. Este faro, sin embargo, está situado al margen de todo centro –en el fin del mundo– y se encuentra paradójicamente destruido, como si su única guía posible fuera el extravío. La globalidad hipertextual de la red nos permite desarticular y sustituir las tradicionales nociones de linealidad del lenguaje, centro y jerarquía. (Gache; Haro; Romano y Trilnick, s.f.: párr. 2)

Las características específicas de la red también fueron pensadas en relación a la imposibilidad de designar a estas prácticas según la categoría tradicional de género. Así, el corrimiento de las clasificaciones acuñadas dentro de los horizontes conocidos consonaba con la hipertextualidad de la web. Desde sus inicios, Fin del Mundo fue reconocida por diferentes instituciones en Argentina y el extranjero. Por ejemplo, en 1999 fue seleccionada para participar de la muestra *Tele-vision*, organizada en el Museo de Arte Moderno de Bogotá, y recibió una mención de la Asociación Argentina de Críticos de Arte, entidad que premió al proyecto por tratarse de un sistema de difusión, intercambio cultural, y lenguaje de producción cultural y artística en Internet. Para coronar esta seguidilla de distinciones, en 2000 fue uno de los mejores quince sitios web en la competencia *Museums and the Web*.

Fin del Mundo remite a otro antecedente clave para el campo de las artes electrónicas argentinas: el Festival Internacional de Video y Artes Electrónicas (FIV), creado en 1995[74], en cuya segunda edición fue presentada la plataforma anteriormente nombrada. Dirigido por Trilnick y producido por Babilonia, el FIV comprendía una muestra competitiva de video internacional, una exposición informativa conformada por más de ciento treinta obras, diversas muestras invitadas y cuatro retrospectivas[75]. Contaba también con una exhibición de instalaciones tecnológicas, aspecto que explica la inclusión de la categoría de "artes electrónicas" en el nombre del evento. En el texto de presentación, firmado por Trilnick y titulado "Hacia una nueva caracterización de la imagen", se explicitaba la expansión del lenguaje audiovisual hacia nuevos medios y soportes:

> Las obras que se exhibirán en el FIV son producto de un siglo de evolución en el lenguaje y en la representación audiovisual. Son resultado de la fusión de diferentes medios como la fotografía, el cine, el video, la danza, las artes plásticas, la comunicación social, la música y la totalidad de las expresiones culturales. Nos encontramos con un séptimo arte en transformación, donde se manejan otros recursos

---

74　El antecedente del Festival Internacional de Video y Artes Electrónicas fue el Festival Internacional de Video del Cono Sur, creado en 1993 y co-dirigido por Carlos Trilnick, Sergio Martinelli (Brasil), Néstor Olhagaray (Chile), Ray Armele (Paraguay), Ricardo Casas (Uruguay), Daniel Stapff (Uruguay) y Luis Valdovino (Estados Unidos). Se trataba de una muestra de video no competitiva integrada por obras de diferentes artistas del Cono Sur, cuyo objetivo principal consistía en propiciar un mayor intercambio e integración cultural. El evento fue organizado en los países de la región, Estados Unidos, Italia y Portugal. En 1995, el FIV incorporó el II° Festival Internacional de Video del Cono Sur como parte de su programación. Por otro lado, entre 1989 y 1993, Trilnick ya había dirigido Buenos Aires Video en el Instituto de Cooperación Iberoamericana (ICI). Luego de aquella experiencia exclusivamente centrada en el video local, el artista convirtió al FIV en un evento de mayor escala.

75　Las muestras invitadas fueron el II° Festival de video del Cono Sur, una muestra retrospectiva de cineanimación argentino (1935-1995), una selección de cinco videos de la Videoteca del Proyecto Arte en la Escuela de Brasil y una serie de compilaciones provenientes del National Film Board of Canada, el Centro Georges Pompidou, el Electronic Arts Intermix, el European Media Arts Festival, el III° Festival Mundial del Minuto y el Festival Internacional VideoBrasil. Por su parte, las retrospectivas estuvieron dedicadas a la obra de Claudio Caldini, Peter Callas, Peter Greenaway y Diego Lascano.

lingüísticos y técnicos que modifican la forma de transmitir ideas, sentimientos y expresiones culturales. (Trilnick, 1995: 7)

Al igual que en otras iniciativas contemporáneas, el FIV planteó la necesidad de crear un espacio de encuentro para intercambiar perspectivas sobre el uso de las nuevas tecnologías, y difundir la producción argentina y extranjera. La apertura de los "criterios de programación" (Trilnick, 1995: 7) era planteada en otro de los pasajes del escrito previamente citado, donde se declaraba la intención de compartir diversas manifestaciones audiovisuales, "incluyendo cine electrónico, la televisión, el CD-ROM y las redes informáticas" (Trilnick, 1995: 7). El creciente deslizamiento del campo videográfico hacia otros territorios da cuenta de un "proceso de des-definición" del video (Alonso, 2005: párr. 2), iniciado en los años noventa cuando el video comenzó a hibridarse con otras expresiones surgidas de la revolución digital.

Mientras que en 1995 el FIV se desarrolló en las salas del Museo Renault y el CCR, en 1996 la sede elegida fue el Centro Cultural General San Martín (CCGSM), donde se realizaron proyecciones y conciertos musicales con visualizaciones en vivo. Además de la exhibición de las obras que formaban parte de los diferentes ciclos, se organizaron conferencias y seminarios coordinados por referentes internacionales: "Instalaciones y otros soportes audiovisuales", impartido por Christine Van Assche, directora del área audiovisual del Centro Georges Pompidou; "Nuevos medios audiovisuales", a cargo de Hermann Nöring, director del European Media Art Festival; y "Animación computarizada", dictado por el artista australiano Peter Callas. En la segunda edición se llevó a cabo una mesa redonda difundida como "Nuevos lenguajes audiovisuales", en la cual nuevamente participaron invitados del extranjero, esta vez Carlota Álvarez Basso, Sally Berger, Eugeni Bonet, Pedro Meyer y Margarita Schultz.

Luego de su segunda edición, el FIV se discontinuó. Era escasamente financiado por el Gobierno de la Ciudad y acogido por instituciones culturales porteñas, cuyo cambio de gestión en reiteradas ocasiones condujo a la interrupción de este tipo de iniciativas independientes. Por otro lado, las dificultades logísticas eran evidentes –entre ellas, el imperativo de rescatar a los videos internacionales de la Aduana–, lo cual suponía enormes esfuerzos de organización. Pese a su temprana desaparición, el FIV consintió la confluencia de distintas líneas de trabajo fundamentales en tanto antecedentes de eventos posteriores; vectores que asimismo fueron vislumbrados en los Talleres de la Fundación Antorchas, arte*Una* y Fin del Mundo, aunque allí de manera diferenciada: si los seminarios de Bariloche instituyeron un laboratorio intensivo de producción y reflexión en torno a los proyectos de un número acotado de artistas participantes, arte*Una* y Fin del Mundo propiciaron la difusión de una miríada de trabajos realizados por diferentes artistas regidos por búsquedas estéticas y tecnológicas semejantes. Si bien, dado su formato de festival, el FIV no se focalizó en la producción de las obras expuestas, efectivamente permitió la convivencia de instancias simultáneas de pensamiento y difusión, dirigidas a un público masivo.

Los distintos proyectos recorridos en las páginas precedentes evidencian algunas cuestiones fundamentales. En primer lugar, la escasez de puntos físicos de encuentro consagrados a la intersección arte/tecnología en Buenos Aires motivó el surgimiento de espacios virtuales que pudieran suplir aquel vacío, vinculando la praxis de artistas diversos. Las plataformas arte*Una* y Fin del Mundo constituyen dos fieles ejemplos de ello. Ambas representan hitos en la historia de las poéticas electrónicas argentinas porque no solo viabilizaron el estudio y la difusión de trabajos artístico-tecnológicos, sino que paralelamente ellas mismas comprendieron desarrollos sugestivos en el ámbito de la web, un terreno que hacia 1996 resultaba tan embrionario como desconcertante. En segunda instancia, estos proyectos sugieren que en torno a esa fecha comenzaba a percibirse la dilatación del campo del video, efecto de sus cruces con otros medios, soportes y formatos. Así fue advertido por la primera edición del FIV, con la inclusión de una sección de instalaciones que renovaban las posibilidades del video, y luego confirmado en 1997, a partir de la incorporación de Internet y las propuestas multimediales.

2. Cuando el arte y la tecnología se encontraron en el museo

En octubre de 1999, el Museo Nacional de Bellas Artes (MNBA), bajo la gestión de Jorge Glusberg, organizó dos exposiciones consagradas al "arte digital": *Figuración limítrofe: formas de arte digital* y *Bellas Artes Digital*. Al margen de las controversias desplegadas en torno a la administración del museo[76], las actividades realizadas por Glusberg en el MNBA hicieron que la institución adquiriera notable visibilidad y la convirtieron en un "espacio de masas" (Giunta, 2009: 42).

Como fue planteado precedentemente, el marcado interés de Glusberg hacia las confluencias entre el arte y la tecnología ya entrañaba uno de los ejes centrales del CAyC. Las dos exposiciones que analizaremos a continuación

76 Glusberg fue investigado por corrupción y su gestión concluyó en 2003. El concurso del nuevo director del museo tuvo lugar en 2007. Guillermo Alonso, sucesor de Glusberg, dirigió el MNBA hasta los inicios de 2013.

dan cuenta tanto del lugar significativo concedido por Glusberg a las poéticas electrónicas, como de sus fluidas relaciones con la escena internacional. Treinta años después de las muestras pioneras albergadas por el CAyC, aquellos intercambios volvieron a caracterizar a su gestión. No obstante, a diferencia de los casos del ITDT y el CAyC, las obras que empleaban explícitamente las tecnologías en estas exhibiciones del MNBA dejaron de convivir con las obras que no lo hacían. Ambas muestras fueron albergadas en una de las salas del museo pero se encontraron íntegramente dedicadas al nicho que iría siendo identificado como "arte digital".

Figuración limítrofe: formas de arte digital fue una muestra concebida en 1998 para representar a Estados Unidos en la Bienal de Cuenca, en Ecuador. Curada por Pampa Risso Patrón, la exposición había sido organizada por Pan American Cultural Exchange de Houston (PACE), organismo dirigido por Risso Patrón abocado a promover relaciones institucionales e intercambios artísticos entre las Américas. En el catálogo publicado con motivo de la muestra desarrollada en la ciudad ecuatoriana, la curadora planteaba: "Con esta exposición iniciamos nuestra exploración de imágenes digitales como un medio alternativo de expresión artística. Los artistas fueron seleccionados por el interés que comparten con el uso de computadoras para recrear paisajes no convencionales" (Risso Patrón, 1998: 3). En efecto, Osamu James Nakagawa presentó imágenes realizadas por computadora y posteriormente impresas en papel fotográfico; Michal Rovner exhibió un conjunto de obras que partían de los diferentes cuadros que integraban grabaciones de video realizadas por la propia artista, luego manipulados a través de la computadora e impresos en óleo sobre tela mediante un proceso de chorro de tinta controlado de forma digital; y el colectivo MANUAL, conformado por Ed Hill y Suzanne Bloom, mostró una serie de dibujos computarizados impresos sobre papel.

En el texto curatorial de Risso Patrón resuenan las ideas de Glusberg, Fontana, Paik, Kac y Antúnez, fundamentalmente cuando la curadora destaca el modo en que los nuevos materiales y herramientas implicados en los procesos creativos tendían a sustituir a las técnicas tradicionales: "Como estos artistas trabajan con procesos de computación, la pincelada como señal de la mano del artista se halla en esencia ausente en el objeto terminado" (Risso Patrón, 1998: 5). En una línea similar, al presentar la obra de Rovner, explicaba que los proyectos resultantes no podían ser considerados trabajos pictóricos en el sentido habitual: "No hay información alguna creada por las capas de pintura, ni señal alguna de la mano de la artista, ni firma deducible del pincel" (Risso Patrón, 1998: 23).

Sin embargo, las referencias a la pintura aparecían de manera frecuente en todas las descripciones de las obras. Cuando explicaba cuáles eran los procedimientos involucrados en el trabajo de Nakagawa, señalaba que, debido a que el artista utiliza el software de Photoshop, "agrega color y pinta la imagen en la pantalla de su monitor" (Risso Patrón, 1998: 16), o bien que las imágenes de Rovner eran "el producto de una artista que usa la tecnología disponible como si fuera un pincel y una paleta, al servicio de la imagen expresiva" (Risso Patrón, 1998: 20). En el análisis de los proyectos de MANUAL reaparecía el parangón con las artes visuales no tecnológicas, en este caso sugiriendo que sus artistas presentaban dibujos preliminares que constituían su respectivo "equivalente computarizado" (Risso Patrón, 1998: 8), dado que todas las impresiones en realidad eran producidas a partir de datos almacenados digitalmente.

En efecto, aunque se comprueba un esfuerzo evidente por desligar a las prácticas artísticas que involucran tecnologías de las categorías heredadas de la historia del arte canónica, la comparación resulta recurrente. Esta analogía puede ser doblemente leída en tanto estrategia mediadora, destinada a facilitar el acercamiento de un público que todavía no se encontraba cabalmente familiarizado con dicha praxis, pero también como táctica legitimadora de las interacciones –aún novedosas– entre el arte y la tecnología. La escasa difusión de las poéticas electrónicas en un ámbito masivo como el MNBA se verifica en las notas periodísticas de la época. Por ejemplo, luego de enumerar las diversas expresiones características de la era digital reunidas en *Figuración limítrofe*, Aldo Galli aseveraba: "En suma, métodos aparentemente apartados de la función artística como los tecnológicos, informáticos o electrónicos renuevan y acrecen el arsenal con el que cuentan los creadores para realizar un arte que, por ser tal, está en un estado de perpetua renovación" (Galli, 1999: párr. 4).

La exigua visibilidad que aún caracterizaba a las poéticas electrónicas en el ámbito local de los años noventa, y la conmoción que el cruce entre el arte y la tecnología sucitaba en la producción de algunos artistas, fueron dos aspectos centrales expresados en la curaduría de *Bellas Artes Digital*. La exposición fue inaugurada el 6 de octubre de 1999, el mismo día que *Figuración limítrofe*, y compartía con ella la sala comprendida por el actual pabellón de exposiciones temporarias. Sin embargo, *Bellas Artes Digital* presentó un importante corpus de obras realizadas por artistas argentinos interesados en experimentar con los nuevos medios digitales. En la gacetilla de prensa, Rodrigo Alonso, curador asistente, la definía del siguiente modo:

Bellas Artes Digital es una manifestación del impacto que las nuevas tecnologías han producido en el arte contemporáneo. Las obras que la integran señalan, por un lado, las posibilidades estéticas de la computadora como herramienta artística, y por otro, su mediación en el camino hacia una reflexión sobre la cultura de una sociedad atravesada por la tecnología digital. (Alonso, 1999: párr. 4)

El evento fue organizado como parte del Primer Festival Internacional de Arte Electrónico, auspiciado por ACM SIGGRAPH durante el *Congreso Internacional de Computación Gráfica y Técnicas Interactivas*, desarrollado en el Centro Municipal de Exposiciones de Buenos Aires entre el 5 y el 9 de octubre de 1999. ACM SIGGRAPH[77] es una organización sin fines de lucro fundada con el objetivo de promover innovaciones en el terreno de la computación y la interactividad, mediante el trabajo conjunto de artistas, ingenieros, científicos, empresarios e investigadores provenientes de diversos campos disciplinares. Entre sus actividades principales, desde 1974 la asociación organiza un congreso internacional anual en el cual se presentan numerosos proyectos de investigación teórica y práctica asociados a la computación gráfica alrededor del mundo. Mientras que entre el 8 y el 13 de agosto de 1999 había tenido lugar la 26º Conferencia Internacional SIGGRAPH, en la ciudad de Los Ángeles, Estados Unidos, dos meses más tarde Buenos Aires se convertiría en la sede latinoamericana del evento que por primera vez se presentaba en la región. El congreso estaba dividido en diferentes áreas (ponencias, paneles, casos, cursos y tutoriales) y representaba el evento de computación gráfica más importante organizado en América Latina hasta entonces.

Además de la presentación de trabajos de disertantes nacionales y extranjeros, charlas destinadas a desarrolladores, presentaciones empresariales, demostraciones del funcionamiento de las nuevas tecnologías aplicadas a la gráfica digital, y un centro de arte electrónico que exhibía diferentes soluciones ofrecidas por el mercado de computación (CAD, GIS, animación 3D, postproducción, motion capturing, virtual sets y webcasting, entre otras), el festival organizó un concurso orientado a artistas de diferentes disciplinas gráficas interesados en explorar las herramientas digitales. El jurado de selección estuvo integrado por Jorge Glusberg, Rodrigo Alonso, Laura Buccellato, Carlos Sallaberry, Lorenzo Shakespear, Juan Carlos Fervenza, Rubén Guzmán, Rodolfo Hermida, Fabián Gálvez y Eduardo Miretti. Una

---

77 ACM son las siglas de *Association for Computer* Machinery. Por su parte, SIGGRAPH refiere a *Special Interest Group on Graphics and Interactive Techniques.*

vez seleccionadas, las obras formaron parte de una muestra curada por Glusberg con la asistencia de Rodrigo Alonso.

La exposición resultó bastante más aventurada que *Figuración limítrofe* porque planteó una expansión de las poéticas electrónicas hacia nuevos horizontes que no necesariamente se atenían a propuestas físicas u objetuales. En la sección de video participaron Diego Ramos, Roxana Brux, Miguel Almirón, Pablo Hadis y Anahí Cáceres. Entre los trabajos web, CD-ROM interactivos y obras digitales impresas se incorporaron los proyectos de Lucas Pablo López, Eduardo Becker, Marina Zerbarini, Anahí Cáceres, Tamara Stuby, Mateo Amaral, Mariano Giraud, Mara Facchin, Gabriela Francone, Marta Cali, Jorge Castro y Gustavo López Armentía. Asimismo se incluyeron obras videográficas de Nam June Paik, Bill Viola, Gary Hill, Katsuhiro Yamaguchi, Ed Emshwiller, Diego Lascano, Jorge Castro y Pablo Rodríguez Jáuregui. También se expusieron trabajos de Mikel Jordá, Mari Soppela, Bruno Sellés, Tamás Waliczky, Peter Gabriel, Orlan, Jean-Jacques Birgé y Antoine Schmitt.

La obra de Marina Zerbarini se titulaba *Carne Viva* y consistía en una impresión digital acompañada por un CD-ROM, este último integrado por imágenes y sonidos que habían sido compuestos por Guillermo Pozzati. La estrecha relación entre imagen y sonido, una de las posibilidades más interesantes proporcionadas por este nuevo medio, era precisada por la artista en la descripción de su proyecto:

> *Carne Viva* es un espacio vacío que toma la forma de un relato a través de la imagen, texto y sonido. Como tal es temporal, un inicio, un durante y un después que se repiten infinitamente; tiempos que buscan espacios, posibilidades de transcursos, recorridos, caídas, encuentros y alejamientos hacia un y otro registro. Notas que cuestionan y afirman formas, formas que encuentran un dolor, textos de cuerpos, cuerpos de color. Una relación que como las humanas es dolorosa, pero vive para poder ser. El sonido que investiga una imagen y una imagen que busca anclar, como dos que interrogan sin saber, feliz juego de encuentro para luego alejarse y desaparecer. (Zerbarini, s.f., Manuscrito inédito: párr. 1)

Los trabajos de Anahí Cáceres constituyen otro ejemplo del manifiesto interés por explorar las interacciones entre imagen y sonido, en este caso a través de investigaciones desenvueltas en diferentes medios y soportes. En *Bellas Artes Digital*, la artista presentó un proyecto web denominado *X*

Para Allelo X y su video *Original perdido 6*,[78] versión videográfica de la serie *Original perdido,* iniciada en 1995 como un conjunto de obras realizadas con distintas técnicas. El trabajo tomaba como punto de partida un patrón gráfico que se desplazaba de un soporte a otro, "asimilando las características propias de cada uno y abandonando las del anterior en cada pasaje" (Alonso, 1999: 25). *Original perdido 6* presentaba un objeto que, debido a las sucesivas migraciones del patrón gráfico, prácticamente no podía ser asociado con ningún objeto real. Estas tensiones entre las particularidades de la realidad virtual y la realidad física han sido rasgos recurrentes en el terreno del arte digital desde los comienzos de los años noventa.

Por otro lado, Alonso recuerda que los CD-ROM y obras web que integraban la muestra fueron exhibidos en seis computadoras dispuestas sobre bases de esculturas, las cuales planteaban algunas complicaciones técnicas y logísticas. Debido a que las máquinas no tenían teclado –únicamente contaban con un mouse ubicado sobre la base que exhibía la computadora–, no había demasiado espacio para manipularlas, motivo por el cual al público no le resultaba sencillo desentrañar el modo en que debía proceder[79]. En este sentido, aunque la muestra era recorrida por la gran cantidad de espectadores que el museo recibía diariamente, muchos de ellos no solían interactuar, con excepción del público infantil y juvenil que en la década del noventa se encontraba un poco más familiarizado con el lenguaje informático dada su incorporación en el currículum educativo.

Obras semejantes a las de *Bellas Artes Digital* ya se encontraban circulando en las pocas muestras artístico-tecnológicas que empezaban a organizarse. Entre ellas, cabe destacar *Arte del siglo XXI*, una exposición curada en 1998 por Rodrigo Alonso y Ximena Caminos en el CCR, la cual también fue designada como Primer Festival de Arte Electrónico, si bien un año más tarde la propuesta de ACM SIGGRAPH recibirá un nombre similar[80]. La muestra tuvo como antecedente una iniciativa impulsada por el Grupo Clarín en dicha institución hacia fines de 1997. Entre el 12 y el 14 de diciembre de ese año, la empresa había instalado doscientas computadoras con acceso a Internet en el marco de un evento difundido como *Maratón Informática.* Durante 48 horas, "los expertos navegantes o los neófitos de la red" (Anónimo, Clarín, 12 de diciembre de 1997) que se acercaban al centro cultural podían tener

---

78   Documentación de la obra disponible en: [https://www.youtube.com/watch?v=FL_TUs7-zmE].

79   Rodrigo Alonso en comunicación personal, 19 de abril de 2016.

80   Sin embargo, la exposición de ACM SIGGRAPH refirió al carácter internacional del evento: Primer Festival Internacional de Arte Electrónico.

acceso libre y gratuito a Internet, cuando el ciberespacio todavía constituía un universo bastante desconocido. El mega encuentro fue acompañado por chats con distintas figuras del mundo del espectáculo[81], recitales a través de la web y una videoconferencia con Walter Bender, investigador del Media Lab del MIT abocado al estudio de las transformaciones radicales en el acceso a la información ocasionadas por la expansión de las nuevas tecnologías. Unos meses más tarde se decidió repetir el evento, esta vez incorporando a su programación una exposición de arte y tecnología; fue así como surgió *Arte del siglo XXI*. La exhibición fue presentada entre el 13 y el 15 de marzo de 1998 en las salas J, C y Cronopios, e integrada por videoinstalaciones, impresiones digitales, CD-ROM y un ciclo de conferencias[82].

Al igual que *Bellas Artes Digital*, la muestra curada por Alonso y Caminos fue gestada con motivo de un evento tecnológico de mayor escala y auspiciada por distintas corporaciones. En el primer caso, la exposición pudo concretarse mediante el apoyo de SIGGRAPH en Buenos Aires, así como de Hewlett Packard, ViewSonic e Intel. En *Arte del siglo XXI*, el Grupo Clarín financió el encuentro con el fin de difundir Ciudad Digital, el servicio informático de la empresa. De esta manera, ambas exposiciones surgieron como eventos complementarios de programas más ambiciosos, comprendidos por diversas actividades asociadas al desarrollo tecnológico y la innovación. En este marco, las muestras exhibían los usos creativos de las mismas herramientas digitales que protagonizaban otras secciones de los eventos. De allí que en la bajada del título de una de las principales notas publicadas en *Clarín* en el transcurso de *Arte del siglo XXI* se planteara: "El público comenzó a tomar contacto con este extraño mundo tecno" (Anónimo, *Clarín*, 12 de marzo de 1998). Por su parte, durante *Bellas Artes Digital*, el presidente de ACM SIGGRAPH en Buenos Aires, Alejandro Beviglia, expresó la intención de "acercar a todos los artistas de las disciplinas gráficas las nuevas tecnologías", en una nota realizada por Daniela Leiserson (1999: párr. 4) para el diario *La Nación*. Además del énfasis ostensible en el carácter novedoso de las tecnologías

81 En la misma nota publicada en el diario *Clarín* se informa que el público tendrá la posibilidad de chatear con figuras del mundo del espectáculo, como por ejemplo Gastón Pauls. Al mencionar el término "chatear", se explicita la definición del término ("conversar utilizando como medio el teclado"), dato que evidencia el relativo desconocimiento de Internet en la sociedad argentina en aquel entonces.

82 Entre los artistas que participaron de la muestra se encontraban: Lux Lindner, Marcos López, Marta Ares, Gustavo Romano, Florencia Acevedo, Leandro Erlich, Jorge Castro, Camilo Ameijeiras, Studio Azurro, Gaston Duprat, Anahí Cáceres, Margarita Paksa y Claudio Caldini. Algunas de las mesas redondas organizadas fueron: "Las nuevas tecnologías y el arte", con Patricia Tomasini, Eduardo Capilla y Alejandro Piscitelli; "Arte en Internet", con Gustavo Romano, Patricia Tomasini, Horacio Zabala y Christian Ferrer; e "Interactividad", con Beatriz Caputty, Martín Enríquez y Oscar Landi.

emergentes, dichas afirmaciones permiten vislumbrar cierta jerarquización de las tecnologías implicadas en los trabajos exhibidos por sobre el aspecto artístico de las obras. Este punto responde a los objetivos centrales de ACM SIGGRAPH, teniendo en cuenta que, desde su creación, la organización fue una "vidriera" internacional para los desarrollos en computación gráfica[83] (Quaranta, 2013: 58, trad. propia). La difusión de las últimas conquistas tecnológicas, y la exhibición comercial del hardware, el software y los servicios ofrecidos por la industria, son dos ejes principales de la conferencia y las exposiciones que integran su programación. La exhibición de obras ha sido históricamente concebida en este contexto como la demostración de las diferentes técnicas gráficas e interactivas que la asociación promueve, es decir que acaba respondiendo a los intereses de las empresas involucradas en el evento.

Aunque a diferencia de *Bellas Artes Digital* y *Arte del siglo XXI*, *Figuración limítrofe* fue efectivamente concebida desde sus inicios como una muestra de arte digital –no fue ideada en relación a un evento tecnológico de mayor envergadura como en los otros casos–, se encontraba asimismo respaldada por una entidad extranjera, al tiempo que, tal como fue argumentado en las páginas precedentes, las reflexiones propuestas en torno a sus obras estaban atravesadas por la novedad que sugerían las tecnologías envueltas en sus prácticas. En este sentido, desde la situación de visibilidad habilitada por el MNBA, *Figuración limítrofe* y *Bellas Artes Digital* procuraron posicionarse en tanto modelos visionarios de las líneas que la producción artístico-tecnológica argentina debería encauzar en la nueva centuria. Así lo demuestran, por ejemplo, las palabras de Beviglia cuando en la nota de Leiserson (1999: párr. 4) explicita que el objetivo de la difusión de las tecnologías entre los artistas de distintas disciplinas consistía en que, a partir del nuevo milenio, aquellas fueran incorporadas como herramientas válidas de exploración y expresión. En la gacetilla de *Bellas Artes Digital*, Alonso también refiere a los comienzos del próximo siglo, señalando las transformaciones experimentadas por la sociedad y la cultura contemporáneas:

> Los albores del siglo XXI nos enfrentan a un entorno renovado y dinámico, dominado por una lógica cambiante y relaciones en permanente reconfiguración. Nuestra realidad y las formas en que nos vinculamos con ella, se insertan en el cruce de una red de fuerzas inéditas: saturación mediática, autopistas informáticas, sistemas

---

83 "(…) SIGGRAPH became the main international showcase for developments in computer graphics".

inteligentes, interactividad, globalización, diseño biogenético, ciberculturas, síntesis digital, realidad virtual. El arte y la filosofía forman parte de este proceso en el que se modifican y redefinen las relaciones del hombre con la tecnología y con los universos que éstas generan. La profunda e incesante penetración de los productos de la informática en todos los ámbitos del quehacer humano ha inducido a los artistas a indagar en sus consecuencias, inmediatas y a largo plazo, sobre nuestra sociedad y nuestra cultura. (Alonso, 1999, Manuscrito inédito: párr. 1)

Renovación, dinamismo, reconfiguraciones constantes y fuerzas inéditas trazan una cartografía signada por la progresiva tecnologización de la vida cotidiana. El MNBA se convertía en el escenario que acogía a estas manifestaciones artísticas precursoras en un doble movimiento: por un lado, apuntaba a que el perfil institucional adoptara un cariz innovador para su época; por otro lado, contribuía con la legitimación de un campo artístico en plena formación. Legalizaba a las poéticas electrónicas alojándolas en sus salas, entretanto se autolegitimaba al procurar posicionarse como una institución pionera, tendiente a ocupar un espacio vacante, a saber, aquel propiciado por la inexistencia de ámbitos de exhibición dedicados de manera exclusiva al cruce del arte y la tecnología. De hecho, la visibilidad de una institución como el MNBA suscitaba una atención especial por parte de diferentes actores, entre ellos, medios de comunicación masivos y especializados.

Así, las poéticas electrónicas comenzaban incipientemente a conformar un ámbito propio. A diferencia de las muestras organizadas por el ITDT y el CAyC, donde las obras electrónicas interactuaban con otro tipo de producciones, estos eventos solamente reunieron propuestas que incursionaban en las nuevas tecnologías en un museo de arte prestigioso, o bien en un centro cultural de la ciudad legitimado como el CCR. No obstante, todavía se trataba de un escenario difuso. Muchos de los artistas participantes en estos eventos se desempeñaban en el ámbito del arte contemporáneo. Por lo general, provenían de escuelas de bellas artes, formaciones de arquitectura y diseño, carreras de música, o estudios ligados al lenguaje audiovisual. Aún no existían programas académicos abocados directamente a las artes tecnológicas, como tampoco espacios alternativos donde se impartieran cursos vinculados a las poéticas electrónicas.

En muchas ocasiones, la investigación con las tecnologías resultaba de cierta curiosidad por ampliar las posibilidades creativas ofrecidas por los medios y herramientas conocidos. Estos intereses impulsaron el surgimiento de Área 54, un grupo integrado por teóricos y artistas que abordaban las relaciones entre el arte y la tecnología desde diversas disciplinas, lenguajes y formatos. Convocados por Soledad Nasi en el año 2000, participaron del grupo Marta Ares, Mariela Yeregui, Mariano Sardón, Mara Facchin, Marcela Mouján, Gustavo Romano, Hernán Marina, Lucrecia Urbano, Gabriela Francone, Andrea Nacach, Anahí Cáceres y Gabriela Golder, entre otros. Las sesiones fueron coordinadas por Rodrigo Alonso y Graciela Taquini, cuya reflexión estaba orientada hacia las prácticas artísticas que empleaban tecnologías, todavía mayormente circunscritas al campo del video y el arte digital impreso. Si bien las reuniones no redundaron en la conformación de un corpus teórico fuerte sobre el desarrollo de las nuevas tecnologías digitales, y tampoco tuvieron continuidad en el tiempo, supusieron un importante espacio de encuentro en la época.

Otro ejemplo paradigmático en este sentido fue la iniciativa del Premio Prodaltec de Arte Digital, cuyas obras ganadoras fueron asimismo expuestas en el MNBA entre julio y agosto de 2000[84]. La muestra fue difundida como *Arte Digital 2000 – Premio Prodaltec* y nuevamente consistió en una gestión conjunta del Museo con una empresa, en este caso Prodaltec Prodima Alta Tecnología, comercializadora de soluciones gráficas y computacionales, con la idea de "generar un espacio en el que creadores y público coincidan en la apreciación de las posibilidades estéticas que nos ofrecen las herramientas técnicas de nuestro tiempo" (Glusberg, 2000: párr. 6). Eduardo Miretti, presidente de Prodaltec en ese entonces, estaba muy conectado con el ámbito artístico porteño, solía auspiciar a diferentes museos y tenía una relación estrecha con Laura Buccellato y Jorge Glusberg. Además, invitaba a los artistas a la firma para que ensayaran impresiones sobre diferentes tipos de soportes y experimentaran con distintas técnicas digitales, imprimiendo sobre tela, papel y duratrans, entre otras opciones. Esta posibilidad resultaba sumamente atractiva para artistas que contaban con una formación en pintura, dibujo o grabado, diversidad que era asimismo plasmada en las obras concursantes. Al reseñar la exhibición en el número 4 de la Revista *Ramona*, Silvina Buffone sostenía:

> El salón resultó mucho menos previsible que los salones de "pintura" que habitualmente se cuelgan en el museo, se perciben resoluciones eficaces y diferenciadas. En diferentes tamaños y formas, los sopor-

84   El Primer Premio Adquisición fue otorgado a Cristina Schiavi. Marta Cali y Gustavo Romano ganaron Menciones Especiales del Jurado; las ocho Menciones Honoríficas fueron destinadas a Silvina Aguirre, Sergio Bazán, Edgar De Santo, Claudia del Río, Mónica Jacobo, Andrea Ostera, Wili Peloche y Alejandra Seeber.

tes incluyen backlight, telas, acetatos, plásticos, vidrios, objetos, etiquetas y papeles impresos. Un generoso zapping de fotografías intervenidas, collages de imágenes scanneadas, imágenes gestadas íntegramente en computadora, objetos o muros intervenidos, y los videos y filmaciones de invitados especiales. (Buffone, 2000: 16)

Hacia el final del artículo, Buffone (2000: 16) identificaba a Miretti como un mecenas virtual, quien hacía posible "un nuevo espacio para indagar a la mutante e indescifrable imagen del 2000". Lentamente comenzaba a emerger una escena caracterizada por la experimentación de nuevas poéticas, materiales, herramientas y formatos. En la medida en que se profundizaban y difundían estas búsquedas, se abría un acalorado debate en torno a la especificidad de las nuevas prácticas, el cual despertó el interés de algunos artistas y críticos del arte contemporáneo. Otra reseña de la misma exposición, titulada "¿Digital o digitalizado?", también publicada en *Ramona*, desplegaba el interrogante:

> Haciendo un sintético análisis de las obras expuestas, podríamos clasificarlas en: Anti-digitales: académicas en el más recalcitrante de los sentidos (aunque se haya usado una computadora, atentan contra lo digital). "De estilo" digital, la mayoría utilizan lo digital para hacer rimbombante su falta de creatividad. Las mejores de este grupo tienen el lenguaje típico de cualquier revista de buen diseño. No digitales: son pinturas, fotografías, fotomontajes, transfers, objetos, etc. (Escaneando y ploteando la Monalisa, ¿se convierte en una obra de arte digital?). Pseudo digitales, no entienden el sentido de lo digital. Lo digital no puede ser rococó! (Es como si hicieran uso de la robótica para fabricar wincofones) (…). (Soria, 2000: 16)

Soria cerraba su reseña aseverando que la muestra era interesante debido a que permitía profundizar la discusión acerca de lo digital, probablemente a causa de que la mayoría de las obras exhibidas no resultaban convincentes. Hacia la misma época, el carácter acotado de la escena de las poéticas electrónicas en plena formación sobrevino de la incorporación del reconocimiento a la producción multimedia y digital por parte de *Buenos Aires Video XII. Premio ICI de Video, Arte Digital y Multimedia Experimental*,[85] otorgado en el año 2000. Desde 1994 el premio distinguía a las mejores obras de videoar-

---

85 El jurado estuvo integrado por Rodrigo Alonso, Laura Buccellato, Graciela Taquini, Jorge Glusberg y Claudio Caldini. Los ganadores fueron Arturo Marinho (Primer Premio de Videoarte), Marta Cali (Primer Premio de Arte Digital) y Gustavo Romano (Primer Premio de Multimedia Experimental).

te. Cuando seis años más tarde se decidió incorporar otros proyectos que emplearan tecnologías más allá del video, se optó por abrir las diferentes categorías relativas a la creación digital, como CD-ROM interactivos y obras de net art. Sin embargo, el comité no recibió una cantidad de obras suficiente para justificar su subdivisión, motivo por el cual finalmente se vio obligado a cerrar las diferentes categorías, reuniendo a todos los proyectos que empleaban tecnologías digitales bajo una única clasificación: "arte digital"[86]. Pese a que el andamiaje institucional ya se encontraba preparado para impulsar la inclusión de nuevas poéticas, la iniciativa supuso un intento de modernización demasiado acelerado con respecto al ritmo del desarrollo artístico local. Hacia fines de los años noventa, Alonso identificaba un período de transición marcado por el surgimiento de una serie de proyectos artísticos que trascendían los códigos tradicionales, aunque todavía los efectos de estas mutaciones no fueran del todos discernibles: "Tal vez sea exagerado por el momento hablar de arte digital. Sin embargo, la creciente necesidad de los artistas por abandonar los medios tradicionales e incursionar en la imagen binaria señala la necesidad urgente por revisar la cultura desde el nuevo paradigma, aun a costa de resultados imprecisos e incatalogables" (Alonso, 1999: párr. 3).

Un paso fundamental en el intento de legitimación e inclusión de las poéticas electrónicas en el panorama del arte contemporáneo también sucedió hacia el 2000, cuando Claudio Massetti, director del Palais de Glace, dispuso incorporar una categoría destinada a ellas en el Salón Nacional de Artes Visuales, creado en 1911. Invitó a Graciela Taquini a desarrollar un nuevo rubro, originalmente designado como "Arte Electrónico", que no solo recibiría videoarte, sino además "producción digitalizada estática, cinética y multimedia" (Salón de Artes Visuales, 2000: 6). El adjetivo "electrónico" ya había comenzado a circular en los años noventa cuando en 1997, bajo la nueva dirección del MAMbA asumida por Laura Buccellato, Taquini había empezado a organizar el Ciclo Artes Electrónicas que tendría continuidad hasta el 2003. Mientras que Jorge Haro coordinaba las actividades de arte sonoro y Claudio Caldini se encontraba a cargo de la sección de cine experimental, la curadora diseñó un ciclo en el cual se exhibía videoarte y también obras digitales de pantalla[87]. Es decir que si la noción de "arte multimedial" fue sobre todo impulsada por quienes provenían del mundo audiovisual, y los

---

86   Rodrigo Alonso en comunicación personal, 19 de abril de 2016.

87   Por ejemplo, en uno de los ciclos, Taquini proyectó en el auditorio del museo *Eve* de Peter Gabriel y *Puppet Motel* de Laurie Anderson.

artistas visuales optaron por "arte digital" (Pagola, 2008: 9), la denominación "artes electrónicas" tendió a fusionar ambos territorios. Luego de la primera edición, la categoría "Arte Electrónico" pasó a ser denominada "Instalaciones", fue rebautizada en 2002 como "Nuevos Soportes e Instalaciones"[88] y, en 2015, devino en "Instalaciones y Medios Alternativos"[89].

Las obras ganadoras del Salón Nacional de Arte Electrónico fueron *Áreas*, un video de Hernán Khourian (Primer Premio), la obra de net art *Relaciones de incertidumbre* de Dina Roisman (Segundo Premio) y una instalación interactiva de Gustavo Romano titulada *Logomatic* (Tercer Premio). Este proyecto consistía en una caja de madera que contenía un monitor y un altavoz. Cuando los sensores detectaban la presencia del público, activaba un programa llamado "Logomatic", generando una sucesión de fonemas de manera automática y aleatoria. El net art también hizo su aparición a través de *Epithelia* de Mariela Yeregui, una de las obras que obtuvo una mención en el Salón Nacional de 2000 y que constituye un trabajo pionero desarrollado por la artista hacia 1999 durante su residencia en el Banff Centre for Arts and Creativity, en Canadá. Para esta obra Yeregui utilizó algunos de los recursos de los navegadores de ese entonces, como los pop up de JavaScript y cuadros de diálogo, para generar un recorrido a través de distintas imágenes, textos y sonidos que dan cuenta de un cuerpo fragmentado e híbrido que el usuario puede ir navegando. Inclusive había un link a un foro online donde los usuarios podían subir textos vinculados con la noción de cuerpo, posteriormente incorporados por la artista a la obra[90].

El nuevo rol adquirido por las instituciones en la década del noventa, en cuanto nuevas promotoras de los diálogos entre el arte y la tecnología, parece hacer eco de la periodización propuesta por Domenico Quaranta (2013) para analizar el desarrollo del campo de los nuevos medios en Europa y Estados

88 A partir de 2003, "Nuevos Soportes e Instalaciones" fue convertida en un premio adquisición y adoptó así la misma jerarquía que el resto de las categorías del Salón Nacional.

89 Los antecedentes de esta categoría se remontan hacia fines de los años sesenta, cuando en 1968 fue incorporada la sección "Investigaciones Visuales" al Salón Nacional (1968-1969). En 1971, el gobierno de facto de Alejandro Agustín Lanusse decretó la exclusión de las obras ganadoras del Gran Premio de Honor y el Primer Premio en el II° Certamen de Investigaciones Visuales: *Made in Argentina*, de Ignacio Colombres y Hugo Pereyra, y *Celda*, realizada por Jorge de Santa María y Gabriel Bocchi. Ambos trabajos denunciaban la represión, el primero haciendo referencia a la picana eléctrica y el segundo remitiendo a los presos políticos. Aunque la sección no estaba dedicada exclusivamente a las poéticas electrónicas, supuso un incentivo para diferentes manifestaciones de carácter experimental, entre ellas instalaciones y objetos cinéticos.

90 Durante muchos años *Epithelia* permaneció inaccesible a causa de los cambios de lenguajes y formatos, los cuales ocasionaron la pérdida de gran parte de las obras de la historia del net art. Afortunadamente la pieza fue restaurada en 2017 por Brian Mackern, artista uruguayo pionero en la escena del net art latinoamericano, e incluida en la muestra online *Net Art Anthology*, organizada en conjunto con la plataforma Rhizome.org.

Unidos. Precisamente hacia 1999 Quaranta ubica el inicio de una fase que denomina *The Next Big Thing* ("La próxima gran cosa"), que se extendería hasta el 2001. Esta etapa estuvo determinada por un creciente estímulo de exposiciones y conferencias dedicadas a las poéticas electrónicas en distintas instituciones del mundo. Si bien el autor refiere a museos y centros culturales especializados –ICC, ZKM y MECAD, entre otros–, y a una voluminosa cantidad de eventos incomparable con las contadas iniciativas locales, hay cierta coincidencia entre las fechas del contexto argentino y el internacional. Sin embargo, también persistían características que Quaranta identifica en el período que precede a *The Next Big Thing*, designado como *Let the Dance Begin* ("Que comience la danza"), desarrollado entre 1996 y 1998. De acuerdo al autor, uno de los eventos principales que exhibieron el modo en que las confluencias entre el arte y la tecnología entraron en escena hacia mediados de los años noventa fue la muestra *Mediascape*, curada por Jon Ippolito y John Hanhardt en 1996 para la sede del Museo Guggenheim ubicada en el barrio neoyorquino del Soho. La curaduría reunió algunos de los últimos trabajos que investigaban la incorporación de las tecnologías, pero también determinadas obras contemporáneas ajenas a la experimentación tecnológica realizadas por artistas reconocidos. Aunque el recorte curatorial emprendió un camino diferente al de las exposiciones del MNBA y el CCR, las críticas expuestas por Quaranta a la muestra estadounidense resuenan en el ámbito local. Entre los errores detectados por el autor, cabe rescatar tres: la insistencia en las tecnologías utilizadas en lugar de exaltar su potencial cultural (la tecnología como tópico constituía el centro neurálgico del guión curatorial); la elección de empresas de alta tecnología –Deutsche Telekom y ENEL– como únicos patrocinadores del evento, sponsoreo que inevitablemente conducía a jerarquizar los desarrollos tecnológicos de manera excesiva; y la carencia de un aparato crítico militante que desde el interior del ámbito de las artes electrónicas pudiera defenderse ante los cuestionamientos efectuados por la crítica del arte contemporáneo.

Tomando la periodización de Quaranta como marco de referencia, entre 1998 y 2000 la escena porteña conjugó características propias de las dos fases demarcadas por el autor. Las muestras del MNBA y el CCR conformaron una etapa definida por la apertura de instituciones relevantes para el medio cultural hacia la organización de exposiciones de arte y tecnología –en el contexto argentino, instituciones aún no especializadas en las poéticas electrónicas–, intentos de legitimación de prácticas exhibidas como modelos de las líneas artístico-tecnológicas que agenciaría el nuevo siglo, y alianzas entre plataformas culturales, intereses corporativos y entidades extranjeras destinadas a la producción de exhibiciones cuyas motivaciones excedían a las muestras en sí mismas[91].

Con respecto a este último punto, es llamativa la escasa documentación con la que cuenta el archivo del MNBA sobre sus muestras artístico-tecnológicas. Por ejemplo, *Figuración limítrofe* y *Bellas Artes Digital* son solo mencionadas en el boletín de las actividades de octubre de 1999[92]. En cada caso se detalla el auspicio, referencia que evidencia el rol primordial desempeñado por las empresas en ambos eventos: "Arte Digital. Auspiciado por Enron" y "Festival Internacional de Arte Electrónico. Auspiciado por Siggraph" (Museo Nacional de Bellas Artes, 1999). Incluso en la invitación a la apertura de la segunda exposición se deja constancia de que el anfitrión del evento no era solamente el museo, sino también las cuatro corporaciones que estuvieron involucradas en el financiamiento de la muestra[93]. Otro dato que figura en el mismo boletín es la organización de un coloquio de arte y tecnología que tuvo lugar el jueves 14 de octubre de 1999. Allí se indica que el moderador de la actividad fue Alejandro Beviglia, quien coordinó una serie de ponencias presentadas por Fernando Bedoya, Anahí Cáceres, Margarita Paksa, Rodrigo Alonso, Jorge Glusberg, Laura Buccellato, Martín Carballo y Diana Domingues. Mientras que *Bellas Artes Digital* no tuvo catálogo, la biblioteca del MNBA archiva el breve libro de *Figuración limítrofe* previamente citado. Sin embargo, éste no fue editado por la institución argentina, sino que constituyó la publicación lanzada para la Bienal de Cuenca. La gacetilla de prensa y el listado de artistas de *Bellas Artes Digital* fueron guardados por Rodrigo Alonso, no así por la biblioteca del museo. Además de estos exiguos registros, se conserva una nota publicada por Ana María Battistozzi en el diario *Clarín*, la cual será analizada más adelante, y la invitación a las inauguraciones de ambas exhibiciones. El insuficiente material acopiado contrasta con los numerosos comentarios, notas y catálogos correspondientes a otros eventos coetáneos. Más aun, los títulos de las muestras que aparecen en el boletín no son los nombres exactos de las exhibiciones. Resulta evidente que aunque las exposiciones fueron difundidas como importantes eventos que permitirían

---

91 Se podría objetar que *Figuración limítrofe* no devino de una iniciativa corporativa como *Bellas Artes Digital*, *Arte del siglo xxi* o *Arte Digital 2000 - Premio Prodaltec*. La causa primera que impulsó su organización fue la difusión del arte digital estadounidense en la Bienal de Cuenca, y no su exhibición en el Museo Nacional de Bellas Artes, evento que fue posteriormente gestionado.

92 Allí se consigna que las dos exposiciones inauguraron el miércoles 6 de octubre, una a las 19 horas y otra treinta minutos después.

93 En la invitación se lee: "Invitan a la inauguración del MNBA, Siggraph, Hewlett Packard y ViewSonic e Intel".

descubrir las últimas tendencias, ocuparon un lugar secundario en relación a otras de las actividades que integraban la programación del museo.

Esta situación parece pronosticar el subsiguiente panorama: luego de las pretensiones de inclusión de las poéticas electrónicas en el museo entre 1999 y 2000, durante la gestión de Glusberg, la institución no volvió a organizar exposiciones de este tipo. Retomando la periodización de Quaranta, podemos sugerir que las incipientes poéticas electrónicas porteñas entraron en la etapa que el autor identifica como *The End of the Dance* ("El fin de la danza"), una fase representada por el enfriamiento del interés característico del ciclo precedente, tal como había sido demostrado por la cantidad de eventos realizados en los museos más importantes del mundo, procurando revelar la "próxima gran cosa" en el terreno artístico[94]. Quaranta sostiene que esta retracción se debió al decaimiento de las entidades que financiaban dichos eventos, en conjunto con la resistencia que mostraron ciertas instituciones para sostener departamentos especializados y el recurrente cuestionamiento de la pertinencia de categorías basadas en el medio tecnológico. Sin embargo, en la Argentina el desplazamiento respondió sobre todo a los complejos requerimientos técnicos y materiales característicos de este tipo de exposiciones, exigencias que nuestras instituciones no estaban preparadas para afrontar desde el punto de vista logístico ni económico. Si bien lentamente se empezaba a dar un debate sobre las nociones adecuadas para designar a estas prácticas, todavía no se trataba de una discusión central en nuestro ámbito, como tampoco lo era la necesidad de mantener áreas especializadas en arte y tecnología, dada la sencilla razón de que éstas aún no habían sido creadas.

3. El *off* del *off*: circuitos alternativos de exhibición

Paralelamente a la apertura de ciertas instituciones protagónicas de la ciudad para las artes electrónicas emergentes, y la incorporación en el Salón Nacional de una categoría destinada a promover estas propuestas, se fueron desarrollando una serie de eventos autogestionados en ámbitos independientes. Así fue como en noviembre de 2000 surgió *Sensorial Mediática*, un evento ideado como una muestra colectiva y multidisciplinaria llevada a cabo durante tres días[95] en una productora televisiva conocida como El

---

94 Quaranta refiere particularmente a exposiciones realizadas hacia el año 2001 en el MOMA de San Francisco, la Tate Britain en Londres, el Museo Whitney de Nueva York, el Walker Art Center en Minneapolis y el MASS MoCA en Massachusetts.

95 La muestra tuvo lugar los días 10, 11 y 12 de noviembre de 2000. Los artistas y colectivos que participaron en el evento fueron Alfio Demestre, Enrique Marmora, Mario Bortolini, Eduardo Imasaka, Livia Basimiani,

Atajo. Eduardo Imasaka, el espacio de arte Sonoridad Amarilla y el estudio de Juan Doffo, junto con la participación de numerosos artistas, concibieron una experiencia que apuntaba a interpelar los sentidos a través de una exploración sustentada en distintos soportes y disciplinas, consignados en el díptico impreso para el evento como "medios visuales (video proyecciones, slides experimentales, luminotecnia)", "medios sonoros (audioarte, música electrónica)" y "arte digital (fractales, arte interactivo)" (Sensorial Mediática, 2000). La diversificación de las manifestaciones incluidas en *Sensorial Mediática* deja entrever su carácter pionero. "Arte digital" no refería a las obras impresas y de pantalla exhibidas desde fines de los años noventa en las exposiciones previamente analizadas. Muchos de los proyectos presentados eran obras interactivas que se expandían en el espacio e invitaban al público a interactuar de diversos modos, en su mayoría realizadas por músicos, programadores autodidactas, diseñadores, videastas y fotógrafos. Por ejemplo, para la instalación titulada *Insectos*, María Antolini e Iván Ivanoff idearon un cubo que albergaba una computadora en su interior. Su estructura se encontraba atravesada por varillas metálicas, generando una suerte de jaula que actuaba como conductor de una corriente eléctrica transmitida al público a través del tacto. La pantalla mostraba imágenes de insectos en *slides* que podían ir siendo disparadas con un teclado. En paralelo se escuchaban sonidos digitales producidos cada vez que los insectos morían en contacto con luces fluorescentes. Un cartel ubicado junto a la obra advertía al público sobre el peligro de tocarla. En otros trabajos, como *Luzstabile* de Martín Corujo, una habitación oscura provista de luces que latían ofrecía un "lugar de reflexión". Por su parte, en la proyección de fractales realizada por Caen (Carlos Botto), la luz no se encontraba al servicio de las ambientaciones, sino que era en sí misma pensada como "volumen virtual", semejante a cualquier "objeto artístico" (Imasaka, 2000, Manuscrito inédito).

La novedad del evento fue además configurada por otro componente. La muestra no solo podía ser recorrida de manera presencial, sino que también fue transmitida vía Internet en tiempo real[96] gracias al suministro tecnológico de algunas empresas como El Sitio.com, El Foco.com, Movi-web.com

Constanza Lisica, Pornois, Jorge Simonet, Sebastián Ziccarello, Ian Kornfeld, Sergio Cesari, Leandro Tartaglia, Mariano Giraud, Maximiliano Bellmann, Mateo Amaral, Oscar Lalanne, Carlos Trilnick, Alejandro y Omar Esther, Yamila Kliczkowski, Luis Marte, Manuel Schaller, Divex, Fernando Monteburro, Micky Rosini, Daniel Gorostequi, María Antolini, Miguel Mitlag, Julián Bokser, Martín Corujo, Caen, Juliana Ceci, Chagall, Srta. Bea, Finlandia, Diego Grünstein y Daniel Mirkin, entre otros.

96 El *streaming* fue asimismo aprovechado para transmitir un show de Daniel Melero. Mientras el músico tocaba en su estudio, el público podía telepresenciar el recital desde El Atajo, o cualquier otro sitio que tuviera conexión a Internet.

y Emepe3.com, en plena burbuja de las punto com. Los números resultan sorprendentes: más de tres mil personas se acercaron a El Atajo para recorrer la muestra y treinta y cinco mil personas la vieron a través de la web.

También aquí se planteó la necesidad de propiciar un espacio de encuentro que permitiera nuclear a artistas de distintas disciplinas convocados por la exploración tecnológica, pero uno de los rasgos distintivos de *Sensorial Mediática* fue la decisión de generar una plataforma de investigación, producción y exhibición alternativa con respecto a los ámbitos institucionalizados de galerías, museos, centros culturales y premios. Una suerte de escena "*off del off*", es decir, una esfera alternativa con respecto al circuito de las poéticas electrónicas exhibidas en las pocas muestras organizadas en espacios reconocidos. En el breve texto del díptico del evento se declara: "Participarán artistas destacados, como así también artistas emergentes y artistas activos fuera del circuito de galerías e instituciones, que estarán nucleados aquí por primera vez" (Sensorial Mediática, 2000). Eduardo Imasaka venía de residir en Europa, donde había participado de experiencias okupas. Retomando investigaciones desarrolladas con anterioridad en diferentes proyectos[97], *Sensorial Mediática* fue concebido como un proyecto social que invitaba a exponer trabajos de manera colectiva en un espacio completamente intervenido por artistas procedentes de ámbitos diversos. En uno de los manuscritos que recoge las actividades del evento, Imasaka condensa el propósito de la muestra: "casa tomada como inicio de una demanda de espacios para instalaciones que aún no son parte del circuito de galerías por el temor de montajes" (Imasaka, 2000, Manuscrito inédito). Además de reafirmar la intención de delinear una escena apartada de los espacios prevalecientes, Imasaka aludía a los desafíos implicados en la producción de eventos artístico-tecnológicos, un aspecto que históricamente ha obstaculizado la expansión de estas prácticas en los ámbitos del arte contemporáneo no involucrados directamente con las tecnologías.

La búsqueda de lugares alternativos que permitieran albergar los cruces entre el arte y la tecnología continuaría posteriormente en *Fuga Jurásica* e *Inmigra_beta.test*. En ambos casos la música protagonizó los eventos. El primero surgió en 2001, inicialmente como un festival de música electrónica acogido por el Museo de Ciencias Naturales Bernardino Rivadavia[98]. Poco a

---

97 Dos antecedentes de *Sensorial Mediática* fueron los eventos *Seis lecturas de fin de siglo*, realizado por Eduardo Imasaka y Fernando Garnero en La Carbonera, y *Dispositivos de memoria*, una propuesta de Eduardo Imasaka, Matías Sendón, Yamila Kliczkowski y Livia Basimiani, presentada en Sonoridad Amarilla.

98 *Fuga* comenzó en 2001 como *Fuga Jurásica* en el Museo de Ciencias Naturales, donde fue presentado hasta el 2007. Entre los artistas y colectivos participantes en las primeras ediciones se encuentran Pornois, Eduardo

poco fueron incluyéndose otras disciplinas como video, fotografía y diferentes propuestas que investigaban las relaciones entre el arte, la tecnología y las temáticas a las cuales el museo se encuentra dedicado. En 2002, *Inmigra_bet. test* continuó la iniciativa de *Sensorial Mediática*. Sus productores, Eduardo Imasaka y Fusilaje, se valieron de las posibilidades ofrecidas por la telepresencia. Sami Abadi, Estupendo y Greg_y_Grod (Alexis Griszka y Gerardo Morel), situados en Buenos Aires, y Once11 (Ignacio Platas), Fiftyfifty y Etnotronic, desde Barcelona, tocaron juntos durante una jornada. Partiendo del concepto de "inmigración virtual", la experiencia permitió que el público situado en El Atajo presenciara el show de los músicos argentinos, mientras asistía virtualmente a las performances españolas.

Aquella voluntad de generar espacios de encuentro en la ciudad intentaba contrarrestar la disgregación a la cual tendían las actividades artístico-tecnológicas organizadas en nuestro contexto. Unos meses después de *Sensorial Mediática*, una nota publicada en *Página 12* delineaba el panorama local:

> La escena de arte digital en Argentina es pequeña, inconexa y –no precisamente por el soporte tecnológico que involucra– virtual. Es decir: no existe en términos prácticos, al menos por ahora. Sí existen unas cuantas decenas de artistas independientes que trabajan en la soledad de sus discos rígidos, sin demasiadas ilusiones de proyección masiva y mucho menos apoyo financiero empresarial o del Estado. (Plotkin, 2001: párr. 1)

La nota de Pablo Plotkin presentaba el *Encuentro digital*, curado por Gabriela Golder. Organizado en el CCGSM[99] como parte del proyecto del gobierno porteño *AlternatiBA*, fue definido por Plotkin como un intento de conectar diferentes artistas que se encontraban trabajando en el ámbito del arte y la tecnología. Jorge Pizarro, director artístico del evento citado por el periodista, afirmaba que la iniciativa aspiraba a promover encuentros entre personas con intereses afines que aún no se conocían. Como parte de la programación de *Encuentro digital*, se incluyó la *Flash Party,* realizada desde 1998, proyecciones de animación y video, competencias de música electrónica, gráficos 3D y Ascii/ANSI, y la mesa redonda "¿Qué es el arte digital?", moderada por Rodrigo Alonso e integrada por Mariano Sardón, Soledad

Imasaka, Enrique Marmora, Alfio Demestre, Mateo Amaral, Mariano Giraud, Leandro Tartaglia, Pablo Grandinetti, Divex, LSD Anderson y Luis Marte. En 2008 *Fuga* tuvo lugar en el Museo Metropolitano (*Fuga Metropolitana*), un año más tarde fue organizado en la Fundación Gutenberg (*Fuga Gráfica*) y, en 2014, la Fundación Lebensohn se convirtió en la sede del evento (*Fuga Industrial*).

99   *Encuentro digital* se desarrolló entre el 8 y 10 de junio de 2001.

Nasi y Marcela Mouján (todos ellos integrantes de Área 54). Entre los temas que fueron discutidos, se debatió hasta qué punto el código de programación de una obra podía ser pensado como parte de la misma. Según Sardón, no había duda de que códigos "no tecnológicos" como aquellos que estructuran los proyectos de Sol LeWitt debían ser considerados artísticos, pero muchos cuestionaban la "artisticidad" de las obras sustentadas en herramientas y conocimientos atravesados por las tecnologías[100].

Hacia el año 2001, la ciudad ya se encontraba habitada por una pluralidad de artistas interesados en la confluencia del arte y la tecnología digital, quienes en algunas oportunidades presentaban sus producciones en el marco de exhibiciones enteramente dedicadas a las poéticas electrónicas, dentro o fuera del circuito hegemónico. Para ese entonces las nociones de "arte digital", "artes electrónicas" o "arte multimedial" eran a menudo acuñadas tanto por los artistas y curadores en los textos relativos a las exhibiciones, como por críticos y periodistas en notas de prensa publicadas en revistas de arte contemporáneo y diarios de distribución masiva.

4. Obras tecnológicas con proyección internacional

Las poéticas electrónicas locales comenzaban de a poco a conformar una escena propia. Mientras que hacia fines del siglo xx determinados eventos provenientes del exterior habían tendido a configurar el campo artístico argentino a través de exposiciones y actividades nacidos de aquellas iniciativas (*Figuración limítrofe* de la Bienal de Cuenca y *Bellas Artes Digital* de SIGGRAPH), en los inicios del nuevo siglo, la producción argentina comenzó a adquirir visibilidad en el ámbito extranjero. En diciembre de 2000, Graciela Taquini curó una exposición con motivo de *Interférences-Festival International d'Arts Multimedia Urbains* en Belfort-Montbéliard (Francia) y, en 2001, en el Salón de Artes Electrónicas de la VII° Bienal de Cuenca[101]. Ambos eventos permitieron difundir internacionalmente la obra de diversos artistas argentinos que trabajaban en el terreno de las "artes electrónicas", tal como Taquini designó al corpus de obras enviado en las dos oportunidades. Si bien en estas exposiciones predominó el video, la curaduría también incluyó obras que investigaban las posibilidades de la web. La labor de Taquini

100 Mariano Sardón en comunicación personal, 14 de agosto de 2016.

101 Si hasta fines del siglo xx Taquini se reconocía como curadora de auditorio y jurado de video, las invitaciones a curar las exposiciones de Francia y Ecuador implicaron su apertura hacia la organización de muestras de mayor envergadura.

venía contribuyendo ampliamente con la difusión de las artes electrónicas en Buenos Aires. Formada como historiadora del arte, fue pionera del videoarte argentino, tanto a través de su práctica artística como de la gestión institucional. En los años ochenta introdujo el video en el CCGSM. Motivada por el descubrimiento de la obra de Jorge Prelorán, e incentivada por Elena Oliveras y Remo Bianchedi a que explorara el terreno del videoarte, Taquini organizó un sinfín de proyecciones, encuentros y exposiciones a lo largo de su carrera, convirtiéndose en una artista e investigadora referente en el campo del video, pero también en otras expresiones del cruce del arte y la tecnología en la Argentina.

El Salón de Artes Electrónicas de la VIIº Bienal de Cuenca fue presentado en el Museo de la Electrografía de la ciudad, en 2001. La selección de obras realizada por Taquini expuso una videoinstalación de Max Gómez Canle titulada *(1,2,3) Transformer*, integrada por tres animaciones dispuestas en tres pantallas; una videoperformance de Andrea Racciatti y Alejandro Areal Vélez, presentada como instalación con tres proyecciones bajo el nombre de *Kissme*; un video digital de Gastón Duprat, Mariano Cohn y Adrián de Rosa denominado *Enciclopedia*; y *Epithelia* de Mariela Yeregui.

Por su parte, *Interférences* fue un festival organizado por el Centro Internacional de Creación de Video Pierre Schaeffer, donde Taquini montó una muestra denominada *Fuga de cerebros*. Allí reunió obras de diversos artistas argentinos: Ar Detroy, Gustavo Romano, Fabián Wagmister, Marcello Mercado, Gabriela Golder, Mariela Yeregui, Iván Marino, Jorge Castro, Jorge La Ferla, Martín Groisman, Carlos Trilnick y Belén Gache, entre otros. Muchos de ellos no se encontraban viviendo en el país, o habían residido en el exterior durante los últimos años. Precisamente la elección del título hacía referencia a la circulación de los artistas locales en otros territorios, situación que parecía anunciar la emigración de profesionales argentinos característica de la escena posterior a 2001:

> (…) Así eligió creadores que están explorando la relación arte y tecnología ya sea usándola como herramienta o como soporte o como problema, cuestionando su esencia. Eligió artistas que están lanzados en un mundo global internacionalizado. Algunos trabajan en la Argentina, lo cual no es fácil. Otros son viajeros itinerantes que recorren centros de creación o universidades en distintas partes del mundo en busca de infraestructuras o mentores que permitan desarrollar sus proyectos. Fuga de cerebros por un lado alude al peligro de pérdida y desarraigo de nuestros mejores artistas con una

connotación un tanto apocalíptica, pero también tiene su vertiente neoplatónica, el imaginar mentes argentinas que derraman sus luces y sus sombras a lo largo y a lo ancho de este pequeño planeta. (Taquini, 2000: párr. 1)

El Festival supuso un punto de encuentro físico nodal para los artistas latinoamericanos, debido a que habilitó el intercambio entre creadores que provenían de diferentes países de la región. Por otra parte, desencadenó la creación de una plataforma de encuentro virtual: en el contexto del festival, surgió *Iberoamérica – ACT (Arte, Ciencia, Tecnología)*, una lista de correo dedicada a difundir información a través de la web sobre los cruces del arte y la tecnología en América Latina y España. Originalmente fue creada y coordinada por José-Carlos Mariátegui y Rodrigo Alonso; luego se sumaron otros artistas e investigadores de diferentes países iberoamericanos[102]. En la presentación del grupo se planteaba la necesidad de favorecer un espacio de diálogo entre artistas, teóricos y el público general interesado en las artes electrónicas, con el objetivo de desarrollar iniciativas conjuntas: "No solo compartimos lenguas similares, sino que en muchos casos participamos de realidades parecidas y podemos generar estrategias de trabajo en conjunto" (*Iberoamérica – ACT*, s.f.: párr. 1). La confluencia de producción artística y reflexión teórica, desencadenada a partir de *Interférences*, fue un aspecto central del evento. El festival permitió que los artistas con intereses similares pudieran conocer sus respectivas búsquedas creativas e intercambiaran perspectivas. Además de compartir datos sobre exposiciones, becas y simposios, en *Iberoamérica – ACT* germinaron debates fructíferos cuando todavía estos temas emergían de manera poco frecuente. Por ejemplo, en algunas oportunidades surgieron discusiones interesantes en torno a los desafíos que la curaduría de las poéticas electrónicas debía afrontar y al carácter "internacional" implicado en ciertos eventos que, no obstante se autodesignaban como tales, denotaban una cierta mirada eurocéntrica.

5. Ilusiones de romance: poéticas electrónicas en la escena del arte contemporáneo

En el contexto de poscrisis que *Fuga de cerebros* tendió a anticipar, se produjeron hondas mutaciones en el terreno artístico. Clara Garavelli (2014) realizó un análisis exhaustivo del campo del video experimental argentino,

---

102 Tania Aedo (México), Ernesto Calvo (Costa Rica) y Gilbertto Prado (Brasil).

donde identificó el nacimiento de una pluralidad de colectivos y circuitos independientes como contrapunto del debilitamiento que sufrieron las instituciones durante este período. En el ámbito de las poéticas electrónicas que trascendían al video, la inestabilidad socio-política que desencadenó la crisis económica repercutió con dureza por tratarse de una escena que desde hacía pocos años intentaba despegar y conquistar un territorio propio. A pesar de los eventos que parecían haber adelantado el desarrollo que dominaría los albores del tercer milenio, la falta de presupuesto de las instituciones complicó el proyecto de aglutinación de estas prácticas en espacios especialmente destinados a tal fin. Por otra parte, las alternativas que se fueron gestando en el contexto del arte contemporáneo no implicado en la experimentación con las tecnologías no fueron constantes en la escena de las poéticas electrónicas; a saber, la multiplicación de proyectos colectivos y horizontales, el reemplazo del taller como espacio de trabajo por la calle y la federalización de las prácticas artísticas (Giunta, 2009). Con excepción de algunos grupos como Oligatega Numeric, Terraza o Proyecto Biopus[103], no proliferaron agrupaciones artísticas y tampoco la vía pública constituyó el escenario recurrente para este tipo de obras. La situación no ha sido más afortunada en lo respectivo a la desarticulación del centro porteño y la apertura de espacios dedicados a las poéticas electrónicas en diferentes provincias. La federalización tampoco se dio fuertemente en este caso. Salvo escasas iniciativas impulsadas en otras ciudades del país, los proyectos expositivos y educativos asociados a este campo fueron concentrados en Buenos Aires, una realidad que perdura hasta nuestros días.

Sin embargo, en las inmediaciones de la debacle de 2001, emergieron una serie de exposiciones en significativos museos y centros culturales de la ciudad que reunieron obras electrónicas en eventos que asimismo comprendían manifestaciones artísticas contemporáneas, cuya impronta "no tecnológica" era recurrente. Un día antes del estallido de los trágicos sucesos de diciembre de 2001, el CCR inauguró la exposición de las cuarenta y seis obras seleccionadas para el Premio Banco de la Nación Argentina a las Artes Visuales. En una nota publicada el 23 de diciembre de ese año, se subrayaba

---

103 Oligatega Numeric es un colectivo artístico creado en 1999 e integrado por Mateo Amaral, Maximiliano Bellmann, Alfio Demestre, Mariano Giraud y Leandro Tartaglia. El Grupo Proyecto Biopus se fundó en La Plata en 2001, a partir del trabajo conjunto de Emiliano Causa, Matías Romero Costas y Tarcisio Pirotta. Terraza también surgió en 2001 como un colectivo interdisciplinario, conformado por Julia Masvernat, Diego Posadas, Silvia Gurfein, Magdalena Jitrik, Leo Batistelli, Diana Aisenberg, Fabián Burgos y Dina Roisman, entre otros. Su sitio web (www.terrazared.com.ar) difundía diferentes proyectos multimedia. Otro de sus emprendimientos fue *Pires de metal*, una revista digital publicada entre 2001 y 2005.

astutamente la paradoja: "En una sociedad bancarizada por decreto, los dos grandes premios del 2001 fueron impulsados por el Banco Nación y el Banco Ciudad" (Anónimo, La Nación, 23 de diciembre de 2001). Abierta a todas las disciplinas y con curaduría de Jorge López Anaya, la muestra incluyó fotografías, videos e instalaciones. Además, se invitó a otros artistas a mostrar sus obras, entre las cuales se presentó *Epithelia*, el trabajo de net art de Mariela Yeregui que había recibido una mención en el Salón Nacional organizado en 2000 y que Taquini también había seleccionado para exhibir en Cuenca. Aunque en el catálogo el curador afirmaba que no eran muchos los artistas que hacían uso de medios tecnológicos –menciona la obra de Yeregui, el video digital en la instalación de Marta Ares y un dibujo electrónico de Oscar Carballo, montado en una caja de luz (López Anaya, 2001: 14)–, el Premio concibió a estas prácticas como parte de la escena del arte contemporáneo, en un certamen que buscaba derribar las fronteras disciplinarias.

La presencia de artistas atraídos por la exploración tecnológica también caracterizó a la exposición *Últimas tendencias en la colección del MAMbA: Donaciones*, llevada a cabo entre mayo y julio de 2002. La exhibición consistió en un importante proyecto impulsado por Laura Buccellato en el álgido contexto de poscrisis. A través de las donaciones de obras contemporáneas realizadas por sesenta y cinco artistas argentinos, el museo logró expandir su colección en una etapa política y económica signada por intensas dificultades. El evento recibió críticas positivas por parte de la prensa, que no sólo valoró la calidad de las obras exhibidas, sino que también aplaudió la estrategia institucional implementada por la curadora a fines de sortear los obstáculos acarreados por la crisis. En un artículo publicado en el diario *Página 12*, Fabián Lebenglik escribía:

> La exposición "Últimas tendencias", además de contar con un completo catálogo, resulta especialmente atractiva y constituye una suerte de panorama del presente (más allá de las obras y artistas faltantes). Ocupa la totalidad de las salas del museo y está muy bien montada. Hay piezas de todos los géneros y técnicas. Se trata, en la mayor parte de los casos, de obras vistas en galerías, centros culturales y museos, sobre las que se dio cuenta oportunamente en estas páginas. (Lebenglik, 2002: párr. 6)

Por su parte, en una nota titulada "Una ayudita de los amigos", redactada para el diario *La Nación*, Alicia de Arteaga figuraba la crudeza del momento remitiendo al conocido refrán:

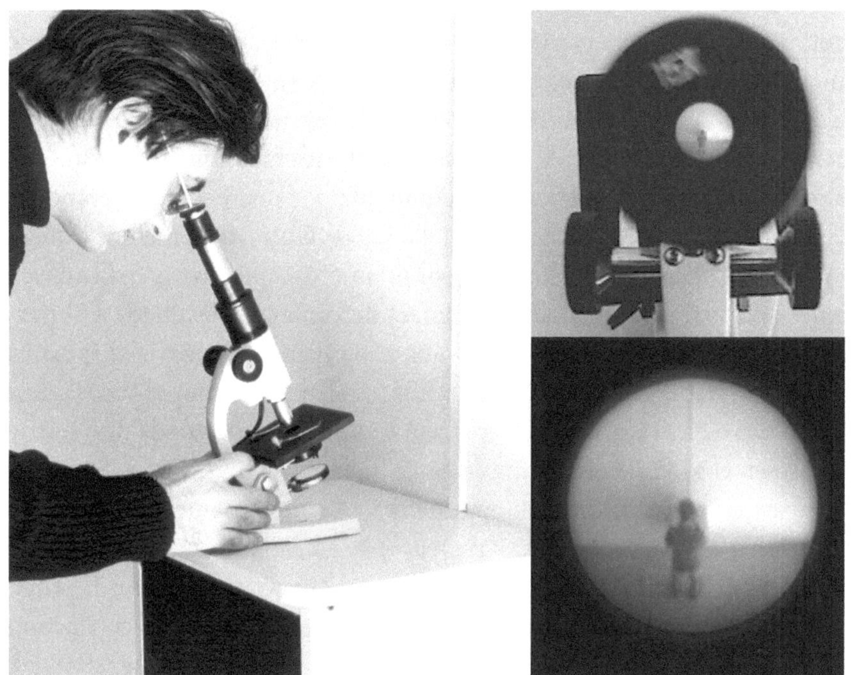

Si Mahoma no va a la montaña, la montaña va a Mahoma. Diez días atrás se concretó una hazaña en tiempos de crisis: más de cincuenta artistas donaron dos de sus mejores obras al Museo de Arte Moderno de Buenos Aires para completar el patrimonio del siglo xx (…). No hay un supermercado de arte, ni grandes coleccionistas que compren, ni museos que inviertan en obra; pero hay, por esa rara conciencia que crece ante la adversidad, la voluntad de medio centenar de artistas de donar obras para enriquecer el acervo cultural de su ciudad. (de Arteaga, 2002: párr. 1)

Entre el más de medio centenar de artistas que donaron sus trabajos, permitiendo ofrecer, como sostiene Lebenglik, un "panorama del presente" en "todos los géneros y técnicas", se incluyeron obras de artistas que investigaban las tecnologías: hubo propuestas de video en proyectos instalativos, (Ar Detroy, Diego Gravinese, Andrea Juan, Silvia Rivas), imágenes digitales (Marta Cali, Mara Facchin, Gabriel Valansi), intervenciones lumínicas (Dolores Cáceres) y propuestas sonoras (Jorge Macchi, Ana Gallardo). A su vez, se presentaron otras obras difícilmente clasificables, como la instalación motorizada de Nicola Costantino (*Sin título*, 1994), en la cual un calco de silicona pendía de una estructura de hierro y se desplazaba gracias a la acción de un motor; el objeto interactivo de Mariela Yeregui (*Principios de incertidumbre*, 2001), donde un sensor captaba los movimientos de una cinta que iba sumergiéndose en el agua contenida por una pecera, alterando así una secuencia videográfica; y la instalación de Gustavo Romano (*Pequeños mundos privados*, 2001), integrada por un microscopio provisto de un *viewfinder* que recibía la señal de una cámara de vigilancia destinada a filmar al público, mientras éste podía observarse a sí mismo a través del dispositivo.

La convivencia de obras tecnológicas y trabajos contemporáneos que no hacían uso de las tecnologías reapareció en una muestra curada por Rodrigo Alonso en el MALBA, inaugurada hacia fines de 2003[104]. Alonso fue invitado a participar del ciclo "Contemporáneo", donde presentó una exhibición titulada *Variaciones sobre el museo: recordar, ordenar, clasificar*, conformada por obras de Diana Aisenberg, Diego Bruno, Luis Carrera, Artur Lescher y Mariano Sardón. El proyecto curatorial proponía indagar en las relaciones entre la producción artística contemporánea y las instituciones. Entre las instalaciones exhibidas, incluyó tanto una videoinstalación (*Memoria* de Artur Lescher), como la instalación interactiva $a = b$, realizada por Mariano Sardón. Esta última visualizaba la trayectoria del público en un área del museo, transformando los recorridos del visitante en palabras que reproducían sus itinerarios en tiempo real. Pocos meses después, Sardón expondría la instalación interactiva *Libros de Arena* en el MAMbA[105], una obra pionera en el terreno de las artes electrónicas argentinas.

Realizada en 2003 con la colaboración de Laurence Bender, la instalación se encontraba integrada por dos cubos de vidrio colmados de arena, material que el público era invitado a manipular. A medida que una cámara capturaba los movimientos de las manos, los datos eran asociados a hipertextos extraídos de la web que contenían textos de Jorge Luis Borges. De esta manera, las imágenes relacionadas a los sucesivos movimientos de los visitantes eran proyectadas sobre la arena. Las tecnologías de captura y análisis de imagen en tiempo real, logradas mediante la conexión de una cámara de video a una computadora, y el procesamiento de la imagen en ese

104 La muestra tuvo lugar entre el 21 de noviembre de 2003 y el 5 de enero de 2004.

105 La obra fue exhibida entre el 1º de marzo y el 1º de mayo de 2004. En la misma época, el MAMbA presentó en sus salas otras obras tecnológicas como *Silencio*, una videoinstalación interactiva de Gabriela Golder. Oligatega Numeric, Carla Degenhardt y Silvia Rivas expusieron en el museo ese mismo año.

mismo momento, suponían una absoluta novedad en el contexto argentino. Para ello, la obra se basó en el programa *VNS* creado por David Rokeby en la década del ochenta[106]. Este proceso de investigación resultó una experiencia sumamente enriquecedora dado que desembocó en la creación de un software de trackeo y procesamiento de datos en tiempo real que permitía transmitir las coordenadas por red.

Aquellas decisiones curatoriales e institucionales, como la incorporación de obras electrónicas en muestras de arte contemporáneo *mainstream* organizadas en los museos más importantes de Buenos Aires, fueron elocuentes debido a que parecían renovar las apuestas del ITDT y el CAyC en determinadas iniciativas que también habían establecido diálogos entre proyectos contemporáneos diversos, donde las tecnologías no siempre desempeñaban un papel central. Sin embargo, el romance entre las dos escenas no tuvo continuidad. En la medida en que el ámbito de las poéticas electrónicas fue profesionalizándose, se abrió una brecha entre los artistas provenientes de la tradición de las artes visuales, muchos de los cuales comenzaron empleando tecnologías diversas en algunas de las instancias del proceso creativo, y aquellos que se volcaron hacia la utilización de las tecnologías como medio en diferentes fases de su trabajo, desde la concepción de la obra hasta el momento de su exhibición.

La proliferación de las iniciativas dirigidas a impulsar el cruce del arte y la tecnología en Buenos Aires, atomizadas en distintos espacios y circuitos de la ciudad pasó a concentrarse, a partir del año 2004, en dos instituciones especializadas[107]: CCEBA, cuyo MediaLab fue precisamente creado aquel año, y el EFT, que inauguró a comienzos de 2005 la exposición *Arte y Nuevas Tecnologías. Premio MAMbA-Fundación Telefónica 2004/2003/2002*. Con curaduría de Laura Buccellato, la muestra exhibió las obras ganadoras del premio homónimo desde su creación en 2002 y posicionó al EFT como una institución referente en la escena de las poéticas electrónicas argentinas. En otras palabras, desde 2004 la aparición de programas institucionales dedicados

---

106 *VNS (Very Nervous System)* es un software desarrollado por David Rokeby, artista canadiense pionero en el campo de la interactividad, que permite analizar la presencia y velocidad del movimiento en un espacio determinado, procesando la información que va siendo capturada por una cámara de video en tiempo real.

107 Antes de 2004 ya habían comenzado a surgir algunas instituciones dedicadas a la difusión de las poéticas electrónicas. Por ejemplo, el Centro Hipermediático Experimental Latinoamericano (cheLA), inaugurado en 2003, y el Museo de la Universidad Nacional de Tres de Febrero (MUNTREF), que aunque no fue creado como una institución abocada a esta escena de manera exclusiva, desde 2003 organizó exposiciones que cruzaron arte y tecnologías electrónicas. Como fundamentaremos en el siguiente capítulo, los programas del CCEBA y el EFT estuvieron enteramente consagrados a las poéticas electrónicas y demostraron una acción sostenida en el tiempo.

cabalmente a la escena de las poéticas electrónicas provocó la conformación de un nicho que perdió puntos de encuentro con el circuito del arte contemporáneo hegemónico. De esta manera fueron quebrantadas las ilusiones de romance. Veremos en el próximo capítulo que la situación se profundizó en 2008 –en la etapa que supuso una instancia de consolidación de la escena que nos ocupa– y recién comenzó a revertirse cuando las plataformas del EFT y el CCEBA cambiaron sus rumbos institucionales.

04

Desilusiones amorosas:

el nacimiento de instituciones especializadas

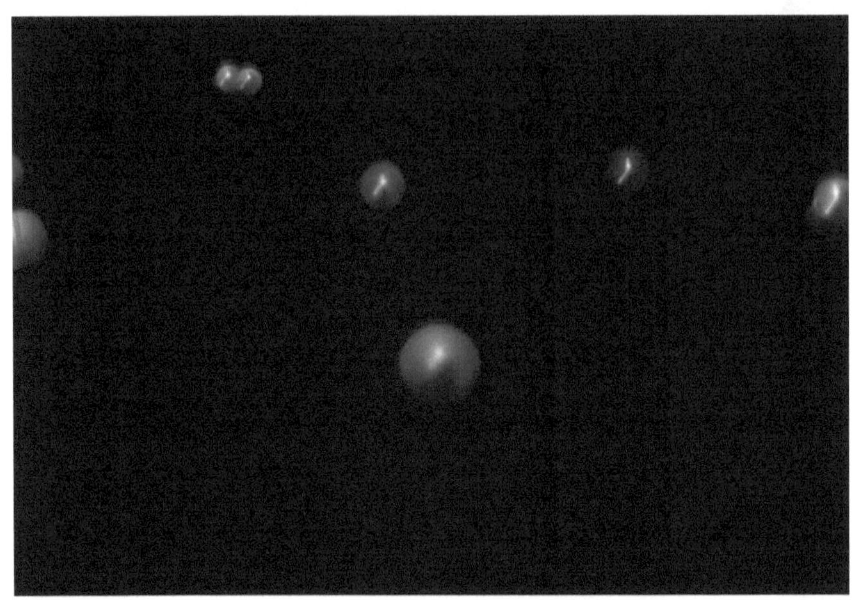

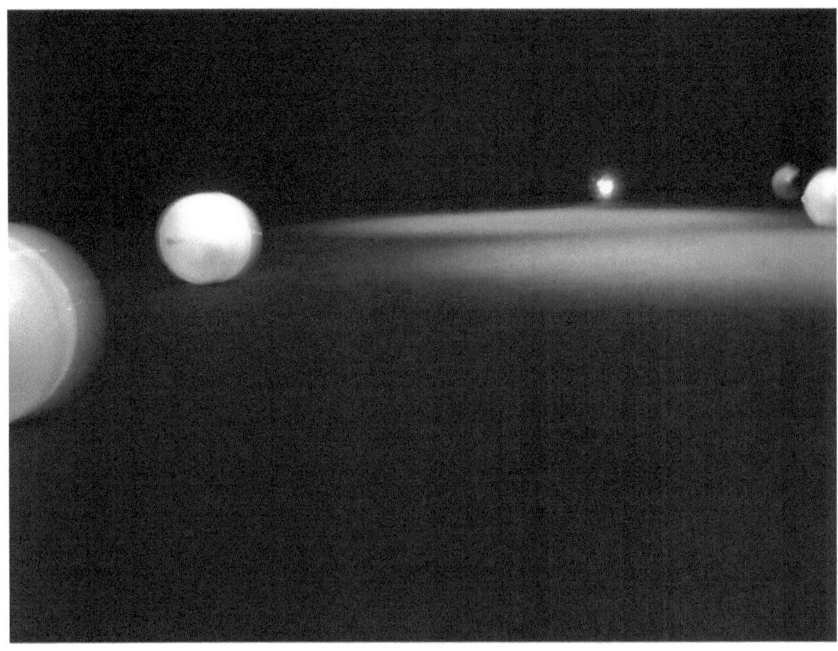

1. Espacio Fundación Telefónica: de la obra terminada al proyecto experimental

La Fundación Telefónica había abierto su sede en el edificio de la antigua Central Plaza en 1999. Ubicada frente a la plaza Vicente López, en el barrio de la Recoleta, la central fue una de las oficinas automáticas creadas por la Unión Telefónica en los años veinte, posteriormente digitalizada con la privatización de Entel y rebautizada como Central Juncal. El proyecto de digitalización de la central liberó dos de las cuatro plantas del edificio, de manera que la empresa decidió destinar el espacio desocupado a la organización de actividades culturales. La remodelación del inmueble estuvo a cargo de Andrés Duprat, quien acondicionó el espacio a las nuevas funciones expositivas, al tiempo que procuró dejar a la vista el funcionamiento de la central telefónica, a partir de entonces situada en los pisos superiores de la construcción. Aunque desde sus primeros tiempos el EFT estuvo orientado hacia el arte contemporáneo –a través de exposiciones como *Los usos de la imagen/Colección Jumex*, *Entre el silencio y la violencia* y *Fabiana Barreda: proyecto hábitat –utopía y deconstrucción–*, en 2005 la institución se volcó enteramente hacia la reflexión y exhibición de las prácticas que imbricaban el arte, la ciencia y la tecnología. Dirigido por Alejandrina D'Elía[108], el EFT se convirtió en un ámbito referente para el intercambio de artistas, curadores, educadores y teóricos, a través de exposiciones nacionales e internacionales diseñadas específicamente para este espacio, entrevistas a artistas e investigadores, simposios, coloquios, mesas redondas, talleres y una mediateca con publicaciones especializadas argentinas y extranjeras.

La exposición que signó la especialización de la institución en esta escena fue la primera muestra de las obras ganadoras del Premio otorgado por MAMbA junto con la Fundación. El certamen se proponía como continuador del Premio Buenos Aires Video del Instituto de Cooperación Iberoamericana (ICI), el cual era auspiciado por Telefónica y el Grupo Clarín, aunque no hubo una continuidad institucional directa entre ambos (Zuzulich, 2014). El jurado de selección del Premio estuvo integrado por Laura Buccellato, Andrés Duprat, Rodrigo Alonso, David Oubiña y Gustavo Romano en las primeras dos ediciones, mientras que en 2004 Duprat fue reemplazado por Corinne Sacca Abadi, la nueva curadora general del Espacio Fundación Telefónica.

108 Alejandrina D'Elía comenzó a trabajar en el EFT en 2003, originalmente contratada para diseñar el área educativa de la institución dirigida por Andrés Duprat. Después de la inauguración del espacio, Duprat renunció y fue reemplazado por Corinne Sacca Abadi, quien ocupó su posición durante poco tiempo. Cuando Sacca Abadi se desvinculó, D'Elía fue designada gerente del EFT.

Inicialmente las categorías premiadas eran tres: Premio LimbØ a Proyecto Multidisciplinario Experimental, Video Experimental y Arte Digital (imagen digital, net art y multimedia)[109]. En el catálogo de la primera exposición, David Oubiña (2005) precisa que de las tres áreas convocadas, solo aquella dedicada al video experimental había sido previamente desarrollada en nuestro contexto[110]. A diferencia de la consolidación del campo del video, "la categoría de *Arte digital* y el *Premio LimbØ a Proyecto Multidisciplinario Experimental,* sólo han ido cobrando mayor entidad en los últimos años (en parte, precisamente, gracias al impulso que se les ha dado a estas convocatorias)" (Oubiña, 2005: 10). La multiplicidad de manifestaciones tecnológicas premiadas era también subrayada por Buccellato, quien recalcaba la originalidad de los proyectos que buscaban fomentar:

> El Premio tiene también por objetivo estimular a los artistas y facilitarles las herramientas en su tránsito por formas inéditas y territorios inexplorados, cuyas posibilidades se redescubren en sus trabajos. Obras que se inscriben en extrañas cartografías signadas por los "no lugares" y limitadas por las coordenadas espacio-temporales, que marcan espacios existenciales. (Buccellato, 2005: 9)

La exposición de 2005 generó un gran impacto en el medio local. El carácter inédito y aún inexplorado de las obras alentadas por el Premio recuerda el desconocimiento de las prácticas artísticas digitales al que aludía Alonso en la gacetilla de prensa de *Bellas Artes Digital.* Seis años después, aquel terreno poco familiar representado por el arte digital se expandía para sumar las expresiones comprendidas por el Premio LimbØ a Proyecto Multidisciplinario Experimental, ideado con el fin de promover la exploración de las nuevas tecnologías desde diferentes disciplinas artísticas, como artes visuales, literatura y arte sonoro. Los tres proyectos ganadores en esta categoría resultaban novedosos en tanto proponían transformaciones de las obras en tiempo real, mediante la incorporación de herramientas de programación, robótica, mecánica y electrónica. *Proxemia* (2004), instalación robótica interactiva realizada por Mariela Yeregui, presentaba una comunidad

109 Los artistas que obtuvieron el Primer Premio a Proyecto Multidisciplinario fueron Margarita Bali y Francisco Colsanto (2002), Santiago Peresón (2003) y Mariela Yeregui (2004); Mariano Cohn (2002), Ana Claudia García (2003) y Gustavo Galuppo recibieron la distinción por la categoría Video; las mejores obras del rubro Arte Digital fueron las de Hernán Marina (2002), Javier Sobrino (2003) y Lux Lindner (2004).

110 El ICI (posteriormente Centro Cultural de España), el Centro Cultural Ricardo Rojas, el Centro Cultural Recoleta, la Fundación Antorchas, el Teatro General San Martín, el Museo de Arte Moderno, el Instituto Goethe y la Alianza Francesa fueron sedes de jornadas, muestras y festivales de video, en cuya organización desempeñaron un papel crucial figuras como Graciela Taquini, Carlos Trilnick, Jorge La Ferla y Rodrigo Alonso.

de robots comprendida por veintidós esferas de acrílico transparente que reaccionaban ante la presencia de agentes externos cambiando la dirección de su movimiento, ya fueran los límites de la sala de exhibición, el público u otras esferas. Por otro lado, Santiago Peresón expuso *Oveja Eléctrica* (2003), un proyecto que consistía en desarrollar un compositor artificial que pudiera escribir música de manera autónoma a partir de procesos computacionales, sin intervención alguna de las decisiones del programador/compositor. Por su parte, *De cuerpo presente* (2002) era una instalación interactiva desarrollada por Margarita Bali y Francisco Colsanto, integrada por videos proyectados sobre superficies tridimensionales que se transformaban con la presencia del público.

Mientras que la obra de Yeregui fue exhibida como obra terminada, los otros dos proyectos se presentaron como trabajos en proceso. En esos casos, computadoras dispuestas en las salas permitían navegar a través de un corpus documental sobre los prototipos. La decisión de incluir proyectos entre los trabajos premiados –y, más aun, incorporarlos a la muestra– hoy resulta un dato sugestivo para comprender cómo la concepción tradicional de obra como objeto acabado fue siendo sustituida por el rol primordial otorgado al proceso creativo de producción e investigación. Aunque este fenómeno caracterizó a un conjunto de propuestas estéticas surgidas con la expansión del campo artístico desde mediados del siglo pasado, numerosas prácticas advenidas en la escena del arte contemporáneo hegemónico perpetuaron la preeminencia del aspecto objetual. Particularmente en el campo de las poéticas electrónicas, algunos trabajos aún podían ajustarse a la concepción de obra terminada. Por ejemplo, las impresiones digitales de Lux Lindner, cuya obra titulada *Pictobacillus Helveticus* ganó el Primer Premio en la categoría Arte Digital, fueron realizadas a partir de la utilización de softwares empleados en el campo de la arquitectura y el diseño. Las imágenes resultantes eran exhibidas como obras acabadas de acuerdo a las convenciones de las artes visuales tradicionales, todas ellas enmarcadas y colgadas en las paredes de la sala.

Sin embargo, la aparición de trabajos que complejizaban su propuesta, dada la pluralidad de disciplinas y conocimientos envueltos en su desarrollo, se adecuaban más satisfactoriamente a la condición de proyectos, los cuales podrían ser consumados luego de largos meses de trabajo a través de extensos procesos de investigación, contando además con un presupuesto mayor. Aunque *Proxemia* también había ganado en la categoría de proyectos, la instalación fue exhibida como obra acabada. Victoria Messi (2015: 35-36) la describe como un trabajo que envolvía un proceso de investigación teórico, técnico y formal, en pos del "desarrollo de una instalación compuesta por un conjunto de robots esféricos autopropulsados con fuentes de iluminación internas y mecanismos de detección de obstáculos que en un espacio oscuro rehuyeran del contacto con otros y entre sí mismos".

Unos meses antes de inaugurar la exposición, MAMbA y Fundación Telefónica contactaron a Yeregui para invitarla a concretar su instalación robótica. La materialización del proyecto contó con la colaboración del ingeniero Miguel Grassi, a quien conoció a través de un grupo de robótica en una lista de colaboración. Debido a que el EFT buscaba cambiar su rumbo para abocarse de lleno al cruce del arte y la tecnología, era decisivo que entre las obras expuestas se presentara alguna que funcionara como paradigma de aquel vuelco institucional. Sin embargo, fue recién a partir de la gestión de Eduardo Caride, quien sucedió a Mario Vázquez en la presidencia de la Fundación Telefónica, cuando se instituyó la misión de promover las relaciones entre el arte, la ciencia y la tecnología, de modo que sus actividades se alinearan con el proyecto comercial de la empresa.

Mientras que ciertas muestras realizadas en los años precedentes ya habían incluido obras digitales y video experimental, *Arte y Nuevas Tecnologías. Premio MAMba-Fundación Telefónica 2004/2003/2002* empezó a dilatar los límites del terreno conocido de las poéticas electrónicas. En este sentido, es significativo el modo en que Vázquez designaba a las prácticas artísticas premiadas en el texto de apertura compilado en el catálogo:

> (…) se establecieron tres categorías: video, producción de arte por computadora (incluye arte digital impreso, realizaciones multimedia y obras para Internet), y proyectos de obras artísticas tecnológicas. El presente catálogo aborda la producción de los artistas que resultaron premiados y seleccionados en las ediciones 2002, 2003 y 2004. (Vázquez, 2005: 7)

Al video y las obras por computadora se sumaban otros trabajos que no respondían a aquellas dos categorías porque sus propuestas excedían tanto el campo videográfico, como el territorio de las obras digitales planas impresas y de pantalla. Resulta curiosa la clasificación de Vázquez como "obras artísticas tecnológicas", noción que intentaba señalar la diferencia entre unas y otras prácticas, pero que a fin de cuentas no constituía una tipología adecuada, dado que los videos y los proyectos digitales también podían ser perfectamente encuadrados en esta categoría. La amplitud de manifestaciones artísticas acogidas por la muestra obliteraba su disposición en casillas cerradas y uniformes. Oubiña afirmaba:

Sería inútil procurar un marco homogéneo para incluir a todas las líneas estéticas que se han dado cita en cada una de las ediciones del premio porque, precisamente, su intención ha consistido en hacer una cartografía de lo heteróclito. Más que definir un encuadre temático o estilístico, las obras premiadas han permitido, en todo caso, proyectar las líneas más representativas de un mapa provisorio sobre las relaciones entre arte y nuevas tecnologías en nuestro país. (Oubiña, 2005: 10-11)

Independientemente de la pertinencia de las categorías acuñadas, lo cierto es que la exhibición de *Proxemia* marcó la apertura institucional hacia un nuevo paradigma de obra tecnológica. La instalación no habría sido pensada como artefacto tecnológico en sí, sino como un trabajo que hacía uso de los medios técnicos, privilegiando parámetros visuales y otros aspectos que permitían inscribirla en una tradición artística de experimentación con tecnologías (Messi, 2015: 37).

2. El fortalecimiento de una generación de artistas

La misión pionera del Premio no se redujo al reconocimiento de las poéticas electrónicas locales, sino que asimismo devino de su posicionamiento como uno de los escasos modelos de articulación entre una institución pública y una privada en nuestro país. Ambos objetivos fueron declarados por Luis Blasco Bosqued, presidente del Consejo de Administración de Telefónica de Argentina, cuando en la apertura del catálogo de la séptima edición del Premio explicaba que la iniciativa consistió en un proyecto público-privado, organizado en alianza con el MAMbA, que desde su creación fue consolidándose como una distinción reconocida dirigida a los artistas argentinos con proyección nacional e internacional (Blasco Bosqued, 2012: 9). En la misma línea, en una nota publicada en *La Nación* ocho años después de la primera edición del Premio, Alejandrina D'Elía reconocía la importancia de promover la acción conjunta de programas públicos y privados: "Es muy visible el crecimiento privado en los últimos años versus el decrecimiento público. Y, al mismo tiempo, lo privado nunca va a reemplazar a lo estatal" (D'Elía en Casanovas, 2010: párr. 15). Telefónica no procuró sustituir a la gestión pública, sino que aspiró a enlazar sus metas corporativas con los intereses del MAMbA, propiciando la convergencia de los intereses de ambas plataformas. El Premio era pertinente para una institución como el Museo, comprometida con el apoyo de la producción artística local y, desde la gestión de Buccellato, especialmente concernida por el campo de las poéticas electrónicas. Para Telefónica el proyecto era oportuno en tanto que, desde una perspectiva comercial, promovía los servicios ofrecidos por la empresa. Vázquez lo formulaba del siguiente modo: "Telefónica observa los impactos que las nuevas tecnologías están provocando en la vida de la sociedad en que está inserta. Y, además, los conoce bien. No podría ser de otro modo, tratándose de una empresa que presta servicios soportados en tecnologías de comunicación de avanzada" (Vázquez, 2005: 7).

Al igual que en las exposiciones organizadas entre 1998 y 2000, volvemos a encontrar el financiamiento de un evento focalizado en el cruce del arte y la tecnología por parte de una empresa asociada al desarrollo tecnológico. Sin embargo, a diferencia de las muestras auspiciadas por SIGGRAPH, Prodaltec o el Grupo Clarín, donde el MNBA o el CCR albergaban eventos corporativos, el MAMbA y el EFT actuaron como sociedad estimulando de manera conjunta tanto el Premio como la exposición. Ambas instituciones idearon, desarrollaron y ejecutaron el proyecto desde sus comienzos. Por otro lado, la exposición de las obras premiadas no supuso un acontecimiento aislado, sino que constituyó el germen de la acción sostenida del EFT. Ejemplo de ello fue la continuidad del Premio: la exhibición de 2005 fue sucedida por las exposiciones de las obras ganadoras en las cuatro ediciones siguientes, organizadas en 2006, 2008, 2010 y 2012.

El Premio y la exposición de las obras galardonadas fueron de suma importancia para el desarrollo de las artes electrónicas en Buenos Aires, y para la consecuente conformación de una escena autónoma y diferenciada con respecto al circuito de otras prácticas artísticas contemporáneas. Paulatinamente, el EFT fue configurándose como un punto neurálgico para la difusión de la confluencia del arte y la tecnología mediante una programación que impulsó una multiplicidad de actividades afines a esta escena. Una de las principales políticas institucionales que favorecieron el crecimiento del campo local fue la decisión de organizar anualmente dos muestras de artistas internacionales y una tercera de un artista nacional, con el objetivo de impulsar la producción argentina emergente. Así, el EFT se convirtió en un ámbito de pertenencia para artistas e investigadores. Durante este proceso de posicionamiento, la Fundación Telefónica con sede central en España no tuvo injerencia. Más aun, el proyecto del EFT de Buenos Aires marcó tendencia al delinear el perfil artístico-tecnológico que luego sería adoptado por los espacios de la Fundación Telefónica en otras ciudades, como Madrid, Lima, Caracas y Santiago de Chile.

La continuidad de las actividades del EFT y la consagración de este espacio como un ámbito de referencia para la producción local, fueron plasmadas en la formación de distintas generaciones de artistas. El Premio desempeñó un rol central en este sentido. Si bien en la presentación de su quinta edición, lanzada en 2006, Buccellato ya jerarquizaba la constancia de un proyecto que crecía de manera continuada[111], en la presentación de la siguiente edición la curadora daba un paso más allá, aludiendo al afianzamiento de la exploración artístico-tecnológica argentina:

> Es gratificante comprobar la tarea pionera al incentivar esta actividad del *Premio MAMbA - Fundación Telefónica. Arte y nuevas tecnologías*, en el que concursaron 252 trabajos realizados y 84 proyectos, que dan cuenta de la prolífica tarea de nuestros artistas y de la meta de este certamen (...). Este *Premio*, en su acción continua, contribuye al desarrollo y la consolidación de una generación que crece al compás de sus investigaciones en las prácticas tecno-artísticas. En el entrecruzamiento entre ciencia y arte se revela la madurez de sus obras, a la vez que se han abierto las puertas a otras incipientes vocaciones. (Buccellato, 2010: 11)

Las palabras de Buccellato enfatizan la persistencia del Premio en el tiempo, un rasgo poco frecuente en nuestro contexto que sin dudas determinó una diferencia contundente entre la gestión del EFT y otras instituciones. Asimismo, señala la consolidación de un proyecto que venía creciendo desde sus inicios. Aunque en las ediciones anteriores el progresivo incremento de la producción local ya era mencionado, Buccellato subraya el aumento de la cantidad de propuestas presentadas en el certamen. Estos aspectos reaparecen en los escritos de Ana Claudia García y Leandro Katz, ambos invitados a compartir sus reflexiones en el catálogo de la sexta edición del Premio. Mientras que Katz (2010) –quien recientemente había regresado a la Argentina luego de haber residido cuarenta años en Nueva York– confesaba estar sorprendido por la excelencia de los cientos de trabajos recibidos, García rescataba el estímulo a la producción y reflexión en torno al arte y la tecnología que el Premio había logrado sostener desde 2002:

> Desde sus inicios en 2002 los *Premios MAMbA - Fundación Telefónica. Arte y nuevas tecnologías* han logrado estimular en la comunidad

---

111 "Significa esta edición una enorme satisfacción: ver cómo la constancia de un proyecto que crece en continuación, con la incondicional cooperación de la Fundación Telefónica y la misión de MAMbA, se consolida y estimula al más alto nivel a nuestros artistas" (Buccellato, 2008: 9).

artística algo que considero de suma importancia; ese *algo* estimulado es el deseo. Y no me refiero únicamente al vinculado a la producción de obra sino, más bien, aludo a un objeto de deseo eslabonado a la necesidad de producción de pensamiento crítico en relación con el maridaje entre arte y nuevas tecnologías de la información y la comunicación (NTIC). Pienso que esta relación estimulante y de

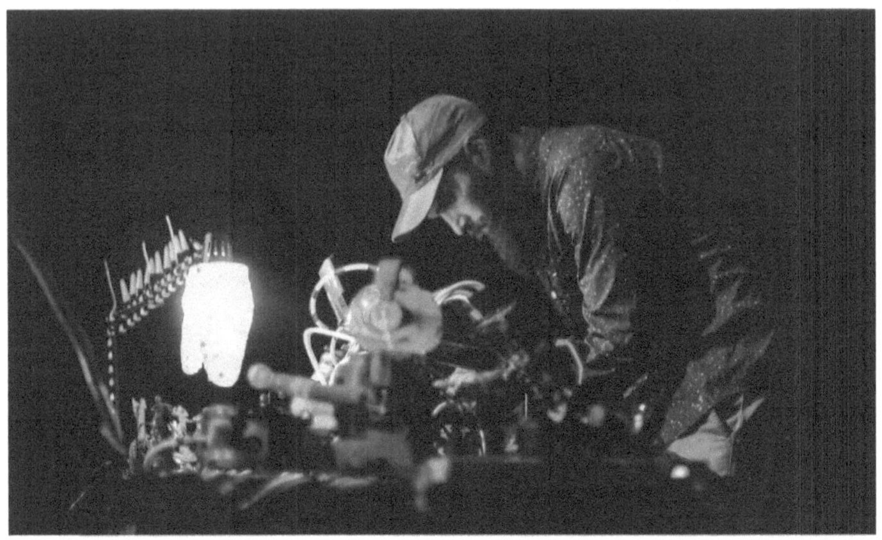

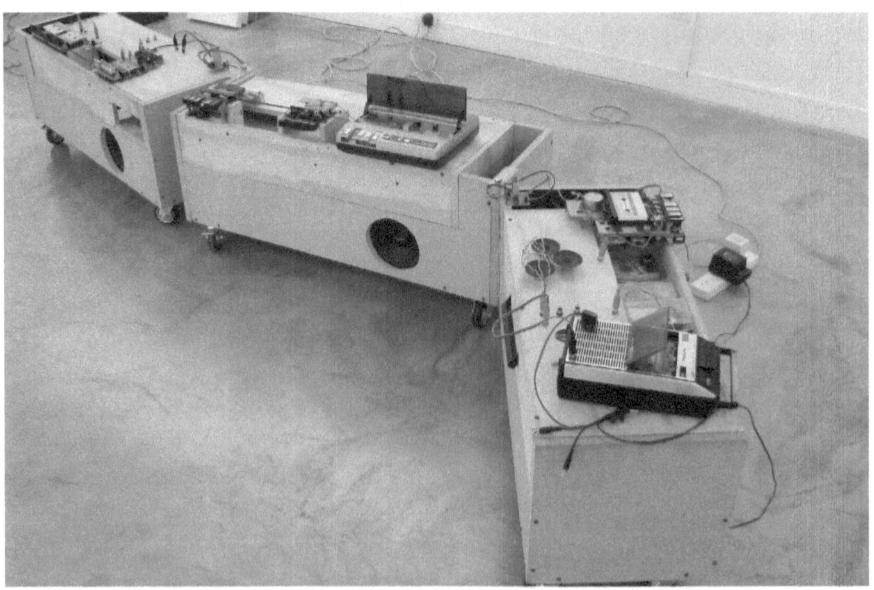

acompañamiento, que se sostiene en el tiempo en las agendas de estas dos instituciones, viene operando con insistencia de "bajo continuo" en el espacio polifónico del arte. (García, 2010: 17)

Por lo tanto, si en 2006 comenzaba a entreverse el fortalecimiento del Premio, para entonces calificado como un "clásico" por el presidente de Telefónica (Caride, en Buccellato, 2008: 7), así como la intención de que los artistas lograran apuntalarse en el circuito local e internacional, hacia el 2008 ya se percibía los frutos de aquella iniciativa: la consolidación de una plataforma de artistas argentinos abocados a la exploración del cruce entre el arte y la tecnología. Inclusive en la sexta edición, las distintas categorías del certamen fueron sustituidas por los rubros "Obra Realizada" y "Proyecto. Incentivo a la Producción artística"[112]. La primera agrupaba las diferentes secciones de las ediciones anteriores (video experimental monocanal, net art, fotografías digitales e instalaciones interactivas), mientras que la segunda buscaba impulsar la investigación de artistas provenientes de distintos campos disciplinares (artes visuales, arte sonoro, literatura, teatro), interesados en incorporar las nuevas tecnologías en sus trabajos.

3. Experimentación y producción en el Centro Cultural de España en Buenos Aires

Una transformación similar, también acontecida en 2008, se observó en el seno del Centro Cultural de España en Buenos Aires (CCEBA). Fundado hacia fines de los años ochenta como el Instituto de Cooperación Iberoamericana (ICI)[113], el CCEBA integra la Red de Centros de Cooperación Cultural de la Agencia Española de Cooperación Internacional para el Desarrollo. Desde su apertura en Buenos Aires, la programación de la institución ha comprendido diferentes actividades vinculadas al arte y la tecnología. Concretamente a partir de 2004, con la creación del MediaLab dirigido por Gustavo Romano, el CCEBA se transformó en uno de los espacios referentes de la ciudad dedicados a la investigación y la producción en el terreno de las poéticas electrónicas.

112 El Primer Premio de la categoría "Proyecto. Incentivo a la Producción Artística" fue denominado "Gran Premio Arte y Nuevas Tecnologías" y devenía del rubro "Gran Premio a las Nuevas Tecnologías", incorporado en la cuarta edición del Premio, lanzada en 2005 y exhibida en 2006.

113 El ICI, fundado en 1988 en la sede de Florida 943, resultó de la creación de la Oficina Cultural de la Embajada de España, que data de 1948. En 1965, esta última comenzó a funcionar en Paraná 1159. La nueva sede no solamente albergó a la Oficina, sino también al Instituto de Cultura Hispánica y la Librería Española. En 1974, la Librería fue trasladada a la calle Florida, donde en 1988 se abriría el ICI, posteriormente rebautizado como Centro Cultural de España en Buenos Aires (CCEBA).

Durante el 2004 y el 2005, las actividades estuvieron principalmente abocadas al video, pero en 2006 se lanzó la convocatoria "Net Art/ Medios Digitales", mediante la cual se seleccionó a un conjunto de proyectos que empleaban las tecnologías digitales en su proceso creativo para que fueran desarrollados bajo la supervisión estética y tecnológica proporcionada por el MediaLab. Un año más tarde, la institución comenzó a acoger una multiplicidad de eventos que ampliaron su campo de acción, como talleres de computación aplicada a la creación de objetos visuales y sonoros, Arduino, robótica, instalaciones interactivas y utilización de tecnologías cotidianas en la práctica artística. Los docentes eran especialistas extranjeros invitados a la Argentina a dictar un curso intensivo de una semana.

En 2008 Emiliano Causa fue convocado por Lidia Blanco, directora del CCEBA, para coordinar dos nuevos espacios: el Laboratorio de Producción y una serie de talleres difundidos como "Talleres de Arte Interactivo y Tecnologías para el Arte". Ambas iniciativas contribuyeron con la conformación de la escena local. Mientras que los talleres organizados por Romano fueron sustanciales cuando aún no había numerosos artistas especializados en este campo, unos años más tarde Causa propuso empezar a convocar a los artistas pertenecientes a una nueva generación que venía formándose durante los últimos tiempos. Fueron ellos quienes comenzaron a impartir seminarios más extendidos que aquellos organizados por los docentes extranjeros. La estrategia consistió en divisar "quiénes estaban iluminándose en el ámbito local"[114] y concederles un espacio en el MediaLab del CCEBA[115]. Por ejemplo, en 2008 Leonardo Solaas ofreció el "Taller de tecnologías para el Net-Art", Emiliano Causa coordinó "Inteligencia y vida artificial aplicadas al arte", y Matías Romero Costas y Tarcisio Pirotta estuvieron a cargo del curso "Nuevas interfaces físicas para el arte". La inclusión de nuevos campos como inteligencia artificial da cuenta de la progresiva expansión de la institución hacia nuevos horizontes, aspecto que continuaría profundizándose en los años siguientes a través de la organización de numerosos talleres dirigidos a artistas de diversas disciplinas. Cabe destacar, entre muchos otros, los talleres "Sonido digital para músicos", dictado por Mariano Cura y "Electrónica Lúdica (juguetes programables)", a cargo de Jorge Crowe y Diego Diez, ambos en 2009; "Vj para artistas visuales", por Federico Joselevich, "Electrónica para artistas con Arduino", por Diego Diez y "Arte multimedial y su interacción

---

114 Emiliano Causa en comunicación personal, 26 de mayo de 2016.

115 Muchos de los artistas invitados habían participado del Laboratorio de Producción, situación que permitió articular y dar continuidad a ambas iniciativas.

con la danza", a cargo de Gabriel Gendin en 2010; "Tecnología aplicada a las artes escénicas", a cargo de Fabián Nonino y Diego Alberti, y "Videojuegos artísticos" dictado por Daniel Benmergui, en 2011.

El Laboratorio de Producción, coordinado por Causa con la asistencia de Matías Romero Costas, fue otra de las iniciativas que contribuyeron con la profesionalización y autonomización de la escena de las poéticas electrónicas. Durante cinco meses, los artistas seleccionados podían llevar a cabo sus proyectos gracias a un subsidio otorgado por el CCEBA[116], contaban con la asistencia de Causa y Romero Costas en el proceso de realización de las obras y eran invitados a participar de los talleres del MediaLab dictados por diferentes especialistas. La posibilidad ofrecida por el Laboratorio de Proyectos era valiosa porque contribuía a revertir dos tendencias que se percibían en el medio artístico-tecnológico: la complicación de trabajar con las últimas tecnologías y los obstáculos para sostener espacios que promovieran esta actividad. A las dificultades enfrentadas por las plataformas institucionales, Causa suma un factor que trasciende la frecuente creencia de que los mayores impedimentos para la producción en este campo radican en la falta de recursos tecnológicos:

> Si bien hay una creencia general de que el principal problema sería la falta de recursos tecnológicos y quizás de conocimiento, creo que la dificultad más importante es que los artistas en general carecen de dinero y en consecuencia de tiempo suficiente para dedicarle a su obra ya que deben dedicárselo a tareas rentables para su subsistencia. Es por esa razón que gran parte de nuestro trabajo apunta a sostener un espacio donde a los artistas seleccionados se les brinden recursos económicos para la producción de las piezas, pero también se les exija un compromiso presencial semanal con la actividad del Laboratorio, es durante ese tiempo que son asistidos por nosotros, como por otros profesionales convocados para asesorarlos sobre aspectos técnicos específicos de cada proyecto. (Causa, 2008: 1-2)

Un factor primordial para el Laboratorio de Producción fue la concepción de Causa acerca de las necesidades que a un espacio de este tipo incumbía satisfacer. A diferencia de la idea recurrente de acuerdo a la cual un ámbito de producción artístico-tecnológico debe imperiosamente contar con equipos costosos e instalaciones sofisticadas, el CCEBA proyectó al Laboratorio como un espacio de contención de los artistas seleccionados:

116 La suma estipulada dependía de los requerimientos de cada obra y era asignada por los coordinadores del Laboratorio de Producción.

Cuando [Lidia Blanco] me llama le dije que lo que estaba faltando era generar espacio y espacio no es espacio físico, es espacio de contención de la gente. El Laboratorio fue un espacio donde un mismo día de todas las semanas del año en tal horario vengo, te escucho, te asesoro. Ese fue un cambio importante (…) Se seguía arrastrando una lógica que pensaba a los equipos como aquellos recursos costosos que la gente no podía comprar y entonces de ahí la importancia del Laboratorio. Pero no era así porque desde el 2004 hubo una democratización de la tecnología muy importante. Yo había hecho una instalación en 2003 con unos sensores ultrasónicos que captaban movimiento en un espacio tridimensional que costaban 10.000 dólares y tenían una falta de precisión de un metro. Un año más tarde estaba trabajando con una tecnología superior que costaba como mucho 1.000 dólares con computadora incluida. Ese salto en el cual la tecnología como bien económico perdió valor, fue lo que no habían entendido muchos. La tecnología ya estaba en nuestras casas.[117]

La ampliación del acceso a determinadas tecnologías en parte explica el progresivo aumento de la producción de obras electrónicas en esta época, además de la aparición de una nueva generación de artistas, en muchas ocasiones estudiantes o egresados de carreras afines al arte y la tecnología. Por ejemplo, la Licenciatura en Artes Electrónicas de la UNTREF había sido creada en 2000 por Norberto Griffa, gran promotor de las poéticas electrónicas en nuestro contexto. Abogado de profesión, Griffa se había formado en filosofía del derecho y estética. El modelo de la carrera devino de los estudios en artes y técnicas audiovisuales que había dirigido en el Instituto Manuel Dorrego en la década del noventa. Griffa replicó las dos orientaciones –imagen y sonido– de aquella formación terciaria (Zuzulich, 2014), y así fundó un plan de estudios que encarnó un espacio legitimador de la nueva disciplina, en el marco de una universidad pública argentina. Hasta su fallecimiento en 2011, se desempeñó como director de la carrera. Posteriormente fue reemplazado por Mariano Sardón, quien formaba parte del cuerpo docente. El crecimiento y fortalecimiento de diversas carreras de grado y posgrado, impartidas en universidades públicas y privadas, también dan cuenta de este proceso de desarrollo. Entre ellas, la Licenciatura en Diseño Multimedia de la Universidad Maimónides[118], la carrera de Diseño

117 Emiliano Causa en comunicación personal, 26 de mayo de 2016.

118 Además de hacer foco en las poéticas electrónicas a través de la formación académica, la Universidad Maimónides ha llevado adelante diferentes actividades asociadas a estas prácticas por fuera de la institución:

de Imagen y Sonido –especialmente las cátedras de Luis Campos y Carlos Trilnick de Diseño Audiovisual–, la Licenciatura en Diseño Multimedial de la Facultad de Bellas Artes de la Universidad Nacional de La Plata, la Licenciatura en Composición con Medios Electroacústicos de la Universidad Nacional de Quilmes, y determinados planes de estudios de la Universidad Nacional de las Artes, como la Orientación en Digitalización de Imágenes de la Licenciatura en Artes Visuales, la Licenciatura en Artes Multimediales y la Especialización en Teatro de Objetos, Interactividad y Nuevos Medios del Departamento de Artes Dramáticas.

En sintonía con la reformulación de las categorías del Premio MAMbA-Fundación Telefónica, la escena de las poéticas electrónicas que desde el año 2004 había comenzado a incluir manifestaciones artísticas superadoras de los límites del terreno del video o el arte digital, hacia 2008 se expandió en múltiples direcciones. De hecho, Griffa fue también impulsor de la Maestría en Tecnología y Estética de las Artes Electrónicas en UNTREF, diseñada en 2004 en conjunto con Mariela Yeregui y finalmente lanzada en 2009. La creación de la Maestría indica la existencia de una generación de egresados de diferentes carreras –artísticas, técnicas y científicas– atraídos por las distintas expresiones de la convergencia entre el arte y la tecnología.

La situación descrita en las líneas anteriores se percibe en la convocatoria del Laboratorio de Producción del CCEBA:

> Preferentemente se seleccionarán propuestas de instalaciones, intervenciones, performances multimedia, o cualquier otro formato, que aborde problemáticas relacionadas con algunos de los siguientes temas: las Interfaces Tangibles, las Realidades Mixtas, la Inteligencia y/o Vida Artificial aplicadas al arte, los Sistemas Conectivos de participación colectiva (dentro y fuera de Internet), los conceptos de Emergencia y Complejidad en el arte. Se dará prioridad a aquellas propuestas que traten de forma novedosa la vinculación entre arte y tecnología, dentro del campo de la interactividad. Los temas recién sugeridos intentan ser una guía y no excluyen a aquellos proyectos

el *Festival de Arte Digital, Comunicación Audiovisual y Medios Interactivos: ArtMedia*, creado en 2000; la muestra *Naturaleza intervenida*, en 2008, con curaduría de Graciela Taquini y Daniel Wolkowicz en el Centro Cultural Recoleta; *Extinciones*, curada por Taquini en 2010 en el mismo centro cultural; y *Recorridos: arte, ciencia y tecnología*, en 2012, también en esta institución, con curaduría de Graciela Taquini y Rodrigo Alonso. El interés de la Universidad Maimónides hacia la intersección del arte y la ciencia redundó, en 2008, en la creación de un laboratorio de bioarte (Biolab) que se encuentra radicado en el edificio de la universidad. Asimismo, en 2006 se constituyó Proyecto Untitled, un colectivo artístico integrado por artistas, docentes y alumnos de la Escuela de Diseño y Comunicación Multimedial. El Biolab es la séptima experiencia institucional de bioarte creada en el mundo (Stubrin, 2014).

que propongan otras temáticas y que por el enfoque con que son tratadas sean considerados de valor por el comité de selección. (Laboratorio de Producción, 2008: párr. 3)

Esta primera convocatoria trazaba los tres ejes principales que, según Causa, revelaban cómo el arte avanzaba "en el camino de las nuevas tecnologías" (Causa, 2010: 2): nuevas interfaces físicas, conectividad y comportamiento de los sistemas. Las tres líneas volvieron a aparecer en convocatorias posteriores, como por ejemplo la de 2010, en la cual ya se hacía referencia a cada uno de los ejes de manera explícita:

El Medialab del CCEBA abre la convocatoria a artistas que quieran desarrollar proyectos que integren las nuevas tecnologías en sus trabajos artísticos. Se seleccionarán propuestas de instalaciones, intervenciones, performances multimedia, o cualquier otro formato, que aborde problemáticas relacionadas con el desarrollo de nuevas interfaces físicas (interfaces tangibles, realidad aumentada, y sistemas que permitan visualizar –o representar de cualquier otra forma– objetos virtuales en un espacio físico), la conectividad (dispositivos inalámbricos, vinculados a Internet o que permitan telepresencia) o el diseño de nuevos comportamientos en los sistemas (vinculados a la robótica, la vida artificial o la inteligencia artificial). (Laboratorio de Producción, 2010: párr. 1)

Por su parte, el EFT venía organizando desde 2005 un reconocido programa de especialización en estética, curaduría y montaje de obras que incorporaban tecnologías. El Taller Interactivos fue creado por Rodrigo Alonso y Mariano Sardón, con el objetivo de crear una red de artistas con intereses afines y complementarios pero que aún no se conocían. Al igual que el Laboratorio del Producción, promovió la producción de obras en distintos soportes y formatos. Sin embargo, su foco principal no estaba puesto en el aspecto técnico de las obras, sino que la atención recaía en la concepción y el desarrollo de los procesos implicados en su elaboración. Hasta el surgimiento del proyecto del CCEBA, tanto la iniciativa de Alonso y Sardón como el Premio MAMbA-Fundación Telefónica constituían los únicos espacios donde los artistas podían materializar sus exploraciones en torno a la confluencia arte/tecnología[119]. La propuesta de Causa fue, por lo

---

119 Hacia el 2008 surgió también LIPAC-Laboratorio de Investigación en Prácticas Artísticas Contemporáneas, coordinado por Alicia Herrero en el Centro Cultural Rojas y auspiciado por el Instituto Goethe y el CCEBA. La iniciativa seleccionó treinta y cinco proyectos artísticos, críticos y curatoriales para que participaran de

tanto, idear un Laboratorio de Producción que pudiera asesorar técnicamente el desarrollo de los proyectos, además de financiar su producción[120].

Más allá de las diferencias existentes entre ambos proyectos, el Laboratorio de Producción, el Taller Interactivos y el Premio MAMbA-Fundación Telefónica acabaron funcionando de manera articulada, propiciando la formación de numerosos artistas que actualmente son referentes de la escena de las poéticas electrónicas en Buenos Aires. El reconocimiento de la producción de artistas jóvenes, y no solo de aquellos que venían trabajando hacía algunos años en este campo, fue uno de los objetivos principales del Premio. Fueron galardonados artistas de importante trayectoria, como Narcisa Hirsch, Graciela Taquini y Carlos Trilnick, pero también otros que inaugurarían toda una nueva generación: por un lado, una camada sucesora de los artistas pioneros, entre otros integrada por Mariela Yeregui, Gabriela Golder y Marina Zerbarini, y, por otro lado, una tercera generación que mantuvo contactos asiduos con el EFT y el CCEBA, como el Grupo Proyecto Biopus, Leo Nuñez, Leonello Zambón, Paula Gaetano Adi, Leonardo Solaas, Nicolás Bacal, Javier Plano, Martín Bonadeo y Oliverio Duhalde, solo por mencionar algunos[121]. Por su parte, las metas del Taller Interactivos, pensado en concordancia con el resto de las actividades impulsadas por el EFT, ciertamente se asociaban con los objetivos del Premio:

> Para el Espacio Fundación Telefónica, esta actividad es de gran interés, no sólo porque se enmarca fuertemente en su eje de actuación –vinculado con la investigación y producción en el campo del arte, la

un espacio de investigación y producción, donde además se ofrecían conferencias y seminarios con especialistas invitados. Las obras presentadas podían trabajar en cualquier disciplina, medio y soporte, incluyendo obras de net art, prints y videos. En la edición de 2008, fueron elegidos los proyectos de Ananké Asseff, Nicolás Bacal, Eduardo Basualdo, Mariana Bersten, Erica Bohm, Victoria Bonino, Ecléctica, Eugenia Calvo, Leo Chiachio & Daniel Giannone, Gustavo Christiansen, Laura Cogo, Leonardo Damonte, Marcolina Dipierro, Inés Drangosch, Mariano Favetto, Estanislao Florido, Silvana Franzetti, Enzo Giménez, Antonin Giroud-Delorme, Celina González Sueyro, Camilo Guinot, Martín Legón, Valeria Maculan, Agustina Nuñez, Fabián Ramos, Cristian Segura, Carolina Senmartin, Marcela Sinclair, Texere, Adriana Vázquez y Leonello Zambón. Entre los proyectos de investigación teórica fue seleccionado "Poéticas/políticas tecnológicas", presentado por el Exploratorio Ludión.

120 Esta distinción entre el diseño y la producción de las obras reaparece en una entrevista realizada por Lila Pagola a Jorge Crowe. Frente a la pregunta sobre las características inherentes a los espacios de formación propiciados por CCEBA y Fundación Telefónica, Crowe responde: "[Interactivos] tenía una formación más general de ponerse en contexto histórico y geográfico, de conocer qué se estaba haciendo en el mundo y de profesionalización de las prácticas, cómo relatar proyectos (…), y la del CCEBA era más de acción, ahí sí teníamos formación más específica para los proyectos que estábamos desarrollando" (Crowe, en Pagola, 2016: 7).

121 Muchos de los artistas que podrían ser considerados como integrantes de una tercera generación, hoy se desempeñan como docentes en las diferentes carreras especializadas en arte y tecnología, las cuales asimismo vienen formando nuevas camadas de artistas. Aquí hemos solo mencionado algunos de los beneficiarios del Premio MAMbA-Fundación Telefónica.

ciencia y las nuevas tecnologías–, sino porque resulta significativo en la conformación de una plataforma de producción de proyectos de alcance nacional e internacional. Es importante destacar que en sus diferentes ediciones, muchos de sus participantes han merecido reconocimientos en premios nacionales e internacionales. (D'Elía, 2006: 5)

En efecto, muchos de los artistas que participaron del Taller Interactivos habían obtenido –u obtendrían en los años venideros– galardones y menciones en el Premio MAMbA-Fundación Telefónica. Ese fue el caso de Leonello Zambón, Leo Nuñez, Leonardo Solaas, Nicolás Bacal, Javier Plano y Oliverio Duhalde. Por otro lado, en el Taller Interactivos fueron seleccionados artistas que asimismo desarrollaron proyectos en el Laboratorio de Producción del CCEBA. Además de Leo Nuñez y Leonello Zambón, previamente nombrados, aquí figuran Patricio González Vivo, Juan Rey, Diego Alberti, Fabián Nonino, Juan Pablo Ferlat, Bernardo Piñero, Gerardo Della Vecchia, Christian Parsons y Jorge Crowe.

4. Nuevos rumbos de la escena del arte y la tecnología

El EFT y el CCEBA constituyeron dos núcleos fundamentales para la emergencia de la escena de las poéticas electrónicas en Buenos Aires, y su paulatina diferenciación con respecto a otros circuitos del arte contemporáneo. Sin embargo, entre 2011 y 2013, el protagonismo de ambas instituciones comenzó a decaer como consecuencia de transformaciones determinantes producidas en sus respectivas gestiones. En 2013, la compañía Telefónica designó a Agustina Catone[122] como nueva directora de su fundación. Con un perfil marcadamente corporativo, la dirección de Catone apuntó a posicionar a la Fundación Telefónica como referente en el terreno de la educación, así como en temáticas ligadas a la innovación y el impacto tecnológico en la contemporaneidad. El espacio adoptó un perfil empresarial coincidente con los lineamientos generales de la compañía y, entre otras decisiones, la mediateca fue desmontada[123].

---

122 Contadora de profesión, Agustina Catone había comenzado a trabajar para la empresa en 1996 y desde 2011 se desempeñaba como gerente de Programas Sociales y Administración.

123 La mediateca del EFT contaba con un acervo valioso y encarnaba un punto de referencia para alumnos, docentes e investigadores (catálogos de exposiciones argentinas históricas donadas por los propios artistas participantes, libros comprados por el EFT que no han sido reeditados, importantes volúmenes obsequiados por museos y centros culturales extranjeros, etcétera).

Posteriormente a la última exposición diseñada por la gestión anterior –*Estado de emergencia: Charly Nijensohn*–, las exhibiciones también adquirieron otro sesgo temático y proyectual. La intención de concretar una exposición dedicada a la obra de Sebastián Díaz Morales quedó trunca, del mismo modo que fracasó la iniciativa de una muestra retrospectiva de los trabajos realizados durante Interactivos como celebración del décimo aniversario del Taller. Hoy en día muchas de las muestras provienen de otras instituciones, lo cual supone un cambio radical con respecto a las exhibiciones creadas especialmente para el EFT de Buenos Aires, una de las características centrales durante el período previo. Un ejemplo es *Big Bang Data* (2015), exposición sobre el fenómeno actual de la explosión de datos, producida por la Fundación Telefónica junto con el Centro de Cultura Contemporánea de Barcelona. Lugo de haber sido presentada en la capital catalana y en Madrid, la exhibición curada por los españoles Olga Subirós y José Luis de Vicente fue adaptada para el espacio Buenos Aires. Aunque consistió en una propuesta de menor escala, la muestra se basó en el mismo guión curatorial, de modo que el nombre de la exposición en la Argentina replicó el título de la de España. Al igual que *Big Bang Data*, las exposiciones *Conexiones Instagramers* (2014), *Ecosistema de la Comunicación* (2015), *Ferran Adrià. Auditando el proceso creativo* (2016), *Nikola Tesla: inventor del siglo XXI* (2016-2017), *Singularity University, misión futuro* (2017) y *Julio Verne. Los límites de la imaginación* (2017) evidencian el viraje de los focos de interés del EFT. Por ejemplo, en la exposición dedicada al chef de El Bulli, los conceptos prevalecientes fueron aprendizaje e innovación. En ese marco se organizó el evento "Pensar la Innovación", una conversación entre el cocinero y el neurocientífico Facundo Manes, cuyos ejes principales fueron las diferencias entre creación e innovación, la noción de liderazgo y el trabajo colectivo.

Con el cese de las exposiciones, mesas redondas, coloquios y simposios dedicados al cruce del arte y la tecnología nacional e internacional, de espacios de exposición, encuentro e intercambio para los artistas argentinos, y de los Premios MAMbA-Fundación Telefónica y el Taller Interactivos, fue diluyéndose el único ámbito argentino dedicado de manera exclusiva a la investigación y difusión de las poéticas electrónicas.

El CCEBA también experimentó variaciones en su programación. A partir de 2011, con el inicio del gobierno de Mariano Rajoy y el consecuente desmoronamiento de la economía española, sus actividades se vieron afectadas. Después de las cuatro ediciones consecutivas del Laboratorio de Producción, la reducción presupuestaria provocó que la iniciativa fuera interrumpida. Sin embargo, a pesar de ello, el MediaLab continuó emprendiendo los talleres de arte interactivo y tecnologías para el arte. Por otra parte, en 2014 inició el Laboratorio Maratón de Producción con la voluntad institucional de volver a asumir la línea de trabajo precedente[124].

En paralelo a estos cambios institucionales, durante los últimos años se ha ido configurando un nuevo panorama, caracterizado por la emergencia de nuevos espacios de producción y exhibición, y la consolidación de instituciones preexistentes, los cuales fueron adquiriendo mayor protagonismo en la escena porteña. Entre ellos se encuentra La Paternal Espacio Proyecto (LPEP), un proyecto ideado en 2007 por Francisco Paredes con el objetivo de promover la acción colectiva y el trabajo colaborativo en el ámbito artístico y social, a través de un área de residencias artísticas, un programa de investigación y experimentación, y un espacio de producción y exhibición especialmente destinado a las propuestas que actualmente carecen de ámbitos de difusión propicios. El Centro Hipermediático Experimental Latinoamericano (cheLA) también incita prácticas multidisciplinarias que se inscriben en la escena del arte y la tecnología, en este caso ofreciendo sus instalaciones emplazadas en un gran predio del barrio de Parque Patricios, a proyectos autogestionados destinados a toda la comunidad. La institución nació en 2003 como una iniciativa de la Fundación exACTa y el Programa de Culturas Digitales de la Universidad de California, Los Ángeles, y es coordinada por un equipo encabezado por Fabián Wagmister. cheLA no solo alberga, entre otros, al Centro de Conservación de Artes Digitales (CCAD) y al Taller de Materiales y Construcción (TeMAcO), un taller provisto de herramientas y máquinas de fabricación destinadas a la práctica artística y tecnológica, sino que también ha funcionado como sede de la muestra anual de la cátedra de Luis Campos y Carlos Trilnick de los tres niveles de Diseño Audiovisual de la carrera de Diseño de Imagen y Sonido de la Universidad de Buenos Aires. En su espacio funcionan asimismo otros ámbitos de producción, investigación y exhibición dedicados al arte contemporáneo. Este es el caso de Móvil, una organización independiente sin fines comerciales orientada a promover las prácticas artísticas emergentes, y la Ira de Dios[125], proyecto que igualmente ha impulsado el arte contemporáneo mediante un programa de residencias y colaboraciones con otras instituciones.

124 La propuesta consistió en un taller intensivo de realización de proyectos, donde los participantes desarrollaban una obra colectiva con la coordinación de un artista invitado. El Laboratorio tenía una extensión de solo cuarenta y dos horas; de allí el carácter maratónico de la actividad.

125 Durante 2018, La Ira de Dios funcionó como espacio de residencia en cheLA bajo la dirección de Pablo Caligaris, quien en 2019 asumió la dirección de residencias y programas internacionales del Centro.

Por su parte, la alianza entre programas universitarios y espacios de exposición destinados a las poéticas electrónicas es uno de los ejes principales de MUNTREF, cuya programación se ha ido expandiendo hacia la inclusión de exposiciones que conjugan arte y tecnología. Desde la creación de la Licenciatura y la Maestría en Artes Electrónicas, el museo ha albergado distintos proyectos expositivos vinculados con las actividades de la Universidad. Si bien la primera muestra de artes electrónicas que tuvo lugar en MUNTREF data de 2003[126], a lo largo de los últimos años han proliferado las exhibiciones dedicadas a la escena que nos ocupa. Han sido exhibidos los proyectos anuales de los estudiantes de la Maestría y fueron presentadas las obras seleccionadas para el Premio a las Artes Electrónicas, lanzado en 2014 para continuar promoviendo esta escena junto con las carreras de grado y posgrado que ofrece la Universidad. Luego de la desaparición del Premio MAMbA-Fundación Telefónica, aquella iniciativa constituyó un proyecto valioso para seguir contribuyendo con las poéticas electrónicas. En este sentido, cabe destacar el Premio ArCiTec, desde 2014 abocado a incentivar los intercambios de artistas, científicos y tecnólogos en dos líneas simultáneas: "arte tecnológico" y "tecnología aplicada al arte". El emprendimiento nació de una iniciativa conjunta entre la Universidad Tecnológica Nacional (UTN), la Universidad Maimónides, el Centro de Experimentación e Investigación en Artes Electrónicas de la UNTREF (CEIArtE), la Fundación para el Desarrollo del Conocimiento (FUNDESCO) y la Fundación Itaú. Esta última lleva adelante su propio certamen –Premio Itaú de Artes Visuales–, en cuya convocatoria de 2015 incorporó la categoría de Realidad Virtual, en 2016 Videojuego, en 2017 Realidad Aumentada, en 2018 Impresión 3D y, en 2020, Arte Robótico. Otros premios relevantes que en la actualidad otorgan distinciones a proyectos artístico-tecnológicos son la categoría Instalaciones

126 La exposición organizada en 2003 fue titulada *UNTREF Electrónico*. Con curaduría de Graciela Taquini, la muestra reunió diferentes proyectos de alumnos y docentes de la Licenciatura en Artes Electrónicas de la UNTREF. En 2009, MUNTREF nuevamente fue sede de una exhibición de arte y tecnología curada por Taquini. Esta segunda exposición, difundida como *Plataforma UNTREF*, también estuvo integrada por trabajos de estudiantes y profesores. Otra muestra albergada por MUNTREF y asociada a la escena del arte y la tecnología ha sido *Ejercicios de memoria: Reflexiones sobre el horror a treinta años del Golpe (1976-2006)*, una propuesta de Gabriela Golder y Andrés Denegri, compuesta por videoinstalaciones, videos monocanal e instalaciones sonoras de diez artistas argentinos y tres artistas chilenos. Aquella exposición, realizada en 2006, fue reeditada en 2016, en el marco de la Bienal de la Imagen en Movimiento (BIM) dirigida por Golder y Denegri. Nuevamente diez artistas argentinos fueron invitados a reflexionar sobre la memoria, proponiendo ejercicios para combatir el olvido. Si bien no estamos incluyendo en el análisis otras prácticas como la literatura digital, cabe mencionar que en MUNTREF también fueron organizados eventos vinculados con dicha escena. Por ejemplo, *Expansiones: el tiempo de la literatura digital*, curada en 2015 por Claudia Kozak en el Centro de Arte Contemporáneo de MUNTREF.

y Medios Alternativos del Salón Nacional, referido en el capítulo previo, el Premio Alberto J. Trabucco, y el Concurso de Arte y Tecnología del Fondo Nacional de las Artes. Las obras ganadoras del Fondo han sido exhibidas en el Centro Cultural Kirchner (CCK), institución que asimismo albergó otros eventos dedicados a las artes tecnológicas, como la muestra *Dinámicas de la existencia*, inaugurada a comienzos de 2020. La exposición reunió obras de realidad virtual, piezas robóticas, entornos inmersivos e instalaciones lumínicas, los cuales, de acuerdo al guión curatorial, investigan las relaciones del ser humano con su entorno[127].

Hacia la misma época en que se exhibían las obras ganadoras de la primera edición del Premio ArCiTec, y el Premio Itaú comenzaba a distinguir obras de realidad virtual, surgía Espacio Pla. Creado en 2015 y dirigido por Celina Pla, sobrina de Eduardo, el espacio funcionó hasta el año 2018 no solo como un ámbito consagrado a la obra del artista, sino también dedicado a la exhibición de diferentes proyectos contemporáneos vinculados al arte y la tecnología. Además de organizar diversas muestras temporarias, Espacio Pla llevó adelante un programa de cursos abocados a los sistemas generativos, el circuit bending y la animación 3D, entre muchos otros temas. El trabajo persistente de Celina Pla, y la pluralidad de actividades desarrolladas, propiciaron un ámbito de encuentro significativo para los artistas e investigadores interesados en esas prácticas. A pocos años de su inauguración, Espacio Pla ya había logrado representar un entorno de referencia para el estímulo de las poéticas electrónicas, junto con otras iniciativas como *Noviembre Electrónico* en el CCGSM y la Bienal Kosice impulsada por la productora Objeto a, sobre las cuales volveremos en el próximo capítulo.

En algunas ocasiones, Celina Pla trabajó junto a Merlina Rañi[128], una de las curadoras que lideró la galería Alpha Centauri, emprendimiento desarrollado entre 2014 y 2016 y anidado en el Espacio Cultural Mi Casa[129]. Las muestras presentadas en la galería buscaron insertar el circuito de las artes tecnológicas en la escena del arte contemporáneo local. La programación de 2016 comprendió proyectos de Diego Alberti, Guido Corallo, Cristian Espinoza y el colectivo Motus.Lumina, cuyas obras encarnan distintas expre-

127 La exposición estuvo integrada por obras de Mateo Amaral, Juan Pablo Ferlat, Mariano Giraud, Gabriela Golder, Magdalena Molinari y Gabriel Rud.

128 Por ejemplo, Merlina Rañi ha sido la curadora de las muestras de Eduardo Pla organizadas en el espacio dirigido por Celina. Además, en 2015 se desempeñó como curadora de *Tiempo circular*, en el marco de la segunda edición de *The Wrong – New Digital art Biennale*, cuya embajada en la Argentina fue Espacio Pla.

129 Durante 2017 el espacio funcionó como taller para artistas y, en 2018, recuperó su misión de galería experimental.

siones de las poéticas electrónicas. En conjunto con Cristian Reynaga, Rañi formó parte de la curaduría de *Transducciones*[130], una muestra organizada en el CCGSM en 2016, en el marco de la segunda edición del Festival +*CODE*. Este evento es organizado anualmente con la intención de promover diálogos entre prácticas artísticas, programación creativa y nuevas tecnologías. En 2019, +*CODE* presentó la exposición *Asuntos de nuestro espacio* en el Centro Cultural Rojas, donde participaron un conjunto de artistas internacionales[131] que investigaban los fenómenos de control y vigilancia como consecuencias de la expansión de los datos en las sociedades contemporáneas. También el Rojas fue el escenario de *La desaparición de los Andes: diálogos visuales Sur Sur*, co-curada en 2018 por Wili Peloche, coordinador del Programa EscenaLab del centro cultural, y Enrique Rivera, director de la Bienal de Artes Mediales de Chile. La exhibición buscó dar cuenta del estado de situación del arte y la tecnología en Argentina y Chile, y evidenciar algunas relaciones entre las búsquedas estéticas y materiales de los artistas de ambos países[132].

En este nuevo contexto, ha sido frecuente que diversas iniciativas fueran desarrolladas de manera colaborativa. Estos nuevos modelos de gestión quedaron plasmados en la octava edición de *Encuentro FASE: Arte + Ciencia + Tecnología,* en 2016, un evento dedicado al cruce del arte, la ciencia y la tecnología, consolidado a lo largo de los años como una plataforma para la investigación, exposición y debate acerca de las artes electrónicas. Dirigido por Pelusa Borthwick, Marcela Andino y Patricia Moreira, durante diez años consecutivos el encuentro reunió proyectos de animación, videoinstalaciones, arte sonoro, videojuegos, robótica, biotecnología y performances de estudiantes, artistas, colectivos independientes e instituciones públicas y privadas, tanto nacionales como extranjeras, los cuales eran articulados en función de un eje curatorial que variaba en cada edición. *FASE 1*, organizado en 2009 en el Centro Municipal de Exposiciones, fue titulado "Estado de la cuestión" y contó con la curaduría de Graciela Taquini, quien estuvo a cargo del guión curatorial del encuentro hasta su quinta edición inclusive. Para ese entonces, Taquini ya había curado *Arte en Progresión* y tres de las ediciones

130 Los artistas argentinos que participaron fueron Sol del Río, Leonardo Solaas, Motus.Lumina, Gabriel Rud y Jorge Haro. También se sumaron las obras de Elisa Balmaceda (Chile), NOHLab (Turquía), Mónica Bate (Chile), Manuela Donoso (Chile) y Luisa Pereira (Brasil).

131 Aram Bartholl, Varvara Guljajeva, Mar Canet, Rafael Lozano-Hemmer, Martín Nadal, Nayantara Ranganathan y Manuel Beltrán.

132 La muestra estuvo integrada por las obras de los artistas argentinos Diego Alberti, Leonardo Solaas, Guido Corallo, Magdalena Molinari, Sol del Río, Juan Sorrentino y Gabriel Rud; y los artistas chilenos Iván Navarro, Claudia González, Nicolás Grum y Natacha Cabellos.

de *Cultura y Media,* dos importantes exposiciones organizadas anualmente en el CCGSM que serán analizadas en detalle más adelante. La intención de la curadora fue "hacer un alto en el camino para analizar el estado de la cuestión, sobre lo hecho y lo por hacer en ese campo en la Argentina de hoy, de cara a la nueva década y el Bicentenario" (Taquini, 2015: 43). La necesidad de revisar el "estado de la cuestión" de las poéticas tecnológicas expresada por Taquini atestigua que hacia esa fecha se percibía la existencia de una escena consolidada, pero que era preciso reflexionar críticamente acerca del rumbo al que se dirigía. Con las ediciones subsiguientes se fue estableciendo un formato de evento que en gran medida se mantendría en los años posteriores: exhibiciones de artistas y estudiantes nucleados alrededor de diferentes instituciones culturales y educativas –principalmente universidades pero también en ocasiones museos, galerías y otros espacios similares–, el homenaje a alguna figura significativa para la historia del arte y la tecnología en la Argentina[133], una programación especial de performances y sets audiovisuales, y la presencia de invitados extranjeros a cargo de talleres y conferencias. A partir de la segunda edición de *FASE*, en 2010, el encuentro fue organizado en el CCR. Dicha edición fue denominada "Del bicentenario al tercer milenio. Utopías, distopías y atopías. ¿Cómo te ves en el futuro?" y giró en torno a los imaginarios de futuro, un tema que ya había sido uno de los ejes principales de *Arte en Progresión,* en 2003. Las ediciones siguientes –*FASE 3* (2011), *FASE 4* (2012) y *FASE 5* (2013)– se titularon, respectivamente, "Zona de prueba", "Post-ecología" y "Metáforas de la supervivencia. La fragilidad de los entornos del arte y la naturaleza". La primera de ellas jerarquizó la sustitución de la obra física por el aspecto conceptual y procesual de los proyectos, la segunda reunió propuestas que discurrían sobre la sustentabilidad ambiental y, la tercera, exhibió diferentes perspectivas sobre la noción definida por la curadora como "fragilidad de los entornos" ante la "amenaza del autoritarismo y la violencia, la precariedad y el desarraigo (…)" (Taquini, 2015: 48). Desde la sexta edición, en 2014, se conformó un nuevo equipo curatorial integrado por Silvana Spadaccini, Marcelo Marzoni, Juan Pablo Ferlat[134] y quien escribe.

Si bien la sede principal del evento en 2016 continuó siendo el CCR, *FASE 8* extendió su convocatoria a una serie de proyectos "satélite" desarrollados en las sedes físicas de siete espacios –en su mayoría emergentes– de la es-

---

133 Fueron homenajeados Gyula Kosice, David Lamelas, Marta Minujín, Víctor Grippo, Luis F. Benedit y Margarita Paksa en *FASE 1,* Víctor Grippo en *FASE 5,* Narcisa Hirsch en *FASE 6* y Fernando Von Reichenbach en *FASE 7.*

134 Juan Pablo Ferlat formó parte del equipo curatorial de *FASE 6,* cuyo eje curatorial fue "Tecnología: Políticas y Poéticas" y *FASE 7,* edición titulada "Procesos - Proyectos - Experiencias".

cena local: Espacio Pla, Alpha Centauri, la Casa Nacional del Bicentenario, La Paternal Espacio Proyecto, Casa Abasto, Dajaus y Espacio Nixso[135]. Esta programación apuntaba a favorecer una red de instituciones públicas, privadas y autogestionadas, que pudiera responder a las nuevas necesidades de una escena que cuenta con pocos ámbitos exclusivamente destinados a las prácticas artísticas electrónicas. En noviembre de 2017, tuvo lugar la novena edición del evento. "FASE 9: Intervenciones y Recorridos" propuso reflexionar sobre aquellas experiencias y acciones que discurren sobre nuevos modos posibles de producción y exhibición, a partir del trabajo colaborativo y comunitario, el impulso de intercambios disciplinares y el desarrollo de procesos de investigación que intersectan los campos del arte, la ciencia y la tecnología. Las sedes de *FASE 9* fueron el CCR, el Centro Cultural Ricardo Rojas, el Centro Cultural de la Ciencia, la Casa Nacional del Bicentenario y el CCGSM. La décima edición del evento, difundida como "FASE ACCIÓN", fue organizada en 2018 como respuesta a una coyuntura complicada para el financiamiento de proyectos artísticos, donde la ausencia de recursos económicos provocaron la discontinuidad de numerosas iniciativas culturales. En este panorama, *FASE* decidió posicionarse como propuesta altenativa y toma de posición ante el contexto crítico, a partir de la exhibición de obras, performances y sets audiovisuales en la sede de Investigaciones del Futuro (IF). Ubicado en un gran edificio en Villa Lynch, IF es un espacio de exploración y producción en torno a la cultura, la ciudad, las tecnologías, el territorio y el espacio público, coordinado por Leonello Zambón, Roger Colom, Lucas Gilardi y Gustavo Dieguez.

Con un espíritu colectivo y colaborativo similar al de Investigaciones del Futuro, en 2018 surgió Nave Ágora, un espacio-laboratorio de creación e investigación para la innovación comuntiaria, a partir de los intercambios entre modos de hacer artísticos, científicos y tecnológicos. El proyecto se encuentra en La Paternal y es dirigido por Bernardo Piñero, Natalia Pajariño y Gerardo Della Vecchia, quienes en 2006 fundaron el colectivo IQLab dedicado al arte y las tecnologías. Desde su apertura, Nave Ágora ha ofrecido un programa de residencias[136] para artistas y gestores, una serie de talleres, y

---

135 Casa Abasto es una espacio cultural donde se impartieron talleres diversos, entre ellos, el de Arduino y electrónica básica, dictado por Jorge Crowe; Dajaus, activa hasta el 2016, fue una casa del barrio de Núñez donde funcionaba una residencia de arte, talleres de artistas y una galería de exposiciones; Espacio Nixso es un laboratorio de producción y experimentación tecnológicas, dirigido por Leo Nuñez y Laura Nieves.

136 El formato de residencias para artistas contemporáneos ha ido difundiéndose durante los últimos años. Además de los casos de la Ira de Dios y Nave Ágora, se destacan las plataformas de URRA, Casa Belgrado, Proyecto Ace, Centro de Investigaciones Artísticas (CIA), PAC (Prácticas Artísticas Contemporáneas) y R.A.R.O, entre otras. Esta última consiste en un programa de residencias artísticas creadas con el fin de promover el arte

una beca para el apoyo de proyectos de artes, ciencias y tecnologías abocados a los derechos ciudadanos de la comunidad.

Además de estos espacios, existen ciertas galerías dedicadas al arte contemporáneo y sus relaciones con las tecnologías. Este es el caso de Acéfala, creada en 2015 con el objetivo de generar una plataforma para el desarrollo del "arte emergente en todas sus ramificaciones" (Acéfala, s.f.: párr. 2). De allí que los cruces entre prácticas artísticas y tecnologías en ocasiones hayan ocupado un lugar significativo en su programación, como lo demuestra la obra de Juan Sorrentino, uno de los artistas representados por la galería, cuyo trabajo se encuentra asociado con el territorio del arte sonoro[137]. Luego de que las poéticas electrónicas y el arte contemporáneo progresivamente constituyeran circuitos separados entre fines de la década del noventa y los primeros años de este siglo, Acéfala ha dado indicios de nuevos puntos de encuentro entre las escenas, del mismo modo que lo hizo Espacio Pla en su momento. Pero si este último se avecinó a la escena del arte contemporáneo hegemónico[138], posicionándose como una galería especializada en arte y tecnología, Acéfala nació como galería de arte contemporáneo y, casi de manera inversa, fue abriéndose hacia distintas manifestaciones que envuelven tecnologías como medios y herramientas de exploración artística.

Mientras que la glorificación tecnológica desencadenada por el boom digital –en gran medida sucesora de los imaginarios decimonónicos que construyeron una alianza indisociable entre desarrollos tecnológicos, novedad, y progreso material y cultural– desempeñó un papel central en la autonomización de la escena de las poéticas electrónicas, otros idearios emergentes en el contexto local podrían contribuir con la reunificación de ambos circuitos.

contemporáneo local e internacional, a través de redes de intercambio con talleres de artistas y otros espacios culturales. El proyecto nació en Buenos Aires en 2014 y posteriormente se amplió a R.A.R.O. Madrid (2015) y R.A.R.O. Barcelona (2019).

137 En 2016 Sorrentino realizó una residencia en Acéfala. Las distintas acciones que el artista fue desarrollando durante seis semanas desembocaron en la exposición *Derrumbe*, curada por Merlina Rañi y Cristian Espinoza. Un sonido de 47 hercios producido por parlantes contenidos en un gran muro hacía temblar la pared y lentamente desprendía su revoque. Otra de las obras, titulada *Polvareda*, consistía en un parlante emplazado en el suelo, cuya vibración levantaba polvo de ladrillo esparcido por todo el piso de la sala. Ambas obras fueron reversionadas en 2017 con motivo de la participación de Acéfala en el Barrio Joven de arteBA. En 2019, *Derrumbe* ganó el Primer Premio en la categoría Instalaciones y Medios Alternativos del Salón Nacional. Por su parte, *Polvareda* devino en una instalación integrada por un cubo de vidrio trasparente que encierra el polvo y el parlante, y fue adquirida por el Museo de Arte Contemporáneo de Buenos Aires (MACBA) en 2017.

138 Así lo evidencia, por ejemplo, la participación de Espacio Pla en MAPA Feria de Arte, en las ediciones de 2017 y 2018, donde exhibió obras de Azul De Monte, Diego Alberti, Eduardo Pla, Florencia Viadana, Gabriel Rud, Guido Corallo, Juan Rey, Leonardo Solaas, Mateo Amaral, Maximiliano Bellmann, Sebastián Tedesco y Tomás Rawski.

05

El problema de la innovación:

glorificación tecnológica, perspectivas críticas y propuestas conceptuales

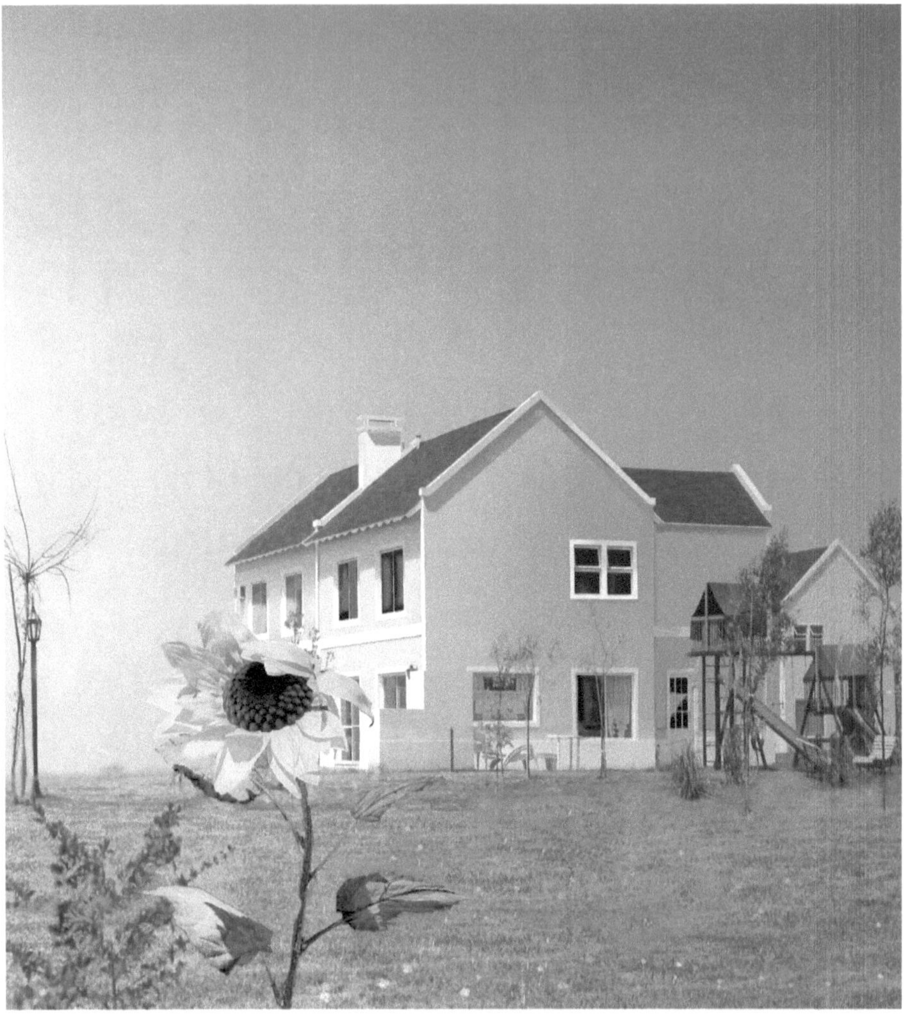

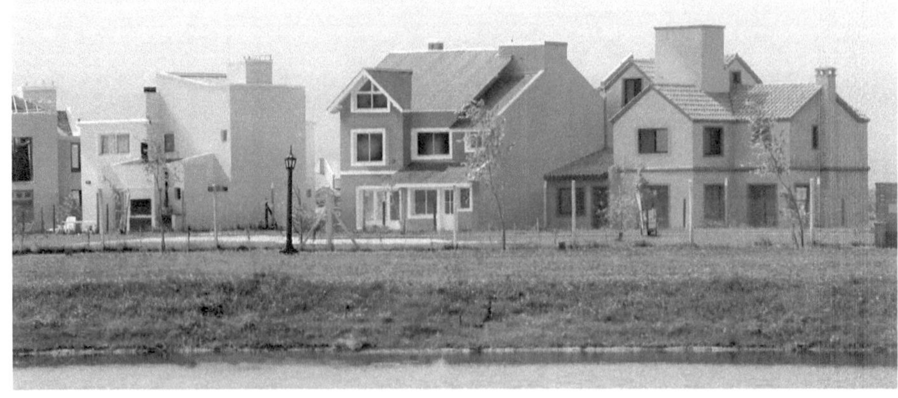

1. Fascinación tecnológica en las eras pre y posdigital

Hemos visto que la exaltación del carácter novedoso de los recursos tecnológicos fue una constante en los imaginarios de modernización en la década del noventa, en cuanto aquellos parecían anunciar los desarrollos que depararía el nuevo milenio. Entre otros, el evento *Maratón Informática,* organizado por Clarín en 1997 y referido en el tercer capítulo, fue concebido como un acontecimiento que encarnaba los idearios característicos del nuevo milenio:

> Dos mil años de historia son apenas un flash para la humanidad. Pero estos dos mil años concentraron tantos avances –el hombre en la Luna, la sonda en Marte, la posibilidad de clonar un ser humano– que pararse frente al fin de este milenio es un necesario acto de reflexión. Desde Julio Verne hasta Jack London imaginaron mundos distantes y tremendos. Pero así como el año 1000 fue propicio para los terrores apocalípticos, el 2000 se acerca a la utopía, a grandes palabras. La maratón es una forma de unir –eso logra la red– y de pensar esos temas que definirán al hombre del tercer milenio. (Anónimo, *Clarín*, 12 de diciembre de 1997)

No obstante, la idea de futuro mancomunada con la innovación –plasmada en exposiciones como *Figuración limítrofe* y *Bellas Artes Digital* en MNBA– no satisfizo a toda la crítica. En octubre de 1999, cuando todavía el evento se encontraban en curso, Ana María Battistozzi publicó una nota en el diario *Clarín*, titulada "Dos exposiciones descubren las posibilidades del arte digital", donde alertaba sobre los efectos nocivos del fetichismo tecnológico, un riesgo equiparable a aquel que la fotografía y el cine habían afrontado en sus comienzos:

> Hace un siglo, cuando las nuevas tecnologías de la fotografía y el cine comenzaron a ser utilizadas en el arte, aquellas primeras experiencias no hacían sino reiterar las formas de la pintura y el teatro vigentes. No fue sino hasta después de haber completado una larga experimentación que tanto la fotografía como el cine encontraron su lenguaje: primeros planos, panorámicas y trucos de montaje que producían diversas aproximaciones al objeto y creaban (sobre todo en el cine) fracturas en el tiempo y el espacio real. Hoy, los artistas que aplican tecnologías digitales a la imagen recorren la misma travesía experimental que los pone también ante la encrucijada de zafar del fetichismo tecnológico. (Battistozzi, 1999: párr. 1)

En la misma época pero desde otro contexto, Claudia Giannetti (2002) –curadora e investigadora brasileña radicada en España– también detectó cómo a partir de la revolución digital los efectos de seducción producidos por las tecnologías comenzaron a repercutir internacionalmente en las nuevas generaciones de artistas:

> Las tecnologías por sí mismas no producen nada creativo. La creatividad está en la cabeza de aquellos que están detrás de las máquinas (…). Entre los artistas jóvenes, o las personas que se están formando en este ámbito, hay una fascinación tan grande por la tecnología, que la tendencia a veces es quedarse en la herramienta. La herramienta como tal tiene que ser siempre un elemento secundario. (Giannetti, 2002: 2)

Hoy difícilmente pueda fundamentarse que el desarrollo técnico restringe la creatividad por el hecho de que la sacralidad del acto creador quede ahora en manos de la máquina. Sin embargo, aún es posible establecer una diferencia entre el artista concebido como mero "operador de botones" (Machado, 2000: 249) y aquel que asume su praxis en un panorama atravesado de manera decisiva por la expansión tecnológica hacia todos los ámbitos de la vida cotidiana.

El argumento expresado por Battistozzi en el artículo citado sugería que escasos artistas evitaban verse obnubilados por los medios tecnológicos de manera fehaciente: "(…) la mayor parte de los artistas parecen más interesados en los juegos formales o la calidad de impresión de las imágenes computarizadas que en aprovechar al medio para reforzar cuestiones de sentido. Son pocos los que escapan a aquella fascinación" (Battistozzi, 1999: párr. 1). Esas cuestiones de sentido no aludían sino al trabajo conceptual que permitiría reinscribir a las poéticas electrónicas en la escena del arte contemporáneo. A juicio de Battistozzi, las obras de Lux Lindner y Mara Facchin eran las propuestas más interesantes de *Bellas Artes Digital*. En el primer caso, el artista hacía uso de la "limpia línea del dibujo digital para geometrizar su visión irónica de la historia argentina" y, en el segundo, las fotos digitales profundizaban "el clima de irrealidad del paisaje en la serie *Countries y Barrios Cerrados*". La obra de Facchin consistía en un conjunto de fotomontajes digitales que presentaban distintas vistas de las típicas casas de los countries y barrios cerrados que se propagaron en el conurbano bonaerense durante la década del noventa.

Fundamentalmente las críticas del artículo se dirigían a *Figuración limítrofe,* cuyas obras no habrían logrado emplear las tecnologías en función de los respectivos desarrollos conceptuales:

(…) en cierta medida, la muestra que viene de Estados Unidos, curada por Pampa Risso Patrón e integrada por obras de Osamu James Nakagawa, Michal Rovner y el grupo Manual que forman Ed Hill y Suzanne Bloom, tampoco se ubica al margen de esa actitud que enmascara viejos recursos del dibujo y la pintura bajo un barniz tecnológico. (Battistozzi, 1999: párr. 1)

El enmascaramiento de antiguos recursos propios de las artes plásticas que detallaba la nota parecía tirar por la borda los esfuerzos de Risso Patrón por defender el carácter novedoso de las obras reunidas en *Figuración limítrofe*, una muestra que en teoría invitaba a contemplar imágenes que nunca antes habían sido vistas (Risso Patrón, 1998: 5). Siguiendo la argumentación de Battistozzi, sospecharíamos que los intentos de la curadora por adscribir a la tradición de las artes visuales finalmente acababan restringiendo la búsqueda de un lenguaje artístico propio.

Luego de hacer mención de las dos muestras del MNBA, la nota elogiaba la videoinstalación *Un acto de intensidad*, realizada por el grupo Ar Detroy[139] y exhibida en octubre de 1999 en el MAMbA:

Desplegadas en cuatro pantallas gigantes, las imágenes y sonido de este trabajo provocan una percepción de tiempo suspendido que asume sentido metafísico. Se trata de un paisaje seco, que en su intensa blancura destella más allá del mundo real. En él todo movimiento, todo sonido se torna mínimo; de una morosidad tan intensa que parece inscribir cada gesto en la dimensión eterna del tiempo. Ar Detroy registró esas bellísimas imágenes en las Salinas Grandes de Jujuy y las convirtió en esta instalación (…). (Battistozzi, 1999: párr. 1)

Hacia el final del artículo, Battistozzi confrontaba el "vértigo usual de la imagen electrónica" y el "alarde tecnológico", incitado por las obras de *Bellas Artes Digital* y *Figuración limítrofe,* con una "estética de la persistencia" que, en lugar de exaltar movimientos veloces, optaba por los desplazamientos sutiles de las imágenes entre las diferentes pantallas de la videoinstalación. La crítica concluía que la alteración permanente de la imagen en movimiento permitía a Ar Detroy discurrir sobre la transitoriedad de la vida, logrando la articulación –según Battistozzi, fallida en MNBA– entre las posibilidades ofrecidas por las tecnologías empleadas y los sentidos desplegados a partir de la propuesta conceptual de la obra.

139 Ar Detroy fue un colectivo artístico fundado en Buenos Aires en 1988 por Charly Nijensohn, Ariel Pumares y Fernando Dopazo.

Precisamente la concurrencia de las alternativas proporcionadas por los medios tecnológicos y los planteos conceptuales había sido característica de los proyectos desarrollados en el ITDT y el CAyC durante las décadas del sesenta y setenta. En ocasiones, algunas obras incorporaron diversas tecnologías en su incesante búsqueda por inaugurar una nueva concepción de obra, más allá de la especificidad técnica de los medios, herramientas y formatos empleados. Ninguno de los dos programas planteó una tecnofilia acrítica como aquella detectada por Battistozzi a propósito de las muestras de los años noventa. En todo caso, los imaginarios de modernización configurados a través de las obras exhibidas en el ITDT y el CAyC, y los eventos organizados por ambas instituciones, renovaron la aspiración de los artistas de la primera mitad del siglo de fundar un arte nuevo, mediante una trama de relaciones que nuevamente pivotó entre la escena local y el ámbito extranjero[140]. La persistente apertura argentina hacia la influencia del exterior consolidó un campo artístico repetidamente convocado por la noción de internacionalismo (Giunta, 2008), en ciertas fases preocupado por adscribir a la escena del arte moderno mundial y, en otras, concernido por incluir a sus propios programas en el marco internacional.

El proyecto modernizador de la Fundación Torcuato Di Tella, entidad que respaldaba las actividades del ITDT, fue sostenido en la convicción de que el desarrollismo económico –estrategia clave durante el gobierno de Arturo Frondizi– podía ser transferido a la esfera cultural. Se creía que un arte sin precedentes operaría eficazmente para demostrarle al mundo que la Argentina era un país avanzado en materia económica (Giunta, 2008: 104). Buenos Aires podía llegar a convertirse en uno de los principales centros de arte a nivel internacional, o por lo menos esa era la apuesta. En su investigación sobre el "programa de experimentación audiovisual Di Tella", María Fernanda Pinta sintetizó en tres puntos las proyecciones especificadas por Enrique Oteiza en *Memoria 1963*: el desarrollo argentino y latinoamericano; la convivencia y coexistencia entre el individuo y el grupo dentro de la comunidad nacional; y el espíritu nuevo, no por tratarse de una institución

140 La omnipresencia de las relaciones que mantuvo el ámbito de las artes plásticas argentinas con el extranjero se evidencia desde los inicios del siglo xx en los viajes de formación de artistas como Emilio Pettoruti y Xul Solar y, más tarde, se advierte en la internacionalización de la obra de Gyula Kosice y Marta Minujín. Radicados en la Argentina, alimentaron relaciones fructíferas con otros países a través de trabajos y muestras realizadas afuera, al punto de que el carácter pionero de sus producciones artísticas ha sido internacionalmente reconocido. Asimismo se destaca el desempeño paralelo de Lucio Fontana y Julio Le Parc en Europa y Argentina. Habiéndose establecido en el extranjero, ambos sostuvieron vínculos frecuentes con nuestro país.

recientemente creada, sino por las nuevas formas de organización y de resolución de problemas (Pinta, 2013: 40).

En *Memoria 1964*, ya en tiempos del gobierno de Arturo Illia, Enrique Oteiza y Guido Di Tella hacían referencia a una resistencia generalizada hacia las "actividades modernizantes", el único camino que habilitaría un verdadero cambio cultural:

> La capacidad para generar e implementar el cambio es un requisito indispensable de las sociedades avanzadas. De la actitud cultural imitativa y dependiente, es necesario pasar a una postura creativa y activa. Esto, desde luego, no se realiza con solo enunciarlo. Es necesario comprender el rol que en estos procesos desempeñan la creación artística y la investigación científica y tecnológica, cuando estas actividades se convierten en un aspecto vital de la cultura de una sociedad. (Di Tella y Oteiza, 1966: párr. 4)

En este escrito, los autores destacaban que los movimientos argentinos de vanguardia mantenían conexiones con tendencias del exterior pero, al mismo tiempo, estaban ganando autonomía. Sin embargo, notaban evidentes limitaciones para aceptar nuevas propuestas que rompieran con esquemas conocidos y se apartaran de las tradiciones aceptadas. Paralelamente replicaban que la investigación científica no contaba con el apoyo institucional adecuado: "Como en todo lugar periférico de tecnología importada, existe un fuerte retraso cultural en lo que se refiere a la comprensión de las formas relacionadas con los procesos modernos de producción y con los de creación y desarrollo de nuevas posibilidades" (Di Tella y Oteiza, 1966: párr. 2).

Con la misión de materializar el proyecto de modernización, el CAV no solamente fomentó el campo de las artes visuales argentinas, sino que además propuso establecer relaciones multifacéticas con espacios y artistas extranjeros. El proyecto de internacionalización de los años sesenta se tradujo en el impulso de políticas complementarias: lograr internacionalizar al arte argentino implicaba liberarlo de su atraso en comparación con la escena internacional pero, de manera simultánea, aspiraba a que alcanzara un amplio reconocimiento en los principales centros artísticos (Giunta, 2008: 23). El apoyo económico proporcionado por Estados Unidos a diferentes instituciones latinoamericanas, entre ellas el ITDT, funcionó como táctica de oposición hacia el avance del comunismo en Cuba:[141]

---

141 Este fenómeno puede ser asimismo rastreado a través de las exposiciones latinoamericanas organizadas en Estados Unidos. En 1968, la muestra *Más allá de la geometría*, curada por Romero Brest un año antes para el ITDT, fue rediseñada bajo el título *Beyond Geometry* y presentada en el *Center for Inter American Relation*,

Desde la perspectiva regional, la mirada vigilante de Estados Unidos hacia sus vecinos latinoamericanos se cristaliza en diversos programas culturales, económicos y militares como estrategia de construcción de un frente común contra el comunismo y su representante en América: Cuba. Entre estas estrategias, se implementará el apoyo financiero y técnico de la región y sus instituciones culturales, como el Di Tella. (Pinta, 2013: 41)

Las iniciativas de Romero Brest combinaron la importación de exposiciones extranjeras, la exportación de muestras argentinas, un sistema de premios arbitrados por reconocidos críticos internacionales y el envío de becarios a Europa y Estados Unidos para que, luego de zambullirse en aquellos ambientes, elevaran el nivel del arte local. Como parte del proceso de modernización argentino, el país creó un circuito artístico internacional para sí mismo, que "cobró cierta realidad en nuestros artistas aggiornados y viajeros, en las exposiciones internacionales que acogía el ITDT, principalmente, y en los importantes críticos que invitaba para dirimir sus premios, así como en los intelectuales progresistas nucleados en torno de él" (Herrera, 2012: 186).

La exhibición de obras extranjeras en Buenos Aires y la difusión de los trabajos argentinos en el exterior fueron también estrategias centrales encauzadas por el CAyC. Glusberg invitó a reconocidos artistas y teóricos internacionales a desarrollar actividades en el centro, organizó importantes muestras para difundir producciones de distintas geografías y envió exposiciones argentinas a diferentes partes del globo[142]. Al igual que Oteiza y Di Tella, quienes en los años sesenta diferenciaron la actitud imitativa y dependiente de la posición creativa y activa que debía ser fortalecida en nuestro contexto, Glusberg (1985) reflexionó sobre las influencias de los centros culturales sobre grandes "comunidades locales" como Buenos Aires, y sobre otras más pequeñas. Al analizar la dinámica de la penetración cultural, identificaba un "progresismo" que aceptaba neutralmente las creaciones de los países centrales –por ejemplo, el arte pop y el hiperrealismo estadounidense de las décadas del sesenta y setenta que irrumpieron sin reservas en "ciertas

como celebración del décimo aniversario del CAV. Cristina Rossi (2016: párr. 4) interpretó la estratégica elección de la exposición como un evento "funcional al discurso de los anfitriones", quienes se encontraban temerosos ante "el avance de los movimientos de guerrilla y la radicalización de las izquierdas latinoamericanas".

142 Por ejemplo, *Biotrón* (1970) de Luis Fernando Benedit –claro antecedente del campo que posteriormente sería designado como "bioarte"– fue una obra realizada en el marco del CAyC para representar a la Argentina en la XXXV° Bienal de Venecia. Asimismo, en 1977 el Centro participó de la Bienal de San Pablo con la instalación *Signos en ecosistemas artificiales*, un proyecto que consagraría internacionalmente a la institución y sus artistas (Herrera y Marchesi, 2013: 9).

comunidades locales que no habían pasado aún por rupturas más profundas en los cimientos de su creatividad" (Glusberg, 1985: 50)– y una "ideología abstencionista" que rechazaba lo extranjero por el simple hecho de serlo. A estas posturas se sumaba una tercera, designada como "circulación de información", de acuerdo a la cual las tendencias vernáculas y las simbologías importadas podían vincularse de manera dialéctica: las comunidades locales reproducirían las "ideologías artísticas" pero no en un sentido de repetición sin diferencia, sino de "transformación reglada", en función de las variables propias de cada geografía. Para Glusberg, las ideologías artísticas provenientes de los centros metropolitanos no solo abarcaban las propuestas conceptuales; también comprendían los recursos tecnológicos producidos por ellos y luego exportados hacia los países periféricos. El desarrollo del videoarte en las comunidades locales necesitó de la tecnología sofisticada de las metrópolis para poder impulsar sus propios lenguajes de vanguardia. Pero según su hipótesis, el proceso de reproducción comprendía las instancias de producción, intercambio y consumo en una dinámica que no necesariamente jerarquizaba la actividad de los centros, debido a que las comunidades locales exigían a las metrópolis la renovación permanente de los modelos a ser exportados. Este juego de relaciones recíprocas daba cuenta de una lógica compleja "en la cual no se sabe si es mayor el peso del requerimiento por parte de la comunidad importadora, o el interés por la exportación en las grandes metrópolis" (Glusberg, 1985: 55).

Los casos del ITDT y el CAyC demuestran que con anterioridad al boom digital, la cultura de mezcla y el afán modernizador discurrían sobre el binomio tradiciones vernáculas/influencias extranjeras. En la temprana escena de las poéticas electrónicas porteñas, la discusión no estaba centrada en las maravillas de la técnica, sino en la posibilidad de servirse de los desarrollos de la ciencia y la tecnología para fundar un arte nuevo. Las tensiones entre los diferentes imaginarios de modernización se vieron radicalizadas en la década del noventa, cuando la irrupción digital efectivamente despertó una atracción fascinante hacia las tecnologías involucradas en las obras. Precisamente, aquel tecnofetichismo contribuyó con el apartamiento de las poéticas electrónicas de la escena del arte contemporáneo hegemónico, y acabó dividiendo las aguas: mientras que el arte contemporáneo permaneció asociado a las búsquedas conceptuales, las poéticas electrónicas quedaron en gran medida circunscritas a las nociones de novedad, futuro e innovación. En los apartados que siguen identificaremos tres concepciones divergentes acerca del rol desempeñado por la tecnología en la escena artística contemporánea.

2. Tecnología como innovación y espectáculo

El primer enfoque podría enmarcarse en el proceso de espectacularización del arte contemporáneo, clasificado por Terry Smith (2012b) como una de las tres corrientes características de los constantes vaivenes de la escena artística de nuestros tiempos; cada una motivada por una visión del arte diferente, atraída por formas y temáticas específicas, y asociada a otro sistema de difusión para sus prácticas. Las tácticas de impacto implementadas por esta tendencia replicarían las estrategias de choque de los movimientos de vanguardia. En ella convergen un "retrosensacionalismo" conforme con los beneficios y perjuicios de la economía neoliberal y el capital globalizado (Smith, 2012b: 329) y un "remodernismo" que actualiza las búsquedas del arte moderno al asociar el arte contemporáneo con las pesquisas modernistas, procurando domesticar sus efectos. Operando en conjunto, retrosensacionalismo y remodernismo sientan las bases de un "arte espectáculo" o "espectacularismo"[143] (Smith, 2012b: 22). Las tres tendencias enunciadas por Smith pueden asimismo ser detectadas entre los proyectos que imbrican arte y tecnología[144] (Cubitt y Thomas, 2013). El retrosensacionalismo y el remodernismo que hacen al espectacularismo y modulan una "estética de la globalización" (Smith, 2012b: 22) se manifiestan en la enorme escala de algunas obras como *Cosmopolis* (2005), una instalación interactiva de Maurice Benayoun integrada por doce pantallas de retroproyección, doce telescopios de realidad virtual y doce proyectores que permiten recorrer a trescientos sesenta y cinco grados las imágenes panorámicas de una docena de ciudades.[145]

143 Esta primera corriente convive con otras dos: una de ellas, devenida del giro poscolonial, atiende a problemáticas identitarias y alza críticas hacia el capitalismo y la globalización; la otra investiga los cambios en la percepción del tiempo y los afectos desencadenados por el surgimiento de nuevos modos de comunicación, conectividad e interacción.

144 Terry Smith es uno de los pocos críticos de arte contemporáneo que destacó la ausencia de las poéticas electrónicas en el mundo de las bienales, posiblemente debido a su participación en The iCinema Center for Interactive Cinema Reserach, radicado en la Universidad de Nuevas Gales del Sur (Cubitt y Thomas, 2013: 2). Frecuentemente sus escritos proporcionan ejemplos de obras que cruzan arte y tecnología. En un artículo titulado "Currents of world-making in contemporary art", publicado en 2012, identificó la segunda de las corrientes referidas en la nota al pie anterior, a partir de una serie de proyectos artísticos que involucran medios electrónicos, como el entorno inmersivo de realidad virtual *Osmose*, desarrollado por Char Davies en 1995. A juicio de Smith, las obras de Davies, al igual que las de otros artistas pioneros como Christa Sommerer y Laurent Mignonneau, evidencian un esfuerzo por "reimaginar mundos conocidos de una manera diferente, o imaginar mundos posibles", en el contexto de sociedades saturadas por la vigilancia (Smith, 2012a: 184).

145 Por su parte, siguiendo con el planteo de Cubitt y Thomas (2013), la tendencia poscolonial aparecería, por ejemplo, en *The File Room* (1994) de Antoni Muntadas, un archivo físico y virtual de casos de censura cultural, clasificados de acuerdo con los motivos de la censura, las fechas de prohibición, las geografías en las cuales sucedieron los hechos y los medios implicados. La obra comprende tanto la recreación del entorno de un archivo a modo de instalación, inaugurada en 1994 en el Chicago Cultural Center, como una plataforma virtual pública, abierta e interactiva, progresivamente enriquecida por las contribuciones de los usuarios que acceden al sitio y

Si analizamos algunas iniciativas impulsadas en Argentina durante los últimos años, podemos extender estas conjeturas hacia el terreno de la curaduría y las políticas institucionales locales. Una perspectiva que concibe a los cruces entre el arte y la tecnología en conexión con la innovación *per se* y el espectáculo, en este caso asociados con un énfasis puesto en el emprendedurismo y la creación en la cultura digital, ha sido manifestada en la programación del CCGSM durante los últimos años. Hacia fines de 2011, Gabriela Ricardes, quien recientemente había sido nombrada directora general de este centro cultural, convocó a Diego Pimentel[146] para dirigir el área de educación e innovación. El gran desafío asumido por la nueva gestión consistió en reposicionar a uno de los principales centros culturales porteños como exponente de las nuevas manifestaciones que imbricaban arte y tecnología. En ese entonces la sala F era un depósito, la sala E había devenido en una oficina de sonido y todo el edificio emplazado debajo de la plaza seca se encontraba en refacción.

El nuevo cargo de Pimentel en el CCGSM alentó la incorporación de contenidos relativos a las poéticas electrónicas. Para ello, comenzó delineando un área dedicada a diferentes temáticas afines a esta escena dentro de la formación de talleres del centro cultural.[147] En consonancia con la intención del CCEBA de conceder un lugar a artistas y especialistas locales para que compartieran sus conocimientos con la comunidad interesada en un terreno en expansión, desde 2012 el CCGSM configuró un área de capacitación liderada por los referentes de un terreno que ya venía creciendo enérgicamente, aunque atravesado por continuas oscilaciones.

Por otro lado, entre octubre y diciembre de ese año se llevó a cabo *Noviembre Electrónico*, un evento que a partir de entonces sería organizado anualmente.[148] Ideado con el objeto de difundir el cruce entre el arte y la tecnología en la Argentina mediante exhibiciones, workshops, conferencias

---

aportan datos sobre las censuras culturales acontecidas. La tercera tendencia, aquella que atiende a las "potencialidades interactivas de los distintos medios materiales, las redes de comunicación virtual y los modos abiertos de conectividad tangible" (Smith, 2012b: 23), se expresaría, entre otros, en los proyectos realizados por el grupo Mongrel, creado en el London Technology Centre (Artec) e integrado por Graham Harwood, Matsuko Yokokoji, Mervin Jarman y Richard Pierre-Davis. Sus trabajos se valen de los medios digitales para detentar una posición crítica hacia la utilización de dichos medios, mediante la elaboración de softwares y hardwares propios, y el frecuente abordaje de problemáticas sociales desde prácticas culturales comprometidas en un sentido político.

146 Diego Pimentel dirigió el CCGSM entre los años 2015 y 2019.

147 Jorge Crowe impartió un curso sobre electrónica musical *Do it yourself*, Hernán Kerlleñevich acerca de Pure Data, Guido Corallo sobre Processing y Diego Diez ofreció un taller de Arduino.

148 Mientras que en 2012 *Noviembre Electrónico* tuvo una duración de dos meses, a partir de 2013 se redujo a diez días del mes de noviembre.

y espectáculos, *Noviembre Electrónico* fue pensando como un espacio de convergencia destinado a artistas, realizadores, diseñadores, desarrolladores e investigadores de las artes electrónicas y la cultura digital. Así, el evento perpetuaba el espíritu de una serie de actividades previamente organizadas por el CCGSM. Desde los años ochenta, la institución había sido escenario de diversos eventos que continuaron con el impulso iniciado en las décadas precedentes por el ITDT y el CAyC. Con la vuelta de la democracia, el centro exhibió nuevas realizaciones audiovisuales experimentales y exposiciones de videocreación (Garavelli, 2014). En 1990 se llevaron a cabo las Primeras Jornadas de Teoría y Estética del Video Argentino, organizadas por Graciela Taquini y la Sociedad Argentina de Videastas. Más adelante, se inauguró *Encuentro digital, Flash Party, Arte en Progresión* y *Cultura y Media*. Precisamente, en el lanzamiento de 2012, la agenda cultural de la ciudad describía a *Noviembre Electrónico* como un evento concentrado en el trabajo transdisciplinario que reconocía antecedentes directos en *Cultura y Media*, sobre el cual volveremos en el próximo apartado:

> El foco está dado en lo transdisciplinar, lo complejo, lo diverso. Artistas visuales, músicos, programadores, VJs, diseñadores, desarrolladores y geeks de lo virtual y lo electrónico se darán cita durante más de un mes. Siguiendo el espíritu de Cultura y Media, expandimos las actividades en tiempo y espacios del CSM durante Noviembre Electrónico. (Agenda Cultural de Buenos Aires, 2012: párr. 1)

Los proyectos que integraron las distintas ediciones del evento derivaron de los intercambios establecidos entre el equipo de Pimentel y diversos artistas, colectivos e instituciones. Además de la presentación de diferentes obras y proyectos surgidos en los meses previos al evento, *Noviembre Electrónico* ha convocado a artistas extranjeros para que participen de la exhibición.

Un caso interesante a fin de ahondar en los imaginarios de modernización locales fue la presentación de las instalaciones robóticas *Hysterical Machines* y *Mega Hysterical Machine,* ambas realizadas por el consagrado artista canadiense Bill Vorn. Exhibidas en la edición de 2014, las obras consistían en grandes robots suspendidos del techo, integrados por cuerpos esféricos y provistos de válvulas neumáticas que posibilitaban el movimiento de ocho brazos de aluminio, cuyos extremos se encontraban rematados por luces puntuales. Al detectar los estímulos generados por el público a través de sensores ultrasónicos, los robots reaccionaban moviendo sus brazos en diferentes direcciones, dirigiendo luces hacia distintos puntos del espacio de exhibición y amplificando sonidos desencadenados por el comportamiento de las piezas. *Hysterical Machines* resultó de un proyecto desarrollado en los años noventa, mientras que el mega robot fue creado en 2010. Este último posee ocho veces el tamaño y peso de las máquinas histéricas y es descrito como un enorme robot que solo ha sido presentado en grandes escenarios. Ambas obras, ubicadas en una amplia sala del centro cultural, fueron las protagonistas del evento.

El espacio oscuro, las luces de colores, el entorno brumoso provocado por máquinas de humo y los sonidos intensos generados por la reacción de las máquinas ante la presencia del público, marcaban el contrapunto de *Elevaciones*, una instalación robótica creada por el artista argentino Leo Nuñez, y emplazada en el hall que antecedía a aquella sala. La obra de Nuñez estaba integrada por una serie de criaturas robóticas también colgadas del techo, cada una integrada por una estructura de madera recubierta por largas tiras de papel. *Elevaciones* se basa en los comportamientos de los mercados y las bandadas, dos casos en los cuales la suma de las conductas individuales sencillas generan otras más complejas. Aquí, la altura alcanzada por cada robot era determinada por la relación con sus vecinos, según conductas colectivas con características emergentes. Todos los robots estaban conformados por un sistema mecánico que viabilizaba la movilidad y un software de autoorganización encargado de controlar la comunicación entre las criaturas.

La exhibición de ambas instalaciones contiguas condensaba dos imaginarios de modernización en tensión en el contexto de las artes electrónicas argentinas. Por un lado, los efectos lumínicos, y los movimientos veloces y automatizados de las máquinas realizadas por uno de los exponentes del arte robótico internacional, funcionaban como significantes de perfeccionamiento artístico y tecnológico, es decir, como componentes icónicos del carácter próspero de la cultura local. Por otro lado, una obra producida en Argentina a partir de materiales sencillos, en función de una estética *lowtech*, contrastaba con los materiales empleados por los dispositivos de Vorn.

Si bien el propio nombre del evento indica que el criterio que rige la programación es la incorporación de la tecnología en procesos creativos de diversa índole, y no tanto la reflexión sobre los modos en que aquella es utilizada según núcleos conceptuales que articulen las distintas propuestas, *Noviembre Electrónico* ha logrado crear un ámbito de convivencia de instalaciones robóticas interactivas, videojuegos, música electrónica, visualizaciones en tiempo real, impresión 3D y conferencias sobre desarrollo y administración de sistemas. Por lo tanto, en lugar de elaborar ejes curatoriales que modulen las producciones exhibidas y las actividades

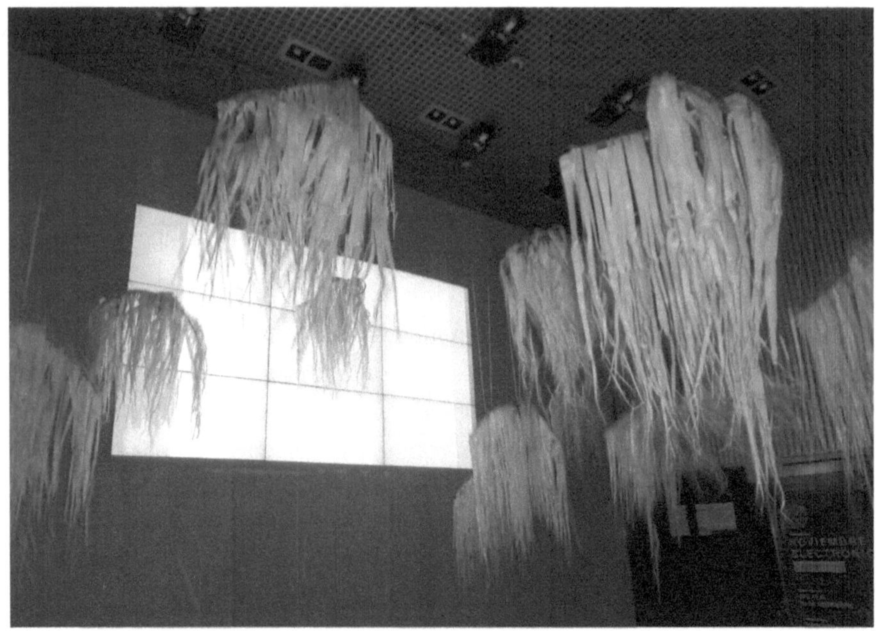

presentadas, se promueve un trabajo colectivo que incluye miradas alternativas y brinda espacios para exhibir toda clase de proyectos.[149]

La atención hacia el carácter innovador de los medios y procesos científico-tecnológicos involucrados en los proyectos artísticos también marcó las actividades emprendidas por Objeto a, una productora cultural especializada en los intercambios entre el arte, la ciencia y la tecnología. Tomás Oulton lanzó la iniciativa en 2008 con la intención de consolidar una plataforma que generara un fuerte impacto en la escena local. En agosto de 2008 inauguró *Estado del Agua*, una muestra curada por Graciela Taquini en el espacio de exhibición de Objeto a[150] e integrada por catorce instalaciones y cuatro videoperformances[151] que tomaban el elemento agua como metáfora de la creación artística –"profunda, proteica, cambiante, móvil, continente y contenido" (Taquini, 2008a: párr. 3)–, todas ellas realizadas por artistas provenientes de diversos campos disciplinares (video,

149 Este aspecto es significativo porque muchas de las exhibiciones albergadas por el evento han sido financiadas a través del Régimen de Promoción Cultural de la Ciudad (Mecenazgo), motivo por el cual las propuestas seleccionadas tienen la obligación de ser expuestas dentro de un plazo estipulado.

150 Originalmente la productora contaba con un espacio de exhibición ubicado en el barrio de Palermo. A comienzos de 2016, la galería fue cerrada y los eventos pasaron a ser desarrollados en distintas sedes de la ciudad.

151 Se exhibieron videoperformances de Enrique Aguerre, Marta Cali, Paula Gaetano Adi, Julieta Anaud e Ignacio Laxalde, una instalación sonora interactiva de Luciano Azzigoti y otras obras de Marta Ares, María Bedoian, Margarita Bali, Martín Bonadeo, Luis Campos, Paulino Estela, Marina González, Marcela Mouján, Marina Rubino, Matías Tapia, Mariela Yeregui, Daniela Muttis, Jorge Crowe, Diego Rusjan y Christian Wloch.

música, danza, artes visuales). La propuesta consistía en reunir diferentes obras que emplearan tecnologías analógicas y digitales, tomando como referencia los proyectos pioneros de Gyula Kosice y Nicolás García Uriburu.

Además de crear una red de trabajo conjunto con diversas universidades –UTN, Maimónides, UNTREF–, un segmento de la productora ofrece a las empresas la posibilidad de diseñar eventos específicos en función de sus intereses comerciales, o bien participar en las actividades impulsadas por Objeto a. Si bien desde 2009 surgieron los eventos que dieron mayor visibilidad al emprendimiento –*Game On!: el arte en juego* y la Bienal Kosice[152]–, a partir de 2013 se multiplicaron sus iniciativas: la muestras de videojuegos comenzaron a itinerar y fueron organizadas algunas ediciones especiales; la tercera edición de la Bienal sumó una convocatoria a artistas latinoamericanos; y alumnos y egresados de la Maestría en Tecnología y Estética de las Artes Tecnológicas de UNTREF presentaron sus proyectos en la muestra *Arte y robótica* en el Planetario. Además, la productora organizó la exposición de las obras premiadas en el Concurso de Ciencia, Arte y Tecnología: ArCiTec (2014) y la muestra *Inteligencia artificial. Arte en nuevos medios* en el Centro Cultural Borges (2015).

A través de sus diferentes actividades, Objeto a concibe a la confluencia del arte y la tecnología como una zona de intersección entre el trabajo de artistas emergentes y consagrados, programadores, instituciones educativas y empresas, cuya labor busca impulsar nuevas aplicaciones y modos de hacer dentro del campo tecnológico. Desde esta perspectiva, las tecnologías confieren a las prácticas artísticas que hacen uso de ellas el valor de la innovación, de manera que se renueva el optimismo tecnológico y la exaltación de lo nuevo ya fuertemente presentes durante el siglo pasado. El espectacularismo contemporáneo replicaría la necesidad de innovar y sorprender arraigada en ciertas manifestaciones neovanguardistas, las cuales, a su vez, en gran medida se enfrentaron a la exigencia de producir un impacto equiparable al efecto de shock que las primeras vanguardias habían perseguido. La identificación de estas filiaciones permite profundizar en nuevas conexiones posibles entre las vanguardias históricas, las neovanguardias y el arte contemporáneo de las últimas décadas que no se circunscriban únicamente a la alianza entre el arte y la vida, o a la superación de las fronteras entre el arte de élite y la cultura de masas, características que sí han sido estudiadas de manera asidua.

---

152 La exposición de videojuegos *Game On!: el arte en juego* tuvo su primera edición en 2009. Por su parte, la Bienal Kosice comenzó en 2010 en el espacio de exhibición de Objeto a y luego contó con otras sedes, como el Planetario, el Centro Cultural Borges y el CCGSM.

Mientras que las neovanguardias irrumpían en el campo de la praxis artística, en particular nucleadas en torno al nuevo escenario consolidado en Estados Unidos después de la Segunda Guerra Mundial, en el marco de la Internacional Situacionista –organización de artistas e intelectuales europeos influidos por la teoría marxista–, Guy Debord (1995 [1967]) comenzaba a teorizar sobre la idea de "espectáculo", referida en este caso al tipo de relaciones sociales desarrolladas en el capitalismo avanzado. En la primera frase de *La sociedad del espectáculo,* se lee: "Toda la vida de las sociedades en que reinan las condiciones modernas de producción se anuncia como una inmensa acumulación de *espectáculos.* Todo lo que antes era vivido directamente se ha alejado en una representación" (Debord, 1995 [1967]: 8). Si en el primer tomo de *El Capital,* Marx (1977 [1867]) había planteado que en el modelo de producción capitalista la riqueza se manifestaba como un cúmulo de mercancías, en la nueva época, según Debord, la mercancía habría devenido en espectáculo, en un contexto en que la productividad ya no se reduce a la acumulación de riqueza sino que debe ser pensada en relación con la producción de imágenes. Con la expansión de los medios de comunicación, todas las formas del espectáculo –"información o propaganda, publicidad o consumo directo de entretenciones" (Debord, 1995 [1967]: 9)–, integran un nuevo mundo donde la imagen se autonomiza. Pero para Debord, antes que un conjunto de imágenes diversas, el espectáculo es la producción dominante de la sociedad contemporánea: "(…) considerado en su totalidad, es a la vez el resultado y el proyecto de un modo de producción existente. No es un suplemento al mundo real ni su decoración superpuesta. Es el corazón del irrealismo de la sociedad real" (Debord, 1995 [1967]: 9).

Sin embargo, aunque muchas obras neovanguardistas pueden ser analizadas en la clave del espectacularismo,[153] no todas ellas responden a esta línea, así como tampoco necesariamente remiten a la sociedad del espectáculo delineada por Debord. Al examinar el contexto argentino de los años sesenta, se hacen evidentes las distintas perspectivas con respecto al carácter espectacular de los proyectos. Una de ellas empleó tácticas que a simple vista podrían ser asociadas con un espectacularismo acrítico, cuando en realidad constituyeron operaciones irónicas que reflexionaban sobre la cultura masiva, la omnipresencia mediática y el poder de la imagen. Solo por citar

---

153 Por ejemplo, una obra como *Nana* (1966) de Niki de Saint Phalle (Smith, 2012b). Presentada en el Moderna Museet de Estocolmo, la instalación consistía en la representación del cuerpo de una mujer recostada, a la cual se ingresaba a través de sus piernas abiertas. El impacto producido por las obras de artistas actuales, entre ellos, Ron Mueck, Tim Hawkinson y Damien Hirst replicaría estas estrategias espectaculares en la contemporaneidad.

un ejemplo, una línea semejante fue plasmada en *¿Por qué son tan geniales?* (1965), afiche-panel que Edgardo Giménez, Dalila Puzzovio y Carlos Squirru emplazaron en la esquina porteña de Florida y Viamonte. Las imágenes de los tres artistas, pintadas por un artífice anónimo, eran acompañadas por sus respectivos nombres y el título de la obra. La estética del panel imitaba las características de los carteles de publicidad cinematográfica de la época:

> Un desafío *pop* al sistema del arte, a la vez que proposición del artista como modelo de estilo de vida. Desde la gigantesca y enigmática imagen, Squirru, Puzzovio y Giménez se ofrecieron entre irónicos y satisfechos de la modernidad internacional de los *sixties*. El cartel se apropió de las estrategias de la publicidad para llevar el arte a la calle como los artistas deseaban. (Herrera, 2010: 32)

Por su parte, en otras obras contemporáneas a aquella, como *La Mene-sunda* (1965) de Marta Minujín y Rubén Santantonín, referida en el segundo capítulo, la jerarquización de la dimensión espectacular de la propuesta devino de la importancia que sus artistas concedieron al componente lúdico, el compromiso físico del público y el desarrollo de experiencias entretenidas.[154] Tanto el tamaño como la escala de los proyectos encarnan dos aspectos que frecuentemente han contribuido con la escenificación del espectáculo. Ambos aspectos, junto con la magnitud económica de las obras, determinaron las connotaciones adoptadas por el término "espectáculo" en el contexto de las artes visuales (Bishop, 2011). Así como para Rosalind Krauss éste supone la cristalización del puro presente en ausencia de un posicionamiento histórico, para James Meyer implica una escala apabu-llante que detona al cuerpo humano como punto de referencia, para Hal Foster marca el triunfo del *branding* corporativo (basta con ponderar la magnificencia del Guggenheim de Bilbao, asimismo estudiada por Smith) y para Boris Groys es la expresión de la cultura del autoexhibicionismo a través de las redes sociales.[155] La enumeración de autores contemporáneos que han reflexionado sobre el fenómeno podría completarse con las ideas de Byung-Chul Han (2014: 13): el espectáculo –derivado del verbo latino *spectare*– consiste en una mirada curiosa sin distancias, opuesta al respeto

---

154 Lo mismo podría formularse con respecto a otros proyectos de Marta Minujín realizados en esa época, entre ellos, *¡Revuélquese y viva!* (1964) y *Minuphone* (1967), y trabajos posteriores como *The Soft Gallery* (1973) y *El Obelisco de Pan Dulce* (1979).

155 Groys (2014: 97) sostiene que si todavía la sociedad actual pudiera ser considerada una sociedad del espec-táculo, en todo caso sería un "espectáculo sin espectadores".

(*respectare*) del *pathos* de la distancia, vale decir, de la mirada apartada; por lo tanto, es la distancia la que distingue el *respectare* del *spectare*.

En la escena de las poéticas electrónicas contemporáneas, el espectacularismo fue principalmente estudiado a propósito de los proyectos artístico-tecnológicos que se emplazan en el ámbito urbano. Mirjam Struppek, urbanista y curadora alemana, investiga la alteración de las ciudades producidas por la expansión de los nuevos medios. El paisaje urbano y la esfera digital crean espacios híbridos, fenómeno frente al cual es preciso implementar políticas específicas que configuren nuevos modos de habitabilidad. Una de las estrategias que Struppek (2014) identifica es la "solución del mercado" (*business solution*), encarnada por las industrias creativas y el marketing urbano, impulsores de festivales grandilocuentes, proyecciones de luces y mega mappings que apuntan a una audiencia amplia y buscan cautivar al mundo fusionando arte, entretenimiento y publicidad.

Pero según Tanya Toft (2017), cuya tesis doctoral dedicada a los cruces del arte y la tecnología en el espacio urbano discute con los fundamentos de Struppek, las ideas de la teórica alemana no constituyen el nudo gordiano de la espectacularización contemporánea: "la esencia problemática de la espectacularización hoy en día no concierne a imágenes de escala, volumen o imperativos ideológicos, sino a una infraestructura ontológica de inmersión estética en los medios"[156] (Toft, 2017: 164, trad. propia). Desde la masificación de los *smartphones*, el espectáculo deviene de la inmersión de nuestra existencia en aplicaciones móviles, redes sociales, plataformas web y videojuegos que modulan nuestros comportamientos de maneras impensadas algunas décadas atrás. La continua emergencia de procesos veloces, la motivación hacia la participación permanente e inmediata a través de los dispositivos tecnológicos y la extensión de los principios del libre mercado hacia la esfera cultural, producen un cambio ontológico radical. La hipótesis de Toft replica que la espectacularización urbana contemporánea hoy ya no se manifiesta en los efectos manipuladores y alienantes, desencadenados por la producción de imágenes ideológicas del capitalismo, como aquellos descritos en su momento por la Escuela de Frankfurt, ejercidos hacia un sujeto seducido por la industria cultural. En lugar de jugarse en las imágenes cautivantes que son observadas por un espectador pasivo (*look at*), en la "cultura de emergencia" la espectacularización se expresa mediante la espectacularización de la

---

156 "The problematic essence of spectacularization today concerns not imrages of scale, volume or ideological imperatives but rather an ontological infrastructure of media aesthetic immersion".

"duración"[157] del sujeto en las imágenes que lo rodean, y en las cuales éste se encuentra sumergido (*live through*) (Toft, 2017: 171) .

Los argumentos de Struppek y Toft se fundamentan en importantes proyectos de arte y tecnología en el espacio público, desarrollados en ciudades europeas que no tienen correlato directo con los casos de estudio locales. Ambas hipótesis deberían ser reformuladas si quisiéramos trasladarlas al ámbito argentino. Para hacer frente a la "solución del mercado", Struppek propone una contra estrategia que busca estimular el sentido de comunidad y el trabajo conjunto entre los vecinos de cada barrio, sobre todo en zonas decaídas o abandonadas. Instalaciones interactivas, obras sonoras participativas, intervenciones en pantallas móviles, videojuegos y proyectos de realidad virtual al aire libre son algunas de las herramientas empleadas para crear nuevos campos de interacción que habiliten la construcción de una sociedad democrática (Struppek, 2014: 3). Sin embargo, la táctica social esbozada por Struppek resulta tan utópica en nuestro contexto[158] como la idea de Toft, de acuerdo a la cual nos encontraríamos completamente sumidos en experiencias estéticas urbanas inmersivas. Podríamos discutir con Toft cuando asevera que la espectacularización ya no refiere a la magnitud de los proyectos, sino a la nueva ontología de sumersión mediática. La línea que considera a la tecnología implicada en las poéticas electrónicas como innovación efectivamente deja entrever aquí cierta atracción por el tamaño, la escala y la presencia de las obras, como si la potencia y la eficiencia tecnológicas aún estuvieran vinculadas con las dimensiones de la máquina.[159] De todas maneras, en los

---

157 Desde un enfoque bergsoniano –una de las perspectivas filosóficas que integran el marco teórico de la disertación de Toft–, la autora piensa el concepto de duración ligado con la experiencia de una temporalidad "maquínica" característica de nuestra era, atravesada por interfaces y mecanismos funcionales. El desfasaje entre esa temporalidad y la naturaleza de la propia experiencia de percepción humana estaría afectando la sensibilidad del sujeto contemporáneo. La espectacularización de la duración referida por Toft supone un tiempo que no es consciente, racional, espacializado, cuantitativo, homogéneo ni cronológico, sino que involucra una "sucesión de cambios cualitativos" que para Bergson (1994: 16) definen a la duración pura.

158 Si bien en la Argentina han sido realizados algunos proyectos de arte y tecnología en el espacio público que podrían ser clasificados como paradigmas de la estrategia social aludida por Struppek, esta clase de propuesta es aún escasa en nuestro país. Uno de los pocos ejemplos es *La expedición*, iniciativa colaborativa desarrollada en 2011 por el colectivo COZA (Roger Colom y Leonello Zambón). Se trató de un recorrido a lo largo de las vías del tren que se extienden entre las ciudades de Buenos Aires y La Plata, utilizando como vehículo la llamada "parasitophonía", una bicicleta intervenida que funciona como estudio de grabación precario, entre otras funciones. Otro ejemplo significativo es *Escrituras*, un proyecto de contra-señalética urbana impulsado por Mariela Yeregui y Gabriela Golder entre 2014 y 2017, y concebido tanto como producción comunitaria, participativa y performática, como intervención territorial a partir de estrategias cartográficas *open-source*. Para ampliar este punto, véase Kozak (2019) y Yeregui (2013).

159 Las primeras computadoras ocupaban habitaciones completas. Por ejemplo, la ENIAC (*Electronic Numerical Integrator and Computer*), presentada por la Universidad de Pensilvania en 1946, se extendía en un espacio de más de cien metros cuadrados, pesaba veintisiete toneladas y estaba integrada por miles de componentes

eventos que hemos señalado, la impronta corporativa coexiste con el impulso de prácticas emergentes que si bien no constituyen exponentes de la "estrategia social" en el sentido al que Struppek refiere –no se trata de eventos necesariamente organizados para el espacio urbano–, sí motivan metodologías de trabajo donde la tecnología funciona como nexo de la labor colaborativa.

Con todo, el carácter meritorio de las plataformas del CCGSM y Objeto a consiste en impulsar la confluencia de dos líneas que históricamente tendieron a discurrir por caminos separados: una representada por artistas procedentes de distintas disciplinas artísticas, y otra mayormente asociada a la programación, el diseño, la fabricación digital y la comunicación. Previamente hemos argumentado que la noción de artes electrónicas permitió fusionar los territorios de artistas visuales y audiovisuales que hasta el momento solían acuñar clasificaciones diferenciadas ("arte digital" y "arte multimedia"). El adjetivo implicado en el nombre del evento –*Noviembre Electrónico*– comprueba la intención (para esta época ya afianzada en la escena) de acoger indistintamente manifestaciones contemporáneas que cruzan prácticas artísticas, conocimientos técnicos y recursos tecnológicos desde diversos campos disciplinares.

3. Utopías críticas

Otros eventos configuraron una perspectiva crítica sobre el desarrollo tecnológico *per se*, en algunos casos como reacción ante la posición de exaltación utópica de la técnica. Si en el primer capítulo habíamos inquirido en el vínculo establecido entre utopía e invención en la escena de las poéticas electrónicas contemporáneas, las cuales propiciarían la reinscripción del concepto de invención en el ámbito de las artes, aquí hacemos foco en determinados relatos curatoriales que fundan utopías críticas al cuestionar la concepción moderna del término, por lo general ligada a una actitud glorificadora de la ciencia y la tecnología.

La relación entre ideología y utopía, dos expresiones del imaginario social ha sido observada por Paul Ricoeur (1984: 87). Ambos fenómenos relacionan las "expectativas" orientadas hacia el futuro, las "tradiciones" heredadas del pasado y las "iniciativas" del presente, aunque operan en niveles diferentes. Ya sea actuando como distorsión o disimulación, como

que permitían agilizar el trabajo humano. Aunque es evidente que en la actualidad ya no existe una correspondencia entre la magnitud de la máquina y su rendimiento –tecnologías diminutas desempeñan tareas altamente complejas–, el imaginario tecnológico muchas veces continúa asociando el tamaño y la escala de los dispositivos con su potencia y eficiencia.

justificación o legitimación, o bien como integración, la ideología funciona como representación de la vida real, crea identidades y "conserva al grupo social *tal cual es*". Por su parte, la función de la utopía es:

> (….) la de proyectar la integración *fuera de lo real* en un afuera que es también un ninguna parte. He aquí el primer sentido de la palabra utopía: un lugar que es otro lugar, un afuera que es un ningún lado. Aquí no habría que hablar solamente de utopía sino también de ucronía, a fin de señalar no solo la exterioridad espacial de la utopía (otro lugar) sino también su exterioridad temporal (otro tiempo). (Ricoeur, 1984: 95)

Siguiendo con Ricoeur, la naturaleza cuestionadora de la utopía convierte a ésta en un ejercicio de imaginación de otros seres sociales posibles, proyectando formas alternativas con respecto a los modos en que se ejerce el poder. Sin embargo, debido a que la realidad no impone resistencias porque la utopía evita reflexionar sobre la posibilidad de inscribirse en la situación real, el filósofo fundamenta que los imaginarios utópicos suelen desdeñar la acción y no indican cómo proceder para cambiar el orden vigente: "la lógica de la utopía se convierte entonces en una lógica del todo o nada que conduce a algunos a huir en la escritura, a otros a encerrarse en la nostalgia del paraíso perdido y a otros a matar sin discriminación" (Ricoeur, 1984: 97). El efecto idealizante inherente a la noción tradicional de utopía puede ser reemplazado por su "función liberadora", dado que "imaginar el no lugar es mantener abierto el campo de lo posible" (Ricoeur, 1984: 97). Este último enfoque es precisamente la orientación que detectamos en las curadurías analizadas a continuación. Tanto la redefinición del papel desempañado por las utopías tecnológicas en la contemporaneidad desde una perspectiva desidealizada, como las nuevas alternativas que pueden ser adoptadas en pos de proyectar el porvenir desde un presente atravesado por paisajes tecnológicos diferentes a los del siglo pasado, abren una línea que aborda reflexivamente el problema de la innovación, la novedad y las relaciones recíprocas entre desarrollos tecnológicos y futuro. En este sentido, las utopías críticas no suponen posturas distópicas: aun cuando el porvenir imaginado resquebraja la mirada glorificadora utópica, no es necesariamente proyectado como un futuro apocalíptico, amenazado por la creciente tecnificación de las sociedades.

Uno de los eventos que incluimos en esta línea es *Arte en Progresión: encuentros sobre nuevas tendencias y experimentación artística*, creado en 2003 por iniciativa del CCGSM. María Victoria Alcaraz y Claudio Massetti convocaron a Graciela Taquini en aquella oportunidad para proporcionar al centro cultural una impronta contemporánea. La propuesta de la curadora[160] consistió en crear tres encuentros breves, integrados por un prolífero programa de actividades en tres módulos sucesivos: el primero de ellos, llevado a cabo en el mes de marzo, se llamó "El centro como encendido. CCGSM: un faro de arte contemporáneo", el segundo tuvo lugar en mayo y fue designado "Redes latinoamericanas: crear y resistir en la crisis" y, el tercero, organizado en octubre, se tituló "La revolución de los robots: futuro y utopías". La noción de obra en proceso fue el eje central de una programación conformada por exposiciones, performances, proyecciones y conciertos desarrollados simultáneamente en distintos espacios del centro cultural. En la presentación del encuentro, Taquini alegaba la intención de rescatar proyectos sugestivos realizados en una coyuntura compleja:

> No se trata de adorar la tecnología de punta en sí misma, ni de negarla, sino que se privilegia por sobre todo la capacidad creativa de artistas viviendo en momentos difíciles. Arte argentino de adentro y afuera, invitados extranjeros, jóvenes y veteranos, consagrados o no, ricos y modestos, este encuentro quiere ser una verdadera fiesta. Una serie de actividades (muestras, conciertos, performances, encuentros, talleres, conferencias, cursos) que presentará un panorama de la creación interdisciplinaria en la era digital, con la experimentación y la búsqueda de nuevos medios, materiales, formatos y estructuras. (Taquini, 2003: párr. 1)

Nuevamente nos hallamos ante una iniciativa que bregó por el encuentro de artistas diversos –jóvenes, pioneros, argentinos, extranjeros–, convocados por un interés compartido en la confluencia del arte y la tecnología. Resulta notorio que los ejes curatoriales de los tres módulos ponderaron la cuestión temporal: mientras que el primer módulo se abocó al presente, pretendiendo convertir al CCGSM en un foco de las tendencias artísticas contemporáneas fundadas en la exploración de diferentes medios y formatos, el segundo abordó "el peso del pasado sobre el presente latinoamericano" (Alonso; Taquini y Tejeiro, 2012: 77), en relación con el contexto político, la identidad y la resistencia cultural. Finalmente, el tercer segmento indagó en las visiones utópicas construidas en torno al desarrollo tecnológico del futuro, puntualmente a través de la robótica.

La posición de Taquini con respecto a las tecnologías empleadas por los diferentes proyectos denota una reticencia hacia la tendencia exaltatoria

160 Rodrigo Alonso, Augusto Zanela y Mariano Sardón colaboraron respectivamente en la curaduría, el diseño de montaje y el asesoramiento tecnológico del evento.

presente en nuestro contexto desde fines del siglo anterior. El afán exploratorio no era concebido como sinónimo de creación digital, sino que admitía la posibilidad de repensar materiales preexistentes y reformular conceptos instaurados, donde convivía la "tecnología de punta" con el "atalo con alambre" (Taquini, 2003: párr. 1). Por ejemplo, en una vidriera abierta hacia la calle Sarmiento durante el primer módulo de *Arte en Progresión,* se exhibió la muestra *HIGH & LOW*, integrada por *Fotomachines,* una serie de objetos interactivos de la artista austríaca Ingrid Sinzinger, y *Los huevones,* una instalación interactiva de la argentina Azul Ceballos. La obra de la artista cordobesa consistía en dos huevos provistos de parlantes y un mp3 con más de doscientos discursos. Cuando el micrófono relevaba un sonido, las distintas frases eran activadas de manera aleatoria y transmitidas a través de los huevos-parlantes o narradores autómatas (Ceballos, 2010). La descripción de la actividad contrastaba los usos de las tecnologías en ambas obras:

> Esta muestra contrapone la creación de una joven cordobesa que realiza una obra sutilmente tecnológica con la de una artista austríaca que plantea un discurso irónico al crear piezas de sinergia mecánica que requieren simples respuestas del espectador. Instalaciones de bolsillo e interactividades de pequeño formato digital, conviven en una ventana abierta a Buenos Aires. (Taquini, 2003: párr. 3)

Arte en Progresión constituyó una experiencia novedosa en tanto posibilitó generar un espacio de encuentro para artistas, curadores, docentes, gestores y estudiantes que hasta entonces no habían tenido la oportunidad de conocerse. Así como *Interférences* permitió en Francia conectar a numerosos artistas latinoamericanos dedicados a la producción de las poéticas electrónicas, el evento argentino facilitó los intercambios entre los protagonistas locales de un campo en formación, mediante una extensa programación de actividades permanentes y cambiantes.

La misión de *Arte en Progresión* fue posteriormente continuada por *Cultura y Media,* organizado entre 2006 y 2011 en el CCGSM. Además de proyecciones, intervenciones e instalaciones exhibidas dentro y fuera del edificio, se organizaron conciertos, talleres y mesas redondas. En particular, la sexta edición de *Cultura y Media* –designada como "Lo nuevo de lo nuevo"[161], curada en 2011 por Taquini con la colaboración de Natalia Rizzo

---

161 Entre otros trabajos presentados en esta edición, Leonello Zambón y Azucena Losana realizaron un mapping sobre la fachada del CCGSM titulado *Parasitophonía*; Paula Rivas exhibió su instalación audiovisual interactiva *Supernova*; Gabriela Golder expuso *Itinerarios posibles para volver a casa*, una instalación integrada por la proyección de textos que provienen de los subtítulos de las películas preferidas de la artista; Mariela Yeregui mostró su obra *En el fondo de todo hay un jardín*; y el Grupo Proyecto Biopus montó *Coexistencia*, una ins-

y Marina González–, recuperaba uno de los núcleos centrales de *Arte en Progresión*, al discurrir sobre los imaginarios de futuro proyectados desde un presente tecnológico, cuyo carácter novedoso era pensado en conexión con las primeras señales de la cultura medial:

> La propuesta curatorial de "Lo nuevo de lo nuevo" subraya las bases históricas de la cultura medial, que tuvo sus inicios alrededor de 1830 y cuyo futuro es impredecible. Las obras elegidas refieren a ese pasado, a esas raíces históricas que le dan marco y sentido. A la vez lanzan vectores hacia nuevas metáforas como las de dar luz, génesis y nacimientos. Anuncia la concreción de sueños e ilusiones. De los primeros ensayos sobre la imagen en movimiento de Muybridge a la realidad aumentada, se abren nuevas formas de superar la función de las herramientas tecnológicas o la producción de energía. La imaginación de los artistas dibuja con scanners de aeropuertos y con el mouse, produce esculturas lumínicas, crea naturalezas artificiales, retratos autogenerados, muestra la vida gestándose. Se trata de un trasvasamiento que realimenta el porvenir, en el contexto esperanzador de los resplandores de esta democracia. (Taquini, 2011: párr. 2)

Aunque *Cultura y Media* supuso un evento de mayor visibilidad que *Arte en Progresión*, fundamentalmente por su continuidad a lo largo de los años, Taquini recuerda que ambos recibieron escasa atención de la prensa y su respectivo público no fue masivo.[162] Sin embargo, desde el punto de vista de la gestión del evento, *Arte en Progresión* y *Cultura y Media* anticiparon un esquema de exposición que reaparecería hacia el 2009 con la creación de *Encuentro FASE: Arte + Ciencia + Tecnología*: diferentes instituciones son invitadas a producir sus propios proyectos en un importante centro cultural de la ciudad que funciona como vidriera de los trabajos desarrollados, los cuales son exhibidos de manera simultánea en diferentes espacios y, a su vez, coexisten con obras realizadas por artistas consagrados, ya sea argentinos o extranjeros. La programación se completa con conciertos y performances, y asimismo comprende una serie de actividades teóricas, como encuentros y charlas con artistas e investigadores.

talación interactiva integrada por un conjunto de esculturas de polietileno que representaban un ecosistema artificial, cuyas características visuales y sonoras eran transformadas por el público en tiempo real a partir de sus movimientos. También se exhibieron los proyectos de Juan Rey, Alejandro Schianchi, Proyecto Untitled, Gabriela Larrañaga, Tomás Rautenstrauch, Lucía Kuschnir, Sergio Lamanna, Christian Wloch, Jorge Miño, Toia Bonino y Carolina Andreetti.

162 Graciela Taquini en comunicación personal, 3 de marzo de 2016.

Por otra parte, las nociones de innovación y futuro constituyeron uno de los focos principales del programa de actividades lanzado en 2016 por el CCK para conmemorar el Bicentenario de la Independencia. Rodrigo Alonso nuevamente organizó una exposición consagrada a los imaginarios de futuro, esta vez integrada por obras e inventos que se distribuyeron en las salas del séptimo piso del edificio de acuerdo a tres ejes curatoriales: invención, paisaje e identidad y construcción. La muestra fue titulada *El futuro llegó (hace rato)*[163] y, a través de una serie de proyectos desarrollados en distintos medios y soportes, proponía rastrear aquellos síntomas del presente que pueden dar cuenta de los caminos a recorrer en los tiempos que se avecinan.

La primera parte de la exposición, dedicada a la invención, presentaba los hallazgos de distintos artistas y científicos argentinos. Además de la birome de Ladislao Biró, el sifón Drago, las huellas dactilares de Juan Vucetich, las prótesis creadas por Valeria Bosio o el helicóptero ideado por Raúl Pateras Pescara, se incluían piezas de Xul Solar, Gyula Kosice, Clorindo Testa, Ricardo Blanco y otros artistas, arquitectos y diseñadores que dieron testimonio de su habilidad inventiva, entendida como la "capacidad de introducir a la realidad algo que no estaba en ella y se considera necesario incorporar" (Alonso, 2018: 105).

En las secciones dedicadas al paisaje y la identidad, se exhibían proyectos que evidenciaban los modos en que las tecnologías digitales transformaron radicalmente la manera de concebir y representar tanto al cuerpo como al espacio. Por ejemplo, la instalación *Fluir* de Tomás Rawski escaneaba las huellas dactilares del público y las proyectaba en una pantalla que fusionaba las imágenes con el video de una cascada. El artista oponía la permanencia de aquellas marcas del cuerpo, inalteradas a lo largo de la vida, y la mutación del agua en constante renovación. Los cambios en la construcción y circulación de la identidad son equiparables a las transfiguraciones del paisaje en la era digital. La videoinstalación de Mateo Amaral, denominada *Canoa*, proyectaba imágenes producidas algorítmicamente que existen con absoluta independencia material, estética y conceptual de la realidad física.

El eje dedicado a la construcción exploraba la capacidad del arte para forjar nuevos mundos en función de la "potencia transformadora del ser humano" (Alonso, 2018: 104). Todos los proyectos remitían "–en formas

---

163 El título de la muestra recuerda la primera frase de la canción *Todo un palo* (1987) de la banda argentina "Patricio Rey y sus redonditos de Ricota". Según Alonso (2018: 103), esta canción constituye un himno de su tiempo. La exposición tuvo lugar entre septiembre de 2016 y abril de 2017 en el marco de la exhibición *200 años: pasado, presente y futuro*. Mientras que el segmento de la muestra dedicado a la innovación y el futuro fue curado por Alonso, el eje "Paisajes de nuestro territorio" quedó a cargo de Ana María Battistozzi, el núcleo "Identidad" fue curado por Marcos López y el eje transversal de la exposición, titulado "Encuentros", estuvo integrado por las obras de Pablo La Padula y Alberto Passolini.

más o menos evidentes, más o menos solapadas– a ideas rectoras de la vida social, como el trabajo, la educación, la convivencia, la no-violencia, la creatividad, la participación" (Alonso, 2018: 104). Una de las instalaciones que destacaba en esta sala era *Columna de libros* de Marcela Sinclair. Se trataba de una enorme torre de libros de distintas disciplinas, apilados de piso a techo, que aparentaba sostener la estructura del edificio. Así como en la sección anterior, las obras de Rawski y Amaral, entre otros de los artistas que hacían uso de las tecnologías como Carlota Beltrame y Alejandro Mon-

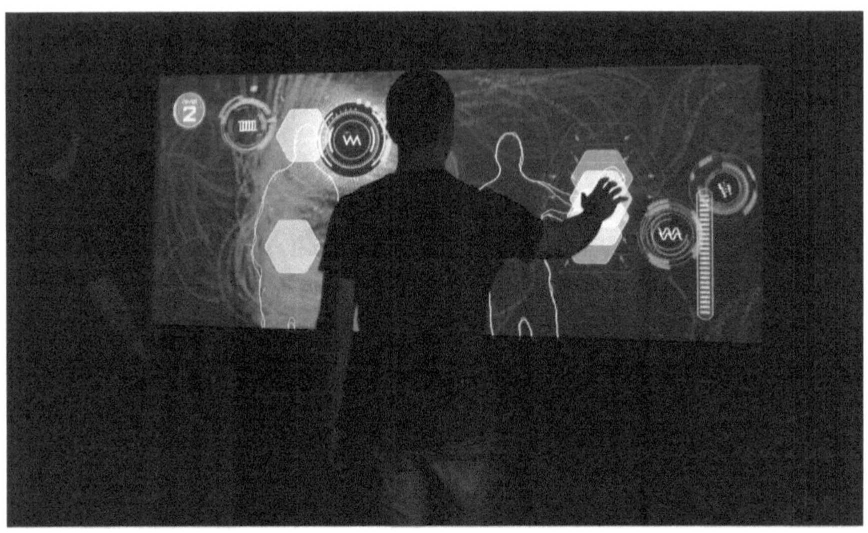

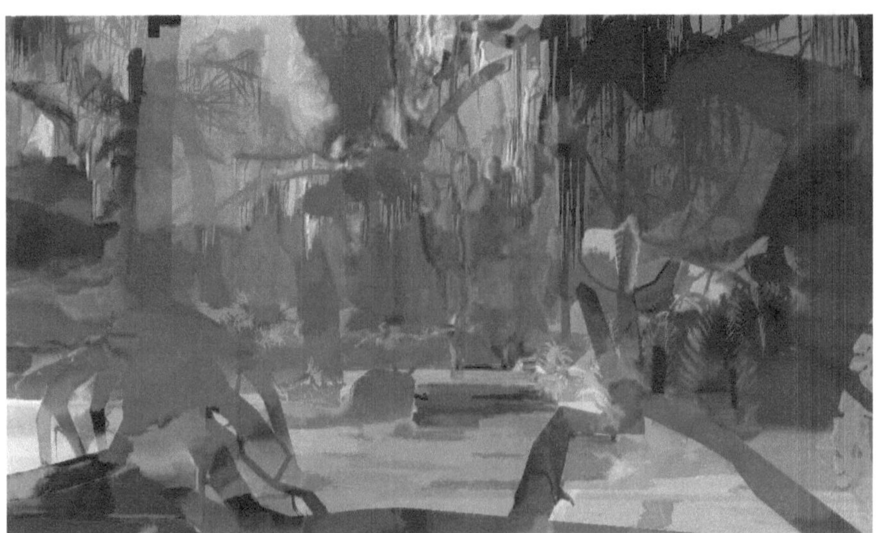

taldo, convivían con proyectos que no exploraban de manera preeminente las tecnologías, aquí también el trabajo de Sinclair y un conjunto de obras "no tecnológicas" eran presentadas junto con *Ludus*, una instalación interactiva del Grupo Proyecto Biopus. La obra fue concebida como un juego que invitaba al público a interactuar ante un sensor kinect. Al detectar los movimientos, se desencadenaba un flujo de textos que a su vez alimentaban distintos nodos musicales. La propuesta buscaba reproducir las lógicas del capitalismo, apoderándose del cuerpo del participante: éste era seducido por la profusión de imágenes y sonidos generados en tiempo real pero, aunque cada nivel permitía extender paulatinamente la lectura, los textos nunca lograban visualizarse de manera completa.

La idea de innovación sugerida por *El futuro llegó (hace rato)* no comprometía obras que necesariamente empleaban tecnologías de punta, sino que revisaba algunas creaciones novedosas realizadas en los campos del arte, la ciencia y la tecnología para obtener claves sobre los posibles derroteros futuros. En uno de los textos compilados en el catálogo de la exposición, Nicolás Mavrakis (2018: 107) notó que muchas de las utopías concebidas en los siglos XIX y XX no prosperaron en la centuria siguiente, motivo por el cual podría afirmarse que el siglo XXI "carga con el peso de la experiencia":

> Si durante el siglo XIX y mediados del siglo XX cualquier imaginación conjurada alrededor del futuro se ocupó (a veces con cruda ingenuidad) de proyectar lo que las personas iban a llegar a ser gracias al desarrollo del conocimiento –y ahí orbitan, en sepia, las viejas utopías capitalistas y socialistas de un mundo hecho de convivencias consensuadas, transportes voladores y colonizadores interestelares–, cualquier imaginación interesada en el futuro en el siglo XXI carga con el peso de la experiencia. ¿Y esa no es una carga a la cual exigirle, al menos, la renovación menos pueril posible de nuestra propia indulgencia? Imaginar lo que el futuro podría suturar en algún momento próximo se confronta, entonces, con la conciencia de lo que ningún momento cumplido pudo suturar hasta ahora. (Mavrakis, 2018: 107)

La proyección del futuro que proponía Alonso a través de los tres ejes curatoriales no afirmaba una perspectiva pesimista como contrapunto del consabido fetichismo tecnológico. La muestra ponderaba el sendero recorrido en el terreno de la innovación artística y tecno-científica en la Argentina y, en lugar de detentar posiciones maniqueas, agenciaba una actitud alternativa que evitaba la glorificación acrítica pero también eludía una perspectiva tecnofóbica desilusionada ante la crisis del proyecto moderno. En este punto resuenan las reflexiones de Leonardo Solaas (2017) con respecto a aquello que designó "la doble vida del hipersujeto", referida a la nueva subjetividad modulada por la emergencia de nuevas formas literarias. La experiencia del *stream*[164] configuró otra clase de literatura, a la cual correspondería un sujeto del hipertexto, vale decir, un "hiper-sujeto" (Solaas, 2017: párr. 16). Claro que el hipersujeto no sustituyó al sujeto tradicional: ambos coexisten desfasados porque pertenecen a espacios y tiempos divergentes. Juntos conforman "humanos de transición", hombres centauro que simultáneamente pertenecen al ámbito del ciberespacio y al mundo físico. Sin embargo, al igual que Alonso, Solaas no se lamenta por los hábitos y prácticas arrasados por la tecnologización de la vida cotidiana ni queda capturado por la primicia del "nuevo yo", sino que asume una postura intermedia que habilita, en sus palabras, "un máximo de conectividad sin que el ruido ahogue todo sentido y relevancia" (Solaas, 2017: párr. 45). Las posibilidades imaginables para la nueva sociedad hipersubjetiva son múltiples:

> Por ejemplo, que se desarrollen y popularicen técnicas para frenar el alcance panóptico de los centros de poder corporativos y gubernamentales en la Internet (digamos, la encriptación, la comunicación peer-to-peer, el blockchain y el software de código abierto). O que vayamos encontrando maneras eficaces de volver compatible la hiperlibertad de inventarse a sí mismo como sujeto virtual con la responsabilidad por las informaciones que se introducen y la limitación de la violencia, el acoso y el engaño ejercidos al amparo del anonimato y la ausencia física. O que emerjan formas de seleccionar información que disminuyan la redundancia y el ruido del stream, permitiendo sin embargo el encuentro con informaciones y actores diferentes que abran brechas en los círculos de confirmación mutua y las burbujas de contenido (probablemente con la ayuda de inteligencias artificiales). O que descubramos cómo favorecer los encuentros virtuales sin fronteras, pero con consecuencias reales en el plano emotivo, la colaboración productiva y la reunión física de cuerpos en el mundo (…). (Solaas, 2017: párr. 46)

Hacia el final del escrito, Solaas argumenta que aun cuando nada de aquello suceda –otra de las opciones factibles–, hay que asumir la complejidad

164 Solaas (2017: párr. 13) define al *stream* como la "cadena interminable de informaciones que recorremos haciendo scroll" a través de una serie de posts en las redes sociales y el infinito mundo de la web.

de nuestra época más allá de toda "dualidad moralista". Sin lugar a dudas, la apertura del abanico de posibilidades es también una toma de posición. La exposición curada por Alonso dejaba en claro que la innovación incesante expandió la capacidad constructiva y la invención en las esferas del arte, la ciencia y la tecnología. No obstante, un abordaje crítico y desidealizado de la innovación *per se*, capaz de interpelarla por distintos frentes como hacía la muestra, pareciera ser una vía interesante para examinar desde el arte qué significa lo nuevo en tiempos atravesados por la omnipresencia de la novedad. A este aspecto refirió José Luis Brea cuando sostuvo que si el pensamiento técnico es el afloramiento de un orden de cosas cerrado, el arte nace de la relación de insumisión entre el pensamiento y la técnica. Únicamente así se lograría desarticular el "asentamiento epocal de un orden de las cosas" (Brea, 2002: 124) y develar su aspecto arbitrario.

4. Tecnología como pre-texto

Paralelamente al surgimiento de eventos concentrados en el carácter innovador de las tecnologías, o bien tendientes a configurar utopías críticas que examinan las implicancias de la innovación en sí en el contexto contemporáneo, existe una tercera línea que también ubica a las tecnologías en el centro de la escena pero lo hace con propósitos diferentes a las perspectivas anteriores. En estas curadurías, las tecnologías operan como "pre-texto"[165]: suponen la plataforma conceptual (texto previo) desde la cual es posible desarrollar un discurso (texto) asimismo ligado a imaginarios tecnológicos, pero donde éstos trascienden ampliamente el nexo tecnología/novedad que constituía la columna vertebral tanto de la impronta de innovación propia de la primera tendencia, como de las posturas reflexivas definidas por la segunda línea.

El enfoque que subyace en esta perspectiva sugiere que los recursos tecnológicos no deben necesariamente determinar las ideas plasmadas en las obras ni ser elegidos en pos de alcanzar determinados resultados preconcebidos. Así como no toda pieza escultórica está constreñida a cavilar sobre las propiedades del mármol, la madera, el cincel, u otros materiales y

165 La palabra "pretexto" deriva de la expresión latina *prætextus*, participio pasivo del verbo *prætexere*, definido como la acción de poner un bordado o un tejido delante de un prenda de vestir. El significado actual del término recupera la idea de pretexto como un ornamento que acicala aquello que se encuentra detrás. Sin embargo, al separar la palabra del prefijo, procuramos evitar que la noción de pretexto sea leída en su sentido habitual, como sinónimo de excusa: un tejido urdido delante de los hechos para cubrir o decorar la verdad. Los proyectos que aquí analizamos no se valen de las tecnologías como meros adornos o accesorios de las obras, sino que son centrales en cuanto permiten desplegar la propuesta conceptual que, a su vez, las propias tecnologías constituyen.

herramientas implicados, las tecnologías electrónicas analógicas y/o digitales involucradas en obras contemporáneas no tendrían por qué encarnar el aspecto central en torno al cual las mismas son diseñadas. Conforme con el mismo razonamiento, incluso cuando las curadurías incluyan obras electrónicas en sus respectivos guiones, las tecnologías pueden funcionar como punto de partida de búsquedas que, aunque conceptualmente se desprendan de temas vinculados con un imaginario tecnológico, no se restringen a idearios de modernización ceñidos a la novedad científico-tecnológica.

Esta vertiente fue plasmada en la muestra *La certeza del error,* curada en 2015 por Jorge Zuzulich y montada en Arte x Arte – Fundación Alfonso y Luz Castillo.[166] Ubicado en el barrio porteño de Villa Crespo, el espacio cuenta con grandes salas de exhibición y se ha ido afianzando como uno de los pocos ámbitos de la ciudad destinado a la fotografía, el video y otras expresiones del cruce del arte y la tecnología. Eduardo Médici, director de la Fundación, convocó a Zuzulich para organizar la exposición, quien trabajó en conjunto con Alejandro Schianchi, un artista egresado de la Maestría en Artes Electrónicas de UNTREF, en cuya tesis de grado había estudiado el error en la producción audiovisual.

La certeza del error exploró las posibilidades estéticas de las tecnologías a partir de sus fallas. Contrariamente a los valores de belleza y perfección, perseguidos durante buena parte de la historia del arte occidental, el error connota una idea de inadecuación que incluso contradice la utopía de máquina infalible. El relato curatorial planteó tres aproximaciones hacia la estética de la falla. En la planta baja, se presentaron obras que examinaban la memoria de los dispositivos digitales, cuya lógica, modulada por la dialéctica de recuerdo y olvido, se acerca al comportamiento de la memoria subjetiva. El primer piso exhibió un conjunto de trabajos que discurrían sobre los errores o accidentes de los dispositivos, como el choque de trenes robóticos, fallas de transmisión y alteraciones del funcionamiento de aparatos causados por la intervención de sus circuitos. Por último, las propuestas del segundo piso abordaron el error en función de la pantalla; por ejemplo una emisora de televisión de baja frecuencia que solo permitía entrever las imágenes detrás de la distorsión de la señal. Además, Zuzulich optó por incluir estaciones sonoras a lo largo de todo el recorrido, las cuales ofrecían la posibilidad de escuchar obras musicales fundadas en el ruido.

El guión curatorial no estableció diferencias entre la producción local y la extranjera, como tampoco dispuso los trabajos según un orden cronológico.

---

166 La muestra tuvo lugar entre el 8 de agosto y el 24 de octubre de 2015.

Distribuidas en las tres plantas, las obras expuestas pertenecían a artistas provenientes de distintos ámbitos geográficos y períodos históricos. Algunos eran extranjeros, muchos de ellos pioneros de la historia del arte y la tecnología internacional: Joan Jonas (Estados Unidos), Takeshi Murata (Estados Unidos), Pipilotti Rist (Suiza), Luigi Russolo (Italia), Pierre Schaeffer (Francia), David Sylvian (Inglaterra), Yasunao Tone (Japón), Bill Viola (Estados Unidos), Julio Lamilla (Chile), Laurent Segretier (Francia), David Szauder (Hungría) y Ezra Hanson-White (Estados Unidos). Otros de los artistas que participaron eran argentinos, aunque no todos forman parte de la misma generación: Federico Barabino, Carina Borgogno, Alejandro Erbetta, Laura Focarazzo, Francisco Galán, Leandro Garber, Cristian Martínez, Eduardo Médici, Ramiro Ninni, Mariana Pierantoni, Javier Plano, Lorena Salomé, Alejandro Schianchi, Cecilia Szalkowicz, Lena Szankay y Martín Volman.

Fotografías, objetos escultóricos, videojuegos, instalaciones robóticas, circuit bending, videos y proyectos interactivos convivían en las diferentes salas, agrupadas de acuerdo con su adscripción a los ejes conceptuales detallados más arriba. Este aspecto asemejaba la curaduría de Zuzulich a la propuesta de Alonso en *El futuro llegó (hace rato)*, donde también las obras se distribuían según las diferentes secciones que estructuraban el relato curatorial. Sin embargo, en este caso los ejes no remitían al problema de la innovación y los modos en que la expansión de las tecnologías hacia todos los aspectos de nuestra contemporaneidad modulan otros futuros posibles. Si bien se trató de una exposición dedicada a la intersección del arte y la tecnología, donde evidentemente los dispositivos tecnológicos desempeñaban un papel preponderante, la noción de tecnología como exponente de innovación era aquí contrastada con una "mirada artefactual" (Zuzulich, 2015: 52) que actuaba como medio para abordar las transformaciones experimentadas por el paradigma estético contemporáneo, a través de las propias lógicas de funcionamiento de los dispositivos. La pregunta sobre las consecuencias de la admisión del error como posibilidad artística en un ámbito cuyo origen se encuentra ligado a los ideales clásicos de belleza, mímesis y armonía, era abordada desde la falla de las propias tecnologías. No obstante, el planteo excedía la idea de error como crítica hacia la utopía de la máquina infalible, la cual finalmente hubiera derivado en una propuesta curatorial centrada en el problema de la innovación tecnológica en la contemporaneidad, afín a los temas elaborados por las curadurías de la segunda línea. En cambio, la propuesta de Zuzulich partía de la falla tecnológica para cuestionar la estética de la perfección originada en la Antigüedad, instituida entre los siglos xv y xviii y todavía vigente. Así, las tecnologías funcionaban como punto de partida para indagar en los modos en que el campo artístico actual comprende técnicas y materiales diversos que socavan los ideales artísticos tradicionales, al igual que otras expresiones del arte contemporáneo no preeminentemente tecnológico. De allí que las obras seleccionadas procuraran investigar las vías en que el error fue legitimado como elemento configurador de la obra (Zuzulich, 2015), de acuerdo con el propósito del curador de cuestionar la exclusividad de lo tecnológico como problema inherente al campo de las artes electrónicas. En efecto, dicho territorio fue concebido como un espacio de intersección donde confluyen distintos medios y soportes.[167]

Estas características estimulaban una lectura transversal de los proyectos en relación con los núcleos definidos por Zuzulich y así ensayaban confluencias entre obras efectuadas en distintos tiempos, contextos, formatos y materiales. Una decisión que da cuenta de ello fue la disposición de la proyección del video monocanal *I´m Not The Girl Who Misses Much* (1986), de Pipilotti Rist, artista suiza precursora del videoarte, montada frente a *Glamour Girl* (2011), un video de Mariana Pierantoni, artista argentina que indaga en los imaginarios del cuerpo, la moda, los textiles y las tecnologías. En ambos trabajos, la pantalla es transformada en el escenario en que se desfigura el acabado perfecto de las formas, y sus protagonistas son mujeres que se ven ridiculizadas frente a la cámara, cuestionando –cada obra a su modo– el paradigma canónico de belleza y esplendor femenino. La inexistente distinción de las procedencias geográficas de los artistas evidencia cierta desacralización de las obras extranjeras realizadas por los referentes internacionales del cruce arte/tecnología. Una mirada desidealizada similar resultaba de la valoración del error de la máquina, en desmedro de su funcionamiento eficiente e inequívoco.

En algunos de estos puntos coincidió *Emergentes,* una muestra curada en 2008 por José-Carlos Mariátegui en el Espacio Fundación Telefónica de Buenos Aires. La exposición fue producida por Fundación Telefónica e inició en Gijón. Luego de ser presentada en España, itineró por Argentina, Brasil, Chile, Colombia, México y Perú. Su propuesta curatorial comprendió obras de doce artistas latinoamericanos, cuyo trabajo explora las intersecciones entre las esferas del arte, la ciencia y la tecnología: Lucas Bambozzi (Brasil), Rejane Cantoni (Brasil), Rodrigo Darteano (Perú), Daniela Kutschat (Brasil), Rafael Lozano-Hemmer (México/Canadá), José-Carlos Martinat (Perú), Enrique Mayorga (Perú), Fernando David Orellana (El Salvador/Estados Unidos),

167 Jorge Zuzulich en comunicación personal, 28 de julio de 2016.

Santiago Ortiz (Colombia), Mariana Rondón (Venezuela), Mariano Sardón (Argentina) y Mariela Yeregui (Argentina). Algunas obras fueron montadas in situ, mientras que otras se dieron a conocer a través de registro audiovisual.

Así como *La certeza del error* reunió a artistas de distintas procedencias y las tecnologías conformaron la plataforma de una propuesta conceptual que no discurrió sobre la idea de lo nuevo, *Emergentes* conjugó diversos proyectos de artistas latinoamericanos que se valen de herramientas y medios tecnológicos según un planteo curatorial que evitó limitar la noción de emergencia a la de innovación. El guión de Mariátegui entendía a la emergencia como una clase de comportamiento caracterizado por el surgimiento espontáneo de cambios en un sistema, cuyas propiedades no pueden ser reducidas a los componentes individuales de aquél. La emergencia fue asimismo interpelada desde un enfoque sociocultural, remitiendo a los nuevos conocimientos que irrumpen de improviso en un contexto dado. La hipótesis de Mariátegui (2008: 9) es que ambas acepciones no se contraponen; en diversas ocasiones pueden confluir, sobre todo cuando se trata de desarrollos culturales que examinan las interacciones sociales. Un ejemplo de ello, en el marco de la utilización de las tecnologías, es la emergencia de aspectos disímiles al objetivo originariamente perseguido por el dispositivo en juego.

También en este caso la experimentación tecnológica constituyó el eje que habilitó la difusión de trabajos provenientes de distintas zonas de América Latina, insistiendo en la imposibilidad de pensar a la región desde una perspectiva temática y totalizante. Uno de los rasgos más representativos del criterio curatorial estuvo dado por la relación que establecía entre el concepto de emergencia y la aparición gradual de zonas emergentes, es decir, países que hasta entonces no formaban parte del panorama artístico global. Sin embargo, como aseveraba el curador:

> *Emergentes* también intenta cuestionar la visión que muchas veces se tiene del arte que proviene de América Latina. Si bien podemos decir que el arte electrónico de América Latina ya no resulta desconocido, existen muchas variantes poco visibles que se acercan más a procesos de investigación multidisciplinaria. (Mariátegui, 2008: 14)

Este tema constituyó un atributo sugestivo de la exposición porque permitió socavar una idea indiferenciada del tipo de obras tecnológicas producidas en las distintas áreas de la región, a su vez que obvió conclusiones apresuradas acerca de los nexos entre la procedencia geográfica de los artistas y sus proyectos. En algunos casos, como los de Lozano-Hemmer y Orellana, las obras fueron realizadas fuera del territorio latinoamericano y la alusión al contexto local no era en absoluto una constante, como tampoco sucedía en el resto de los trabajos incluidos en la muestra. Mariátegui demostró que *Almacén de corazonadas*, la instalación interactiva de Lozano-Hemmer montada en el hall de entrada, fue primeramente exhibida a modo de intervención en una antigua fábrica de Puebla y está inspirada en una escena de la película *Macario,* dirigida por el cineasta mexicano Roberto Gavaldón. De todas formas, ha sido presentada en otras ocasiones alrededor del mundo sin que se vislumbraran componentes que permitieran designarla como una obra de contenido latinoamericano. La alucinación del protagonista del film, la cual genera que el personaje vea a cada persona como una vela que fulgura dentro de una caverna, en *Almacén de corazonadas* es sustituida por ochenta y ocho focos que titilan al ritmo del corazón de los visitantes que posan sus manos sobre una interfaz con sensores. Al detectar los latidos, el dispositivo acopla los registros cardíacos al centelleo del público que previamente interactuó con él.

A pesar de que uno de los significados implicados en el concepto de emergencia supuso la irrupción de las poéticas electrónicas latinoamericanas en el contexto internacional, la región no fue plasmada como una totalidad indiscriminada que reproduce las dinámicas de los países centrales, o que anula las cualidades propias de cada una de sus zonas. Es decir que la selección de obras de *Emergentes* apuntó a la investigación de los procesos emergentes posibilitados por las distintas variantes dentro del terreno de las instalaciones interactivas realizadas en América Latina, antes que a recalcar las especificidades de las instalaciones interactivas latinoamericanas.

Pese a sus divergencias, ninguna de las dos muestras construyó un relato acerca del arte latinoamericano mediante el enaltecimiento de rasgos nacionales de una manera acrítica y globalizante.[168] A su vez, se alejaron de la simplificación de la noción de "arte latinoamericano" para dar cuenta de la variedad de la producción simbólica del continente (Mosquera, 2010: 129). Si bien lo antedicho funda un campo de análisis que excede los límites de este libro, son discusiones aquí relevantes en cuanto atestiguan que la escena de las poéticas electrónicas –en particular, la línea "tecnología como pretexto"– también ha sido convocada por temáticas que en las últimas décadas captaron la atención de la teoría, crítica y curaduría del arte contemporáneo hegemónico. La investigación de estas zonas de encuentro inaugura nuevas instancias de reconciliación entre ambas escenas.

168 Los estereotipos que han circulado con frecuencia acerca del arte latinoamericano, y el modo en que muchas de sus prácticas tendieron a enfatizar su "latinoamericanidad", han sido estudiados por diferentes autores. Para ampliar estas nociones, véase Giunta (2014), Pini (2010) y Serviddio (2012).

06

Artistas, obras y prácticas "sin casilla":

espacios de potencia

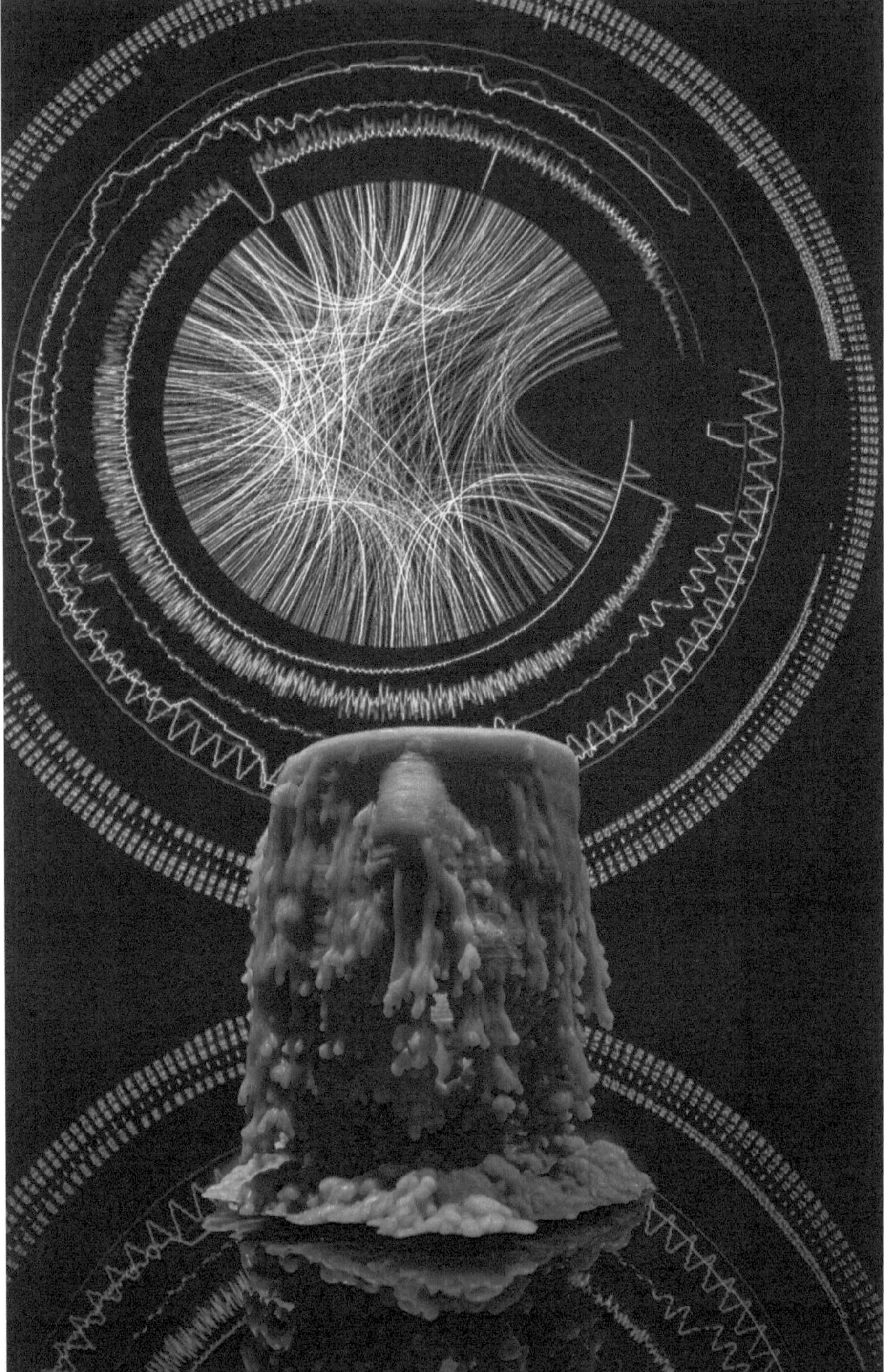

1. Los "sin casilla"

A lo largo de los capítulos anteriores hemos argumentado que hacia 1996, impulsadas por la propagación de las tecnologías digitales, las poéticas electrónicas comenzaron a conformar una escena que poco a poco iría ganando autonomía con respecto al circuito del arte contemporáneo y provocaría, en la década siguiente, la separación de dos terrenos que hasta entonces no habían sido diferenciados. Las pretensiones de novedad, futuro, progreso e innovación configuraron símbolos de la renovación modernizante que traería aparejada el tercer milenio. El encantamiento producido por la revolución digital tendió a jerarquizar las tecnologías involucradas por las obras en imaginarios y prácticas que acentuaron el apartamiento de ambas escenas.

Si las primeras huellas de la bifurcación fueron proyectadas entre fines de los años noventa y comienzos de este siglo, la emergencia de instituciones especializadas hacia el año 2004, junto con la consolidación de una plataforma de artistas abocados a la práctica artístico-tecnológica en diversos soportes, medios y formatos en torno al 2008, proporcionaron a las poéticas electrónicas un marco propio de investigación, producción y exhibición que agudizó la separación. Pero en la medida en que la fascinación tecnológica fue siendo matizada, paralelamente a que la escena demostró ir desbordando el arte digital impreso o de pantalla, los imaginarios de modernización glorificadores comenzaron a convivir con otros idearios. Nuevos imaginarios amplían los horizontes al sugerir una reflexión acerca de las implicancias de los desarrollos tecnológicos y el concepto de innovación en sí, o bien una "desidealización" de las tecnologías involucradas en los proyectos en favor de la propuesta conceptual de las propias obras y curadurías. Sobre todo esta tercera perspectiva abriría la posibilidad de reunificar la escena de las poéticas electrónicas y el circuito del arte contemporáneo a través de obras, prácticas y proyectos que se resisten a ser encasillados.

Pese a los encuentros y desencuentros entre los diferentes circuitos contemporáneos, y la dificultad para sostenerse en el tiempo que caracterizó a los devenires de muchos de los proyectos institucionales que hemos recorrido en los capítulos precedentes, los artistas continúan produciendo más allá de las categorías que procuran adjetivar a su praxis como "electrónica" o "contemporánea". Quaranta (2013) inclusive ha identificado cierta incomodidad por parte de los artistas al momento de tener que definir sus proyectos de un modo u otro:

Por un lado, está el mundo del arte de los nuevos medios, con su propia tradición, sus instituciones, su jerga, su idea del arte: una idea que está comenzando a resultar demasiado estrecha para permitir comprender qué está sucediendo, pero todavía es la única disponible. Por otro lado, tenemos al mundo del arte contemporáneo, que se encuentra genuinamente interesado en lo que está ocurriendo aunque todavía no cuenta con las herramientas conceptuales necesarias y, poco a poco, va desarrollando las herramientas prácticas requeridas para poder vincularse con él. Esto no reconoce la investigación llevada a cabo en el mundo del arte de los nuevos medios. Entre los dos mundos se encuentran los artistas con sus diferentes acercamientos al medio y las ideas que giran en torno a él. Algunos están satisfechos con el mundo del arte de los nuevos medios; otros no, e incluso resisten a las estructuras económicas del mundo del arte contemporáneo. Pero la mayoría de ellos quiere sentirse libre para utilizar tanto los medios tradicionales como los nuevos medios. Están buscando una comprensión diferente, una plataforma más amplia, una historia más larga, un nuevo modelo económico. Quieren que sus prácticas sean entendidas como arte y están emprendiendo un dificultoso proceso de migración hacia el mundo del arte contemporáneo.[169] (Quaranta, 2013: 40-41, trad. propia)

En la escena que constituye el foco de nuestro análisis, la obra de diversos artistas contemporáneos "sin casilla" desafía los límites entre los dos mundos trenzados en la "danza de los bohemios". Por ejemplo, Juan Rey ha desarrollado una serie de obras integradas por placas de circuito impreso. Después de haber sido atacadas por ácido, las placas muestran diferentes imágenes, como el cerebro del artista o bollos de papel, trazadas por líneas de cobre conectadas a paneles fotovoltaicos y leds. Al percibir fuentes lumínicas, el pulso eléctrico circula a través de la obra, completa el circuito y enciende la

---

169 "On one side, we have the New Media Art world, with its own tradition, its institutions, its jargon, its idea of art: an idea that's starting to be too narrow to provide a good understanding of what's going on, but that's still the only one available. On the other, we have the contemporary art world, which is genuinely interested in what's going on, but doesn't yet have the conceptual tools to understand it, and is slowly developing the practical tools required to deal with it; and that, at the same time, does not acknowledge the research undertaken in the New Media Art world. In between the two, there are the artists, with their different approaches to the medium and to the ideas revolving around it. Some are happy with the New Media Art world; some aren't, and they also resist the economic structures of the contemporary art world. But most of them want to be free to use both traditional and new media; they are looking for a different understanding, a wider platform, a longer history, a new economic model. They want to be understood as art, not as New Media Art. And they are embarking on a difficult process of migration toward the contemporary art world".

luz. Además de referir a las características de los circuitos electrónicos, estas piezas sugieren metáforas sobre el pensamiento y la posibilidad de "echar luz" sobre ideas nuevas. En la serie titulada *Circuitos y correspondencias* (2015), las imágenes resultan de una suerte de diálogo epistolar que Rey mantuvo con distintos artistas y académicos internacionales como Luis Camnitzer, Craig Kaplan y Jason Lee. Al recibir un papel en blanco enviado por el artista, ellos debían devolver como respuesta un avión construido con ese mismo papel. Más tarde el artista desplegaba el papel, tomaba una fotografía de sus pliegues y transfería las coordenadas digitales para luego convertir a las imágenes en circuitos impresos, considerados por Rey como símbolos de los despliegues de las ideas de sus interlocutores y la circulación del conocimiento. Otras de sus obras son realizadas mediante la utilización de un Router CNC con el cual desarrolla diferentes experimentaciones de formas, diseños y materiales. Procesos y sistemas de ideas decantan a través del gesto repetido de la máquina que graba, pinta o dibuja aquellas imágenes premeditadas por el artista: manchas de sombras, perfiles borrados, figuras orgánicas libres de todo argumento, columnas, ventanales. En la serie *Mindboard* (2017), un conjunto de témperas sobre madera exhiben paisajes brumosos y cuerpos amorfos que nacen de la yuxtaposición de puntos de pintura eyectados por el trazo del Router. Pero la acción del dispositivo no es jerarquizada, sino que permanece velada en propuestas que conservan el formato bidimensional de la pintura.

Juan Pablo Ferlat también ha trabajado con un Router CNC en su proyecto *Golem (Self-Anicca ensayo)* (2016). El brazo robótico en este caso fue modificado con prótesis diseñadas para pintar con cera de abejas y petróleo crudo. A partir de este "palimpsesto de gestos robóticos" (Ferlat, s.f.: párr. 1), el artista obtiene grabados tridimensionales que contraponen el petróleo –combustible fósil que constituye todo un símbolo de la expansión del capitalismo– con un material natural, biodegradable y sustentable como la cera. En el proyecto posterior *Máquina Golem*[170] (2013-2020), concebido como *work in progress,* una impresora 3D fue especialmente construida para derretir y volver solidificar esculturas en un proceso de escritura sin fin. Cada nueva acción de la máquina desencadena un proceso de creación/destrucción singular, de manera que las piezas resultantes son siempre únicas y no pueden ser repetidas. El trabajo con la cera de abejas no solo resulta de una

170 A propósito de las frecuentes colaboraciones transdisciplinarias características de la escena del arte y la tecnología, es pertinente mencionar que la ejecución de estos trabajos ha resultado de la labor conjunta con ingenieros, programadores y técnicos, quienes contribuyeron en diferentes tareas como la programación del robot, el diseño de la prótesis robótica, el desarrollo electrónico y la realización estructural.

investigación estética, tecnológica y material, sino también de una reflexión sobre la urgente necesidad de implementar estrategias de sostenibilidad, en un contexto como el actual en que el uso indiscriminado de agrotóxicos atenta contra las colmenas, mientras que más del setenta por ciento de los alimentos provenientes del reino vegetal son polinizados por las abejas.

En su libro dedicado al desarrollo del arte digital, Christiane Paul (2008a: 8) establece una diferencia entre las manifestaciones que hacen uso de las tecnologías digitales como herramienta *(tool)* para la realización de objetos tradicionales–como fotografías, prints y esculturas– y aquellas prácticas que adoptan las tecnologías como medio *(medium),* no solo durante el desarrollo de los proyectos, sino también en el almacenamiento de los datos que integran las obras y en su exhibición.[171] Al igual que Ferlat, en ocasiones Mariano Giraud emplea las tecnologías como herramienta en alguna de las instancias del proceso creativo.[172] Giraud experimenta la impresión de esculturas tridimensionales en múltiples formatos, aprovechando la posibilidad proporcionada por este recurso para diseñar las piezas por computadora y, por lo tanto, contar con un modelo virtual de la obra previamente a su materialización. En *Mano* (2014), el artista imprimió su propia mano a una escala mayor que la natural, mientras que en una propuesta como *Challenger* (2015), una escultura amarilla estridente replica la desintegración del famoso transbordador espacial tras su explosión, acontecida a comienzos de 1986.

Si Giraud se vale de las técnicas de impresión 3D como herramienta, el Colectivo Electrobiota, integrado por Guadalupe Chávez y Gabriela Munguía, metaforiza dichos procesos de impresión empleando las tecnologías como medio. En *Eisenia: máquina de impresión orgánica* (2014), las artistas diseñaron una escultura robótica que discurre sobre los modelos de producción de la sociedad contemporánea. La máquina consta de dispositivos electrónicos y mecánicos basados en el funcionamiento de las impresoras 3D. Los motores regulan el goteo de hidronutrientes producidos por lombrices californianas (*eisenia foetida*, de allí el título de la obra) que habitan en la parte superior de la estructura. Una serie de algoritmos controlan la duración y cantidad del goteo de los hidronutrientes diluidos en agua, generando como con-

171 Al punto de que si en la muestra fallan las tecnologías implicadas por las obras, estas últimas no pueden ser experimentadas. Dicho aspecto no es menor, dado que en muchas oportunidades los proyectos no logran funcionar debidamente durante el período completo en que se extiende la exhibición.

172 Decimos que los trabajos de Ferlat y Giraud utilizan las tecnologías como herramienta debido a que el producto final del proceso creativo continúa siendo exhibido como una obra tradicional. En este sentido, las tecnologías están implicadas en distintas fases de la producción de los objetos pero no almacenan los datos que constituyen a la obra, un rasgo central de los proyectos que se sirven de las tecnologías como medio (Paul, 2008a).

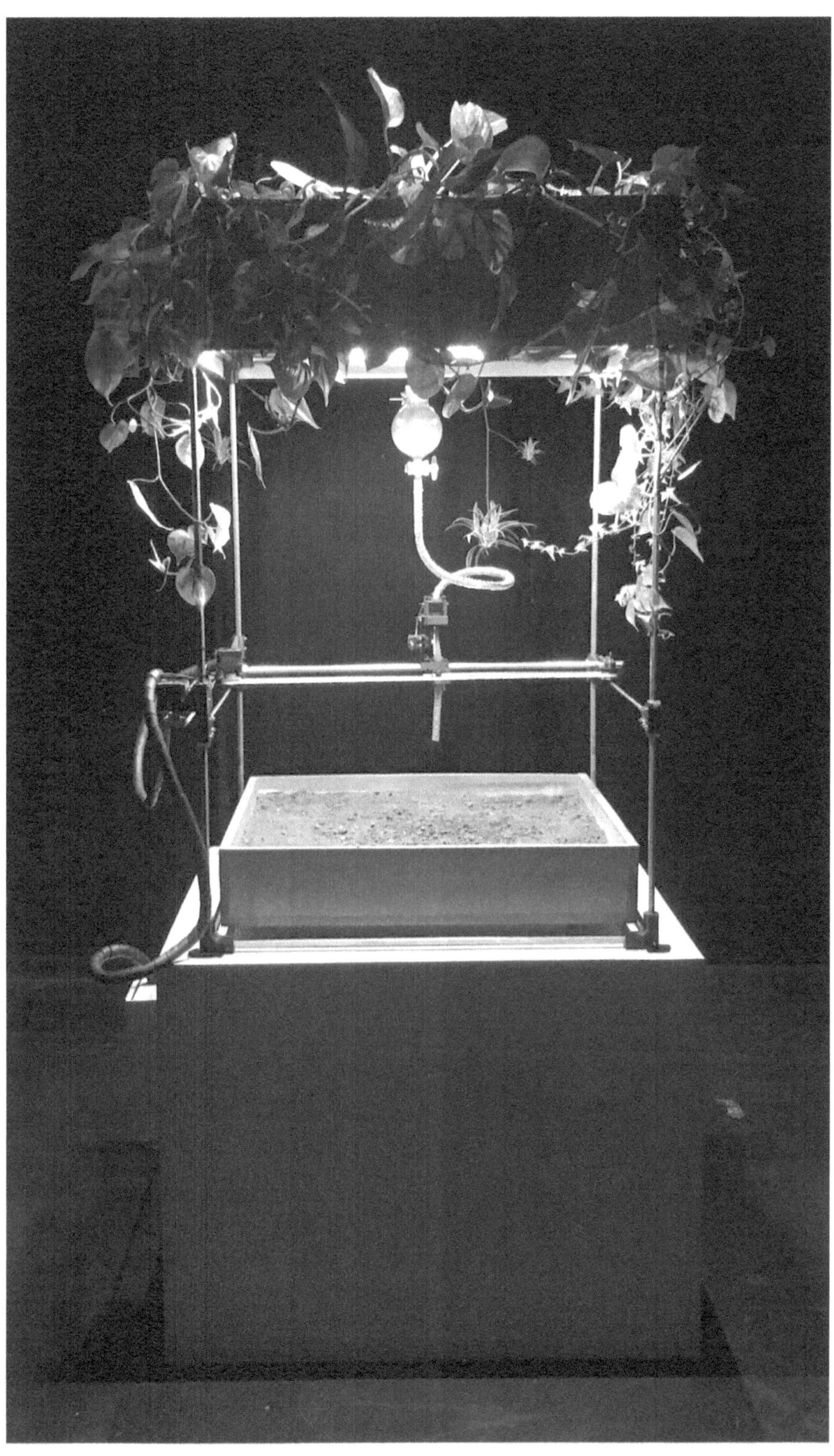

secuencia la germinación de semillas de hierba de trigo sobre un sustrato semihidropónico. La propuesta conceptual del proyecto radica en invertir la lógica de los artefactos biotecnológicos, dado que el funcionamiento de la tecnología depende aquí de la relación entre los ciclos de los organismos y sus procesos químicos (Chávez y Munguía, s.f.).

En *Máquinas de lo invisible*, Gabriela Munguía continuó investigando la confluencia de la electrónica y la naturaleza. Iniciada en 2007, la obra consiste en un *site specific* que vuelve perceptibles aquellos aspectos naturales que suelen permanecer invisibilizados. El punto de partida del proyecto fue la intención de realizar una serie de acupunturas terrestres, mediante la construcción de máquinas sonoras y lumínicas que captan, procesan y transforman diferentes datos provenientes del entorno natural donde se sitúan, como el electromagnetismo o la radiación solar, fenómenos que no tienden a ser vislumbrados en la percepción cotidiana. En la obra producida en el municipio brasileño de Altamira, durante la Residencia de Arte Mutuca, Munguía creó una antena meteorológica que captaba diferentes datos recabados de la naturaleza, como la velocidad del viento, la presión atmosférica, la temperatura y la humedad. El proyecto fue titulado *Resiliencia #1: sonidos del viento.* La noción de resiliencia designa la capacidad de adaptación de los seres humanos a toda clase de situaciones hostiles o desfavorables acontecidas en su medio. En este caso, los dispositivos, acciones e intervenciones en la naturaleza ideados por Munguía actúan como tecnologías sensiblemente humanizadas para propiciar la cooperación entre la dimensión humana y el carácter no-humano, ambos implicados. Como si entrañaran vestigios de comportamientos naturales sucedidos de manera permanente en un pasado reciente, los datos relevados de la naturaleza fueron convertidos por la artista en nuevos materiales para posteriores acciones en el territorio. Una de ellas consistió en la invención de un objeto mecánico sonoro, concebido como una pequeña caja musical, que reproducía la información previamente recopilada y codificada en perforaciones operadas sobre papel. En el caso de la segunda versión del trabajo, *Resiliencia #2: Conversaciones geomorfológicas*, realizado en la comuna suiza de Tenna, las piedras del lugar colisionaban con platos de bronce a partir de la fuerza del viento, permitiendo materializar visual y sonoramente los procesos de erosión característicos del territorio intervenido. Esta instalación y performance sonoro-lumínica formó parte de la Bienal Safiental de Land Art, en 2018.

El carácter plástico propio de ciertas poéticas electrónicas reaparece en la obra de Sebastián Pasquel, cuyas instalaciones configuran máquinas falibles y vulnerables. Pero no lo hacen apelando a una apología de la estética *low-tech*, derivada de la recuperación de tecnologías obsoletas o el empleo de dispositivos poco sofisticados. En lugar de concebir a la tecnología como desecho, las obras de Pasquel exponen los desechos producidos por las tecnologías utilizadas. Así, las máquinas parecen humanizarse porque los remanentes que generan son originados en un ciclo que replica el funcionamiento del cuerpo orgánico. En *Ritual Opus* (2016), alfileres incrustados en decenas de carretes de hilos, montados en mecanismos rotatorios distribuidos en la pared, dejan surcos en el muro mientras crujen cada vez que las bobinas completan su vuelta. Las hendiduras se convierten en los residuos provocados por el proceso electrónico analógico. Al resquebrajar la pared de la sala, transforman la pulcritud del blanco recién pintado en una superficie agrietada. También *f-242* (2015) exhibe los vestigios de acciones automatizadas. Pequeñas máquinas lijadoras poco a poco erosionan placas de yeso grabadas con retratos hallados en un álbum familiar. Los restos de yeso pulverizado se desparraman junto a placas desechas a medias, como despojos de un pasado inmediato que solo puede ser reconstruido a partir de sus efectos.

Las relaciones entre máquina y humano trazan uno de los ejes recurrentes en la producción de Azul De Monte, quien posiciona a su obra en el contexto de una tecnologización de la vida que "dicta valores específicos sobre los cuerpos y sobre cómo deben ejercer su intimidad" (De Monte, en Rosso, 2018: párr. 3). En *Memoria de duración líquida* (2018), una serie de esculturas de hierro cromado trazan líneas curvas en el espacio. Los volúmenes llevan insertas pequeñas pantallas celulares que reproducen animaciones

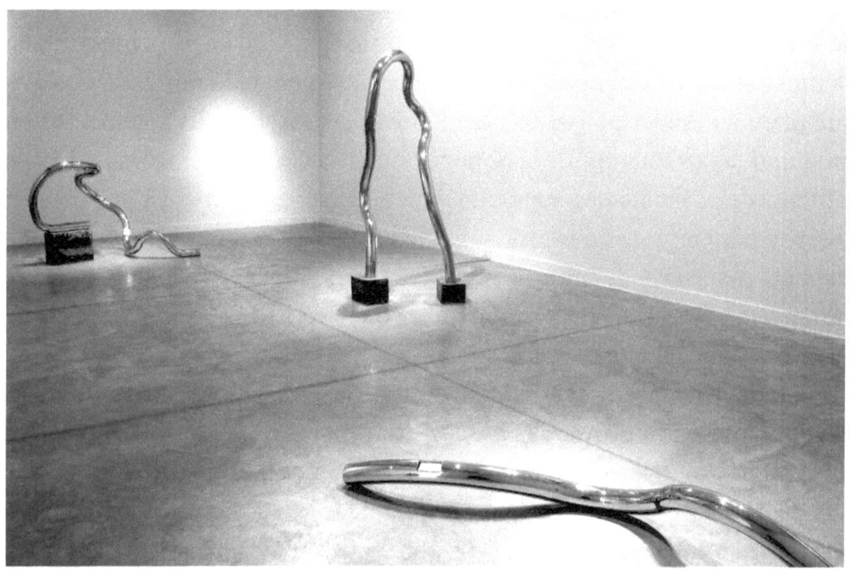

en loop donde una cabeza, una mano y una pierna se mueven en un ritmo casi detenido. Son partes de un cuerpo andrógino y fraccionado en memorias de lo que fue, o proyecciones de aquello que podría llegar a ser en un futuro simultáneamente próximo y lejano. Tampoco aquí la artista recurre a una estética *low-tech* como crítica hacia el dominio indiscriminado de la técnica. El mundo sin humanidad descrito por De Monte encarna en obras que incorporan los medios tecnológicos de una manera crítica, donde se fusionan temporalidades y se traspasan fronteras de espacio: "un tiempo presente que se extiende, continuo, y una memoria que intenta atrapar o retener aquello que se escapa (…). Y esa articulación entre video y escultura es metafóricamente un recuerdo de esa línea, de lo que esa línea fue" (De Monte, en Rosso, 2018: s/p). Los cuerpos del video, tecnológicamente fragmentados, se incrustan en los cuerpos físicos y estáticos de las esculturas "quiescentes", esto es, entidades que permanecen inmóviles aunque podrían tener movimiento propio. *Memoria de duración líquida* plantea así un juego sugestivo entre la imagen humana virtual –tecnologizada y deshumanizada–, y el cuerpo físico de esculturas-objeto que tienden hacia la humanización a través de un movimiento en potencia.

Algunos proyectos de Diego Alberti también exploran zonas de confluencia entre máquinas y humanos, en este caso en relación al procesamiento de datos. *Miles de millones* (2016) es una instalación lumínica integrada por ocho paneles de leds suspendidos del techo y sucedidos uno tras otro a lo largo del espacio de exhibición. Partiendo de los protocolos de encriptación que suelen ser utilizados para asegurar la seguridad digital de los datos, la obra consta de una tarjeta de memoria con información encriptada con una clave de 128 bits y un display ubicado delante de los paneles. La pequeña pantalla va mostrando los últimos 32 bits de cada clave generada por el dispositivo que intenta desencriptar el contenido de la tarjeta. Los bits producidos en cada uno de los intentos de la obra por descifrar la clave, entre las miles de millones de posibilidades, son traducidos a secuencias lumínicas que obligan al espectador a procesar estos datos a la velocidad de una computadora. Se trata de una suerte de información inútil que, al igual que los vestigios de yeso pulverizado en la instalación de Pasquel, constituye el medio material y poético sobre el que se despliega la obra.

El trabajo con la luz es asimismo el eje de la obra de Magdalena Molinari. Entre otros de sus proyectos, *Dispositivo abstractivo: ciclo solar* (2018) es una instalación que combina circuitos electrónicos, programación y color para proponer experiencias que escapan a las asociaciones con imágenes figurativas o entornos conocidos. La obra consiste en un gradiente lumínico artificial generado mediante el análisis cromático de una simulación de la atmósfera terrestre, percibida desde un lugar y tiempo específicos. Ocho barras emisoras se suceden sobre la pared de la sala de exhibición y, actuando en conjunto, proyectan todos los cambios del espectro producidos en el cielo diurno durante un lapso de tres minutos. Las variaciones lumínicas en la completa oscuridad de la sala sugiere una cierta plasticidad tecnológica, también presente en algunas de las obras descritas anteriormente. Por su parte, las obras de Leonardo Solaas, asociadas al terreno del arte generativo, podrían igualmente ser leídas en esta clave. En *Ejercicios de demora* (2016), diseñó una videoinstalación interactiva con dos pantallas enfrentadas que proyectan la presencia del público. Ambas concebidas como pinturas digitales, una de ellas exhibe las imágenes de quietud al tiempo que la otra muestra los rastros de sus movimientos.

La conexión de distintos usuarios, cuyas acciones conjuntas determinan las características adoptadas por la propuesta, ya había aparecido en algunas de sus obras previas, como *Wish Café* (2009). Este trabajo consistió en una plataforma web ideada por el artista para la exposición *Extranjerías*, curada por Néstor García Canclini y Andrea Giunta en el EFT. La exhibición fue el resultado de un proyecto de investigación interdisciplinario denominado "Extranjeros en la Tecnología y la Cultura" (2007-2008), impulsado por la Fundación Telefónica y coordinado por Canclini. Constó de una serie de encuentros con artistas, antropólogos, historiadores, sociólogos y otros especialistas, quienes fueron invitados a reflexionar sobre los nuevos significados e implicancias de ser extranjero en nuestros tiempos. Luego de que la Fundación publicara un libro sobre aquella primera etapa, en 2009 Canclini y Giunta convocaron a un conjunto de diez artistas argentinos y extranjeros para que produjeran una obra que abordara el concepto de extranjería desde una perspectiva propia.[173] Solaas diseñó entonces una plataforma web, concebida como una red social en Internet que habilitaba la construcción de un mapa colectivo integrado por los deseos de sus usuarios. En lugar de definir al individuo a partir de aquello que tiene o es, *Wish Café* establecía conexiones entre los participantes de acuerdo a lo que éstos deseaban poseer, conocer, ser o saber. Al acceder al sitio web (www.wishcafe.net), los usuarios

173 La exposición tuvo lugar entre julio y septiembre de 2009 y contó con el apoyo de la Embajada de México en Argentina. Estuvo integrada por obras de Carlos Amorales (México), Pat Badani (Canadá), Martín Bonadeo (Argentina), Mariana Castillo Deball (México), Roberto Jacoby (Argentina), Jorge Macchi (Argentina), Liliana Porter (Argentina), Mariano Sardón (Argentina), Leonardo Solaas (Argentina) y Tamara Stuby (Argentina). Hubo obras que tematizaron los desplazamientos geográficos, la dicotomía entre lo público y lo privado, las tensiones centro-periferia, y la extrañeza producida por espacios y objetos cotidianos.

podrían explorar los deseos ajenos que se encontraban ordenados según diferentes criterios: "reciente", "más popular", "más comentado" o "por verbo". Otra alternativa con la que contaba el internauta era generar un nombre de usuario y contraseña para poder acceder a su página e ingresar sus propios deseos y logros, además de aquello que, por el contrario, no ambicionaba. El sitio ofrecía asimismo la posibilidad de ir descubriendo de forma interactiva la información almacenada mediante dos tipos de visualizaciones. A través de las sucesivas colaboraciones, *Wish Café* iba trazando una red de deseos –una "trama de agujeros" o "anti-red" (Solaas, s.f.: párr. 1)– conformada por los participantes que anhelaban lo mismo, así como una red de usuarios conectados según los deseos compartidos. Al volver visible la falta, la obra buscaba evidenciar los modos en que somos extranjeros aun en los espacios que ocupamos.

Los proyectos desarrollados en las líneas anteriores demandan que reconsideremos las casillas que diseñamos para ordenar las obras según su materialidad y funcionalidad tecnológica. Muchos de los artistas que hemos citado no considerarían acertado ser encasillados como artistas "electrónicos", independientemente de que algunas de sus obras (incluso, en ciertos casos, la mayoría de sus trabajos) empleen las tecnologías como medio y/o herramienta para ampliar sus posibilidades creativas, en función de las búsquedas estéticas y conceptuales de cada una de sus propuestas. Más aun, considerando que de manera reiterada sus procesos automatizados son combinados con otros procedimientos y lenguajes no explícitamente tecnológicos, en ocasiones la circunscripción a la noción de electrónico suele resultar acotada. Esta situación no supone que las categorías de artista electrónico o poéticas electrónicas en sí deban ser desechadas, sino que concibamos el modo en que los proyectos "sin casilla" desbordan sus límites y alcances.

De acuerdo con el mismo fundamento, tampoco artistas directamente vinculados con la escena del arte contemporáneo aceptarían ser limitados a la categoría de artista "electrónico" o "tecnológico", si bien a veces su práctica incorpora tecnologías diversas. Entre ellos se encuentra Alan Segal, quien ha realizado videos que comprenden determinados procesos computacionales, como una de las versiones de su obra *Handrawing* (2014). La obra presenta una pantalla partida en cuya mitad izquierda se suceden los planos detalle de las manos que protagonizan distintas escenas del film *Un condenado a muerte se ha escapado,* de Robert Bresson, simultáneamente a que en la parte derecha un conjunto de líneas blancas sobre fondo negro trazan dibujos digitales que imitan los recorridos de las manos.

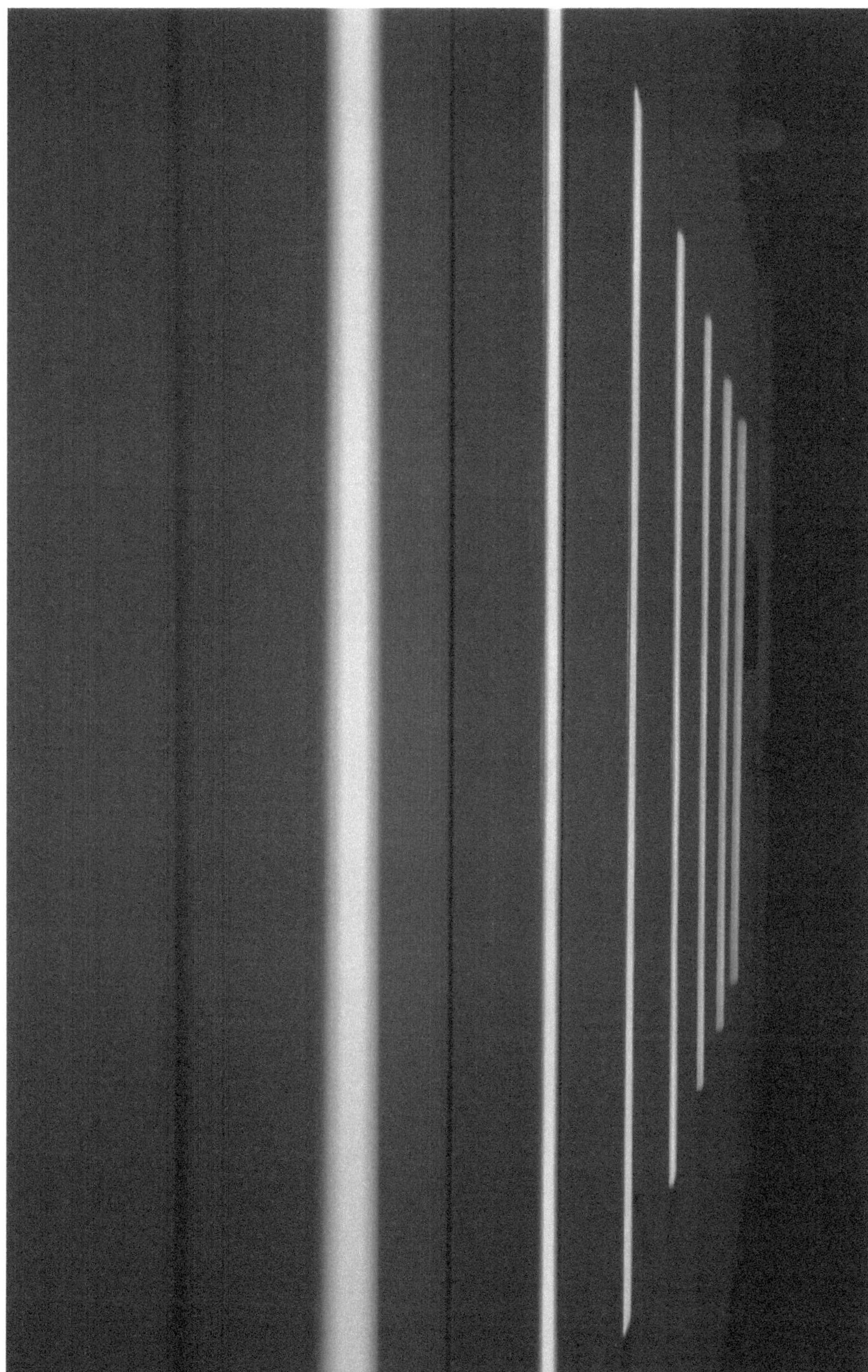

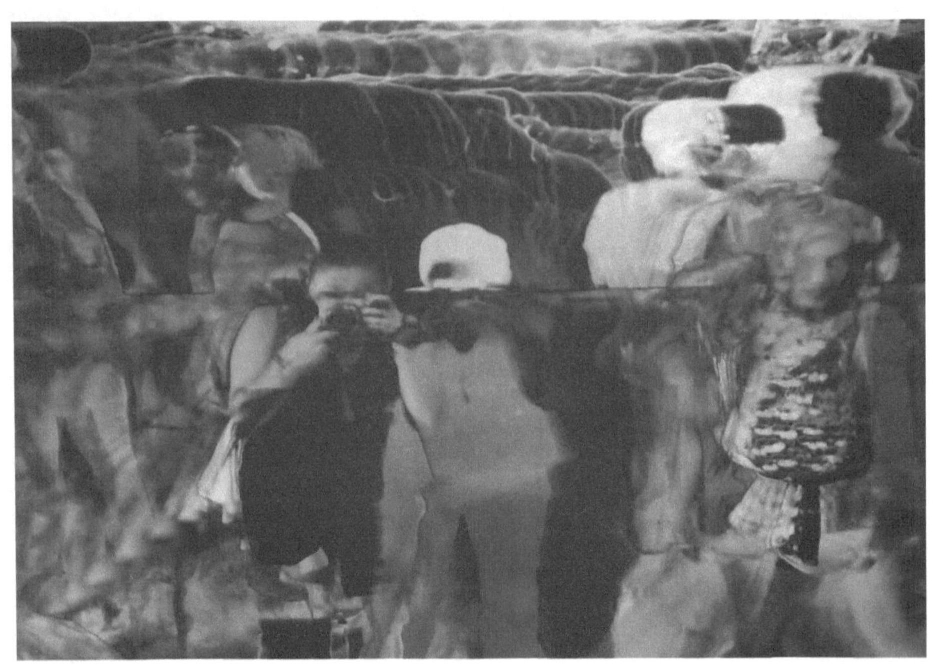

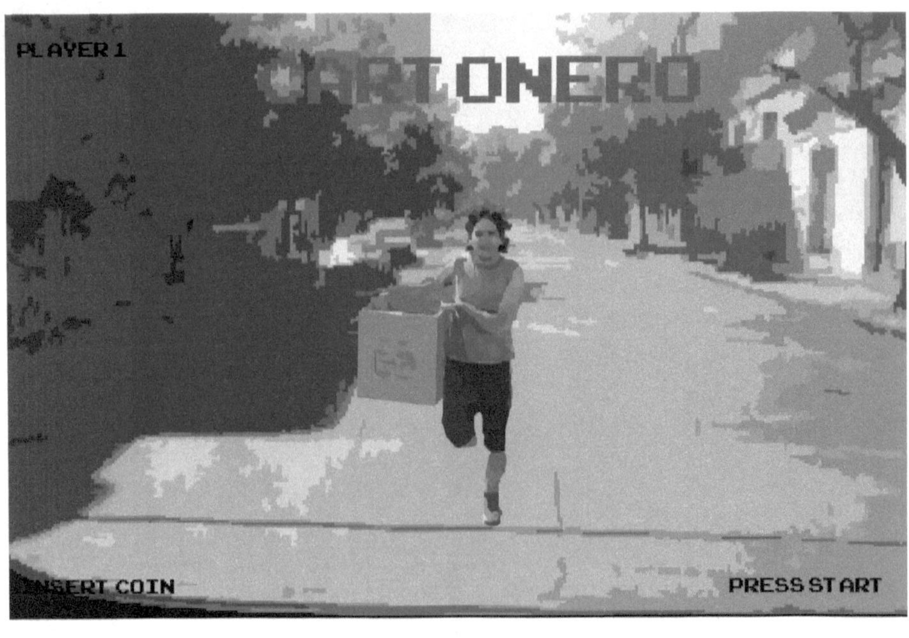
PLAYER 1
CARTONERO
INSERT COIN
PRESS START

Algunos proyectos de Florencia Levy también expandieron las posibilidades del video, como la videoinstalación en dos canales *De qué tipo de ocupación estamos hablando* (2016). Las imágenes provienen de entrevistas que la artista recopiló durante su estadía en Jerusalén, a partir de las cuales creó postales y afiches con el mismo diseño de los *pashkevils*: carteles ubicados en el espacio público, en general perteneciente a la comunidad judía ortodoxa, con mensajes activistas únicamente escritos en hebreo. Las piezas gráficas de Levy sumaban contenido en árabe, relataban la experiencia subjetiva de los entrevistados acerca del conflicto entre Israel y Palestina y, algunas de ellas, contenían un código QR que permitía visualizar un video relacionado con dicha historia. Una parte de aquel material era enviado a Buenos Aires para ser transmitido en vivo durante la exposición *Casa Tomada*, curada por Valeria González en la Casa Nacional del Bicentenario.

Otro caso significativo es el de Estanislao Florido, cuyas instalaciones combinan pinturas y animaciones digitales. *Cartonero* (2006) es una animación digital inspirada en la estética de los videojuegos de los años ochenta, que obtuvo una mención de honor en el Premio MAMbA-Fundación Telefónica. Un joven cartonero corre por las calles de Buenos Aires mientras intenta sortear los obstáculos que se van presentando en el trayecto, acompañado por el ritmo de una cumbia que suena de fondo. El recorrido concluye con la leyenda *Game Over* y la captura del joven por parte de la policía. Al referir a su trabajo, Florido explicitó: "Me gusta plantearlo como una película que no es película y como una pintura que no es pintura. Me parece más simple definirla desde la negación. Yo no me considero un pintor exquisito ni un videasta de gran peso. Creo que circulo entre medio de ambos lenguajes" (Florido, en Maior y Sarni, s.f.: párr. 16). En este sentido, describe a su obra como fronteriza y limítrofe, tan cercana a la pintura como a la animación digital en sus diferentes exploraciones poéticas.

De manera análoga, Giraud sostiene que su obra, abocada a reflexionar sobre los orígenes no orgánicos de la vida, se ve potenciada por recursos y medios tecnológicos como la impresión 3D, los cuales también incitan a cuestionar los límites de aquello que llamamos vida (Giraud, en Baulo, 2014: párr. 7). Esta reflexión demuestra que la tecnología amplifica el campo de posibles a la hora de plasmar intereses que superan a los dispositivos en sí mismos. La perspectiva de Ferlat coincide en este punto, ya que el artista entiende la aplicación de tecnologías en sus proyectos como "parte estructural de los objetivos", entre ellos, pesquisas en torno a las culturas ancestrales y la relación entre la especie humana y la naturaleza, las cuales devienen en un "mestizaje de modelos" (Ferlat, en Baulo, 2017: párr. 2) que imbrica todo tipo de materiales y procedimientos –antiguos y contemporáneos–, como cera, petróleo, fotografía, video, escultura, grabado e impresión tridimensional.

Solaas también despliega diversos modos de hacer que permiten profundizar en distintas expresiones del arte generativo. Coincide con Galanter en que la generatividad no designa a un género o estilo, sino a una actitud o "metatécnica" (Solaas, en Levine, 2011: párr. 13) y, en este sentido, el término se encontraría más próximo a categorías como "pintura al óleo" y "collage" que a "impresionismo" o "surrealismo" (Solaas, en Levine, 2010: párr. 17). En una obra como *Cabinet* (2007), el artista presenta doscientas cincuenta y seis figuras de poliestireno expandido, deformadas azarosamente por la acción del calor y luego ordenadas de acuerdo a sus similitudes formales. Esta instalación no está basada en agentes autónomos computacionales como otros de sus trabajos, que conducirían a encasillarlo con un artista "electrónico", pero aun así, en diálogo con las indagaciones que Solaas ha ido desarrollando a lo largo de su carrera, se trata de una obra generativa en la cual el control del artista es cedido a un agente no humano. La correspondencia y afinidad entre dispositivos tecnológicos y otro tipo de recursos constituyen asimismo un aspecto central en las instalaciones de Pasquel. No cabe duda de que los motores que accionan las lijas desempeñan un papel esencial en *f-242* porque permiten pulverizar las placas de yeso. Sin embargo, teniendo en cuenta que la obra fracasaría si los motores dejaran de operar, la técnica de grabado de las imágenes sobre la superficie de las placas y la materialidad del yeso también son sustanciales para que la propuesta funcione.

2. En los márgenes del experimento y la experiencia

Dos décadas después de la irrupción de las primeras obras digitales en Argentina y el comienzo de la paulatina separación entre la escena de las poéticas electrónicas y el arte contemporáneo hegemónico, volvemos a encontrar actividades, experiencias e investigaciones que recorren los bordes de ambos circuitos, situación que incita a replantearnos la pertinencia de seguir circunscribiéndolos a nichos diferenciados.

Lo cierto es que la imposibilidad de ceñir las expresiones artísticas a categorías cerradas es un rasgo recurrente de las obras de arte contemporáneo. En su libro *Mundos en común*, Florencia Garramuño identifica una apuesta contemporánea hacia la inespecificidad del arte, a través de una serie de prácticas de la "no pertenencia" que detentan una expansión de medios, soportes, operaciones y materiales. Según la autora, obras visuales y literarias como las de Nuno Ramos, Luiz Ruffato, Carlito Azevedo, Tamara

Kamenszain, Clarice Lispector y Jorge Macchi, atestiguan la desapropiación de la especificidad de un arte determinado y de la idea del arte en tanto práctica específica:

> Si propongo nombrar el efecto de esa apuesta por lo inespecífico como la elaboración de prácticas de la no pertenencia más que como nuevos modos –plurales y cambiantes, fluidos o contingentes– de la pertenencia, es porque me parece que en ese movimiento de despojamiento, de desnudamiento, de invención de lo común e impersonal e inespecífico –aunque único– que ellas realizan, nos están proponiendo otros modos de organizar nuestros relatos y, por qué no, quizás ofreciéndonos imágenes que puedan inspirarnos para pensar también nuestras comunidades. (Garramuño, 2015: 42)

A pesar de las posibles coexistencias entre unas y otras obras contemporáneas, cabe interrogarse acerca de la "especificidad de la inespecificidad" de las prácticas implicadas en la producción de los proyectos que cruzan las esferas del arte y la tecnociencia, si es que aquella efectivamente existe. Uno de los aspectos que parecieran caracterizar a muchas de las poéticas electrónicas, y diferenciarlas de otras prácticas, es su doble cualidad de experiencia y experimento. A propósito de un exhaustivo estudio sobre la expropiación de la experiencia implícita en el proyecto de la ciencia moderna, Agamben (2011: 13) recuerda las palabras de Francis Bacon, quien asociaba la experiencia al encuentro espontáneo del fenómeno, como aquel que procura acertar el camino justo en plena oscuridad, y relacionaba el experimento al encuentro resultante de una búsqueda intencionada, desarrollada en un sendero iluminado:

> La experiencia, si se encuentra, espontáneamente se llama caso, si es expresamente buscada toma el nombre de "experimento". Pero la experiencia común no es más que una escoba rota, un proceder a tientas como quien de noche fuera merodeando aquí y a allá con la esperanza de acertar el camino justo, cuando sería mucho más útil y prudente esperar el día, encender una luz y luego dar con la calle. El verdadero orden de la experiencia comienza al encender la luz; después se alumbra el camino, empezando por la experiencia ordenada y madura, y no por aquella discontinua y enrevesada; primero deduce los axiomas y luego procede con nuevos experimentos. (Bacon, en Agamben, 2011: 13)

Frente a las aseveraciones de Bacon, Agamben subraya la anulación de la separación entre experiencia y conocimiento efectuada por la ciencia moderna; la experiencia fue concebida en tanto método para alcanzar el saber. La desconfianza hacia la selvática y laberíntica experiencia, fundada en la esperanza de encontrar el camino justo, y sustentada en verdades fácticas, impulsó su sustitución por números que pudieran cuantificar los fenómenos de manera cierta y calculable, basados en verdades razonables. En "*Experimentum linguae*", prólogo de la reedición italiana de *Infancia e historia: destrucción de la experiencia y origen de la historia*, publicado en 2001, Agamben refiere al lenguaje como pura posibilidad de la experiencia. En sus palabras, un *experimentum linguae* es la infancia "donde los límites del lenguaje no se buscan fuera del lenguaje, en dirección a su referencia, sino a una experiencia del lenguaje como tal en su pura autorreferencialidad" (Agamben, 2011: 213). Con el *experimentum linguae* adviene la experiencia de la potencia de hablar, más que de la imposibilidad de decir. Si bien Agamben está pensando en la relación entre experiencia y lenguaje verbal, y el modo en que el *experimentum linguae* conduce a revisar la noción de comunidad, es posible trasladar esta noción hacia otro tipo de lenguajes.

Por un lado, las poéticas electrónicas se desarrollan en un terreno marcado por la concepción de experiencia –ligada a la noción tradicional acerca del quehacer artístico–, relacionada no solo con la intuición, sino también con la experiencia autorreferencial del lenguaje, la exploración con distintos tipos de materiales y el desencadenamiento de un proceso creativo que no sigue de forma obligada programas preestablecidos que rigen y determinan la praxis. Por otro lado, se expanden en una dirección confinante con la noción de experimento forjada por la ciencia moderna. Dada la propia condición de las prácticas artísticas electrónicas, es frecuente que se encuentren sujetas a lógicas "maquínicas", cuyas operaciones, llegado cierto punto, no admiten el error: si la obra no funciona, la experiencia estética no termina de ser desplegada. En las obras que se valen de las tecnologías como herramienta (Paul, 2008a), los contratiempos con los dispositivos empleados surgen por lo general en las etapas previas a la instancia expositiva, debido a que aquellos son utilizados en alguna de las fases del proceso creativo. En cambio, los problemas de funcionamiento de las obras que se sirven de las tecnologías como medio pueden deberse a fallas tecnológicas incluso una vez montadas, ya que las tecnologías también se encuentran presentes en el momento de la exhibición de los proyectos.

Las fronteras entre el experimento y la experiencia en que se ubica la praxis artística en conexión con los campos de la ciencia y la tecnología fue el tema central de una de las actividades de la programación de *FASE 9:*

"Diálogos cruzados". El evento consistió en un *match* entre artistas y científicos, organizado en noviembre de 2017 en el Centro Cultural de la Ciencia. Bajo la coordinación de Pablo La Padula, artista y doctor en Biología, cada dupla fue invitada a intercambiar perspectivas sobre la práctica artística y la labor científica. Aunque los distintos disertantes no se conocían previamente, compartían el objeto de estudio que cada uno de ellos interpela desde su propio campo disciplinar. Nicolás Bacal conversó con el astrofísico Rodrigo Díaz sobre astronomía; Diego Alberti y la física Gabriela Capeluto intercambiaron ideas sobre la utilización de la luz como material de trabajo; Martín Bonadeo dialogó con la bióloga Lorena Rela acerca de la memoria olfativa; Juan Pablo Ferlat y el biólogo Marcelo Velasco discurrieron sobre la percepción visual; Mariano Giraud y el biólogo Diego Ferreiro abordaron el problema de la determinación en la estructura en relación con las formas biológicas; Oliverio Duhalde y el físico Manuel Eguía conversaron sobre acústica y percepción sonora; y Laura Olalde y el biólogo Javier Santos indagaron la estabilidad y el dinamismo en estructuras biológicas. Cabe preguntarse cuáles son las consecuencias del trabajo en los márgenes entre el experimento y la experiencia[174], tanto aquellos implicados en el trabajo conjunto de artistas y científicos, como la marginalización recíproca del arte contemporáneo y la ciencia (Scott, 2010). La imbricación del arte, la ciencia y la tecnología frecuentemente ponen en relieve la extranjería percibida por artistas y tecnocientíficos al momento de desarrollar actividades conjuntas. Sin embargo, estas últimas permiten no solo aproximar a los científicos a los objetivos, intereses y métodos de la labor artística, sino también ofrecerles una fuente de inspiración para su trabajo. De acuerdo con la hipótesis de Jill Scott, fundadora y directora del programa de residencias *Artists-in-Labs*[175] del Instituto de Estudios Culturales de la Universidad de Artes de Zurich, aquel fenómeno de marginalización habría devenido de tres factores que

174 Recuperamos aquí la noción de artes experimentales, de modo de especificar la relación que las poéticas electrónicas analizadas establecen con el experimento. De acuerdo con la argumentación de Adorno (2004 [1970]: 56): "El gesto experimental (un nombre para comportamientos artísticos en los que lo nuevo es lo vinculante) se ha mantenido, pero ahora designa algo cualitativamente diferente debido a que el interés estético ha pasado de la subjetividad que se comunica a la coherencia del objeto: que el sujeto artístico practica métodos cuyo resultado no puede prever". La imposibilidad de predecir los resultados del proceso creativo caracteriza a numerosas obras contemporáneas, inclusive aquellas que no se inscriben en la escena de las poéticas tecnológicas. En otras palabras, mientras que no todo arte experimental constituye una poética tecnológica, las poéticas tecnológicas suelen ser experimentales, por lo general en conexión con el experimento tecno-científico (aunque con un margen de error e indeterminación).

175 Se trata de un programa de residencias que ofrece a artistas procedentes de diversos campos –escultura, instalación, performance, música–, la posibilidad de trabajar con científicos durante algunos meses en laboratorios de física, ingeniería, computación y neurociencia.

pueden ser sintetizados en cierta falta de respeto mutuo, su respectivo anclaje en instituciones que corresponden a diferentes campos disciplinares, y disimilitudes en las estructuras comerciales y de financiamiento propias de cada campo. No obstante:

> Artistas y científicos ya han estado trabajando en red porque quieren empezar a "pensar fuera de la caja" (…) Por lo general, comparten una actitud ética saludable con respecto a cómo comunicarse con el público y una necesidad de conformar equipos transdisciplinarios para desarrollar nuevas ideas. Proporcionando un contexto donde pueda desenvolverse la observación del quehacer artístico, quizás se desencadenen vínculos sin precedentes y nuevas reflexiones sobre la creatividad y la innovación.[176] (Scott, 2010: 8, trad. propia)

En este sentido, el programa de *Artists-in Labs* propicia un espacio de trabajo donde la concepción del margen como frontera divisoria entre la actividad artística y la práctica científica es sustituida por una noción de margen entendido como zona de intersección. En efecto, durante los últimos años se han multiplicado los equipos interdisciplinarios integrados por artistas, ingenieros, neurocientíficos, biólogos y/o matemáticos, especialistas que trabajan colectivamente en las distintas instancias de los procesos de investigación y producción artística. Dejando de lado el problema de la labor inter, multi o transdisciplinaria –un tema relevante pero que nos desviaría de nuestro análisis–, el desempeño de las poéticas electrónicas en los márgenes de la experiencia y el experimento permite, en definitiva, desencadenar diálogos más fluidos entre el arte contemporáneo y los campos de la ciencia y la tecnología sin que por ello pierdan su especificidad. No se trata, entonces, de borrar su condición de espacios fronterizos, sino de atrevernos a contornear sus márgenes.

La incomodidad implicada por los territorios "entre", inhibidores de clasificaciones cerradas, incita la apertura de un espacio para la reflexión; salvando las distancias conceptuales, una suerte de *Denkraum* warburgiano[177], habilitador del conocimiento y control de lo real, que introduce un

---

176 "Instead, the writers of this book recognize the potential to create complimentary intersection in between these margins, and investigate their capacity to overlap with each other. Artists and scientists have already been networking because they want to start 'thinking outside the box!' (…) Usually they share a healthy ethical attitude about how to communicate with the public and a need to form trans-disciplinary teams for new ideas. By providing a context where the close observation of art-making can unfold, perhaps unprecedented liaisons and novel reflections on creativity and innovation can also develop".

177 Aby Warburg definió al *Denkraum* ("espacio para pensar") como la separación entre el pensamiento y sus objetos, una distancia física e intelectual entre el sujeto y su entorno. Según la perspectiva del historiador, la

hiato entre clasificaciones totalizadoras. Así como las prácticas de la no pertenencia estudiadas por Garramuño sostienen la inespecificidad del arte sin entrañar nuevos modos de pertenencia, los artistas, obras y prácticas "sin casilla" inauguran una poética de los márgenes, cuyas prácticas piden ser eximidas de la idea de arte como "artefacto ontológico"[178] (Garramuño, 2015: 171) mientras reclaman para sí su lugar en los bordes. Paradójicamente, la recuperación de los márgenes implícitos en las poéticas electrónicas –sobre todo los márgenes del experimento y la experiencia, pero también los márgenes del arte, la ciencia y la tecnología, del objeto físico y la obra tecnológicamente desmaterializada, del trabajo del artista individual y la labor interdisciplinaria colaborativa– impediría su propia marginalización: la poética de los márgenes permite reinscribir a las poéticas electrónicas en la escena del arte contemporáneo pero evitando que pierdan su "especificidad inespecífica", es decir, los modos particulares en que las poéticas electrónicas asumen su cualidad de prácticas de la no pertenencia en el amplio espectro del arte contemporáneo.

En los próximos apartados advertiremos que los márgenes en que se ubican tanto las curadurías centradas en la línea "tecnología como pre-texto" que hemos analizado en el capítulo precedente, como los artistas, obras y prácticas "sin casilla" relevados en las páginas previas, dan un paso contundente hacia la configuración de espacios de potencia. A través de ellos es posible construir un paradigma epistemológico alternativo para el estudio de las poéticas electrónicas y sus relaciones con la escena del arte contemporáneo. Antes de extendernos sobre este punto, será preciso detenernos sucintamente en algunas teorías filosóficas propuestas en torno a la noción de potencia.

3. Potencia como paradoja

En el libro V de la *Metafísica*, título proporcionado por Andrónico de Rodas al compilar los escritos de Aristóteles sobre la denominada "filosofía primera", el filósofo explicita que "lo que es" (en griego *tó òn*, participio presente del

magia, la religión y la ciencia integraban una cadena en la cual se producía el ensanchamiento de las capacidades humanas para controlar sus pulsiones de temor y agresión, y así alcanzar posteriormente el dominio de lo real. El *Denkraum*, por lo tanto, inaugura la posibilidad de distinguir entre vida humana y vida animal, y siempre se encuentra en el núcleo de la cultura (Burucúa, 2007: 27). Por otra parte, el estudio de zonas intermedias de la cultura ha sido un asunto central en una teoría como la warburgiana, abocada a revelar las tensiones latentes que atraviesan a la cultura: "los festejos están, por su propia naturaleza, entre la vida social y el arte; la astrología y la magia se hallan a medio camino entre la religión y la ciencia" (Wind, 1993: 77).

178 Al analizar la obra de Nuno Ramos, Garramuño (2015: 171) sostiene: "(…) en el trabajo de Ramos es precisamente la idea del arte como un artefacto ontológico cuya especificidad necesita ser asegurada lo que es puesto seriamente en cuestión".

verbo ser, del cual proviene el término "ontología") se dice en cuatro sentidos: ser accidental, ser categorial, ser verdad/ser falsedad y ser acto y potencia. Este cuarto sentido es detallado por Aristóteles estableciendo la siguiente distinción: "(…) ser y lo que es significan tanto lo que se dice que es *en potencia* como lo que se dice que es ya *plenamente realizado*" (Aristóteles, 1994 [s. IV a.c.]: 225). La potencia (*dynamis*) considera las posibilidades de transformación de lo que es, mientras que el acto (*enérgueia*) constituye la realidad efectiva.

Mientras que en Aristóteles el concepto de potencia se encuentra asociado al ser *en* potencia, Spinoza lo piensa como "potencia de obrar"; en este caso se trata de una potencia que siempre se encuentra en acto, es decir, que "toda potencia, a cada instante, está efectuada" (Deleuze, 2008 [1980-81]: 94). Y son los afectos sus efectuaciones:[179]

> Por afectos entiendo las afecciones del cuerpo, por las cuales aumenta o disminuye, es favorecida o es perjudicada, la potencia de obrar de ese mismo cuerpo, y entiendo, al mismo tiempo, las ideas de esas afecciones (...) Así pues, si podemos ser causa adecuada de alguna de esas afecciones, entonces entiendo por "afecto" una acción; en los otros casos, una pasión. (Spinoza, 2007 [1677]: 200)

Spinoza no se pregunta por la esencia en términos de lo que es, sino que identifica a la esencia con los grados de potencia de un cuerpo. La potencia constituye la esencia, pero la esencia en Spinoza nunca es la esencia del hombre –de un cuerpo cualquiera–, sino de una singularidad: lo que cada uno puede (2008 [1980-81]: 72). La moral basada en la idea clásica de esencia como potencialidad que no está realizada (esencia *en potencia*), es reemplazada por una ética que se pregunta por lo que un cuerpo puede. Desde esta perspectiva, la potencia no es una cantidad absoluta, sino una relación entre cantidades y cualidades, una cantidad de pasaje entre dos polos de existencia (Deleuze, 2008 [1980-81]: 97).

En sus reflexiones acerca de una nueva comunidad que implique una alternativa a la política sustentada en la excepción de la nuda vida,[180] Agamben

---

179 Deleuze explica la diferencia entre afección y afecto: "la afección envuelve un afecto, es decir que en el seno de la afección hay un afecto. Sin embargo, hay una diferencia de naturaleza entre el afecto y la afección. El afecto no es una dependencia de la afección. Está envuelto por la afección pero es otra cosa" (Deleuze, 2008 [1980-81]: 226). Un poco más adelante, ejemplifica ambos conceptos con la idea de pasaje de un estado oscuro a un estado luminoso: "¿Qué es el afecto? Es el pasaje. Las afecciones son el estado oscuro y luminoso, dos afecciones sucesivas en corte. El pasaje es la transición vivida de uno a otro (...) El pasaje es necesariamente un aumento de potencia o disminución de potencia" (Deleuze, 2008 [1980-81]: 229).

180 Laura Quintana Porras (2006: párr. 1) lo expone en estos términos: "la política occidental se basa en la idea de una 'nuda vida' que es incluida por exclusión en la vida política –en esa medida, la política occidental puede con-

retoma el modo en que Spinoza piensa a la esencia, pero también la doctrina de filósofos medievales para quienes la transición de la potencia al acto es una "serie infinita de oscilaciones modales" (Agamben, 1996: 18). Así como para Spinoza lo común no es la esencia de la cosa singular, Agamben sostiene que es posible fundar una comunidad "inesencial" donde las singularidades no están unidas por su esencia (pertenencia identitaria u otra representación similar), sino dispersas en su existencia. La "compenetración recíproca" del acto y la potencia referida por Agamben al analizar el pasaje de lo común al propio y de lo propio a lo común marca el surgimiento de un nuevo tipo de ser, el "ser cualsea":[181]

> El paso de potencia al acto, de la lengua a la palabra, del común al propio, se realiza cada vez en dos sentidos según una línea de destellos alternos en la que naturaleza común y singularidad, potencia y acto se cambian los papeles y se compenetran recíprocamente. El ser que se genera sobre esta línea es el ser cualsea y la manera en que pasa del común al propio y de lo propio a lo común se llama uso, o *ethos*. (Agamben, 1996: 19)

Más adelante califica la figura cualsea como singularidad pura, finita, que no se encuentra determinada por un concepto pero tampoco es totalmente indeterminada porque se establece en relación con una idea, "a la totalidad de sus posibilidades" (Agamben, 1996: 43). Por lo pronto, podría ser precisada como "una singularidad más un espacio vacío", definición que según el filósofo acerca a la noción de "exterioridad pura o pura exposición": "Cualsea es, en este sentido, el suceso de un afuera". Pero el afuera, el umbral, no es un espacio diferenciado, sino que es la puerta, el propio límite. En palabras de Agamben (1996: 44): "(…) la experiencia del límite mismo, el ser-*dentro* de un afuera".

La noción de potencia asociada al pensamiento aparece asimismo en "Forma-de-vida", un texto en el que Agamben desarrolla una concepción de vida que no puede ser escindida como nuda vida, una vida que no admite ser separada de su forma y en ella se juega el vivir mismo: "(…) la vida humana en que los modos, actos y procesos singulares del vivir no son nunca simplemente hechos, sino siempre y sobre todo posibilidad de vivir, siempre y sobre todo potencia" (Agamben, 2001: 14). Agamben alude al hombre como "ser de potencia, que puede hacer y no hacer, triunfar o fracasar, perderse o encontrarse", por lo cual la vida humana no es referida como esencia que haya que actualizar (Quintana Porras, 2006). Aquí el pensamiento desempeña un papel central, en tanto supone el nexo que "constituye las formas de vida en un contexto inseparable, en forma-de-vida" y habilita así una vida de la potencia. Pero en el acto de pensar no se agota la potencia, de modo contrario no existiría posibilidad de comunidad:

> (…) entre seres que fueran ya siempre en acto, que fueran ya siempre esta o aquella cosa, esta o aquella identidad y en ellas hubieran agotado enteramente su potencia, no podría haber comunidad alguna, sino sólo coincidencias y divisiones factuales (…) sólo podemos comunicar con otros a través de lo que en nosotros, como en los demás ha permanecido en potencia, y toda comunicación (…) es sobre todo comunicación no de un común sino de una comunicabilidad. (Agamben, 2001: 18-19)

Las teorías señaladas ya no conciben a la potencia como el contrario de otro estado aún no efectuado o realizado en un sistema de opuestos binarios como en el pensamiento metafísico. Para Spinoza todos los cuerpos pueden en acto, aunque cada uno pueda cosas diferentes en grados distintos cada vez. Para Agamben, el ser cualsea –el "ser que viene" dice el filósofo italiano (1996: 9)– se ubica entre lo individual y lo universal, "entre la inefabilidad del individuo y la inteligibilidad del universal", en un movimiento recíproco entre acto y potencia. Situado en este umbral, el rostro cualsea indiferencia lo común de lo propio en una exterioridad singular, sin "individualizarse de una faz genérica ni universalizarse de los rasgos singulares" (Agamben, 1996: 18). Aquello que une a los hombres en comunidad es la experiencia de los límites del lenguaje, antes que la "común prisión en el lenguaje significante" (Agamben, 2007: 40-41). Pensar es, en definitiva, atravesar la experiencia de la pura potencia de pensar en cada pensamiento (Agamben, 2001). Y la pura potencia del pensar "es una potencia que puede no pensar, que puede no pasar al acto" (Agamben, 2007: 459). Veamos esta cuestión ética.

4. Cambio de paradigma: una decisión ética

Si las prácticas inespecíficas comprendidas por diversas expresiones del arte contemporáneo se encuentran situadas en los márgenes previamente referidos, y la potencia del pensamiento radica justamente en la experimentación de los umbrales, la inespecificidad del arte puede, en efecto, desplegar espacios de potencia. Las curadurías de la perspectiva "tecnología como pre-texto" y los proyectos "sin casilla" muestran un camino posible hacia el despliegue de los mencionados espacios de potencia, los cuales podrían eventualmente ser asumidos por toda poética electrónica: erigidos sobre márgenes metodológicos, disciplinarios, taxonómicos y, en estos casos, operando además desde los umbrales entre el arte "tecnológico" y el arte "contemporáneo", dichas curadurías y proyectos marcan una dirección posible hacia la creación de nuevas instancias de encuentro entre ambos circuitos sin que las poéticas electrónicas renuncien a su especificidad. Esta lógica supone la sustitución de un paradigma epistemológico de base ontológica –todavía anclado en clasificaciones binarias: obra de arte-máquina, objeto-proceso, artista-científico, inspiración-investigación, arte tecnológico-arte contemporáneo– por otro paradigma que considere a la historia como campo de tensiones.

El cambio de paradigma referido conlleva una *de-escisión* ética, a partir del corte y la separación con respecto a idearios estéticos y tecno-científicos heredados de la Modernidad (y todavía en gran medida vigentes). Si el paradigma ontológico se fundamenta en esencias metafísicas y la ilusión de un ser unificado, la condición de la ética implica la escisión: en el campo de tensiones se juega un sujeto escindido. En lugar de perseguir la resolución de antagonismos, el margen, límite o umbral en que se desenvuelven las poéticas electrónicas permite mantener una distancia crítica donde su potencia no se agota en el acto como realidad efectuada.

Ahora bien, ¿cómo lograr que los nuevos espacios puedan efectivamente desplegar su potencia, aun cuando los imaginarios de nuestros tiempos se encuentran asociados de manera indefectible a la expansión tecnológica propia del capitalismo globalizado? La alienación hacia la tecnología desde la práctica artística redundó en su enaltecimiento acrítico, mientras que los primeros intentos de separación de esta actitud glorificadora impulsaron vertientes reflexivas sobre la innovación *per se*. Es tiempo de procurar otros modos de encuentro entre arte y tecnología que desde los umbrales también asuman sus desencuentros como posibilidad de existencia, superando taxonomías cerradas. Es así como afloran espacios de potencia: en el encuentro posible de otras modalidades de reencuentro, que no se extinguen en el puro encuentro o el desencuentro absoluto –en ambos casos se agotaría la potencia–, sino que admiten, para expresarlo en términos agambenianos, la potencia del no ser y no hacer. La potencia emerge de la irreductibilidad del cualsea a una identidad determinada y la apertura hacia la totalidad de sus posibilidades, aun cuando sus componentes se hallen en tensión.

El encuentro de otras modalidades de (re)encuentro supondría tanto la reconciliación del arte y la tecnología, como de la escena de las poéticas electrónicas y el arte contemporáneo; reconciliación no entendida en sentido iluminista, sino esta vez en un campo de tensiones. El cambio de paradigma requiere de una toma de decisión que permita sustituir la moral, erigida sobre la definición de esencia como "lo que la cosa es" y la dicotomía acto/potencia, por una ética que no considera a la esencia como fin; la concibe en cambio como *potencia=acto* en diferentes grados, aspecto que siempre deja un resto[182] para otras posibilidades.

Los artistas, obras y prácticas "sin casilla" constituyen una alternativa posible para consolidar un discurso que no siempre tienda a ubicar a la novedad tecnológica en el centro de la propuesta estética. Un discurso que pueda hacer uso de ellas de un modo pertinente, en consonancia con los conceptos desarrollados por las obras, a través de la exploración de las múltiples relaciones posibles entre los materiales, las formas, los dispositivos y los puntos de partida conceptuales que guían los procesos creativos. Por su parte, las curadurías que hemos identificado en la tercera vertiente –"tecnología como pre-texto"– inauguran una vía interesante como estrategia ciertamente contemporánea. Al situarse en los umbrales que unen y separan los territorios conocidos, adoptan las dos actitudes simultáneas de pertenencia y exclusión con respecto al propio tiempo –reencuentro basado en el encuentro y desencuentro, diríamos nosotros– que definen la condición de ser contemporánea: pertenecer al tiempo pero también tomar distancia[183] (Agamben, 2008). Cierto desfasaje y no-coincidencia se tornan indispensables para poder ver y analizar la contemporaneidad.

Después de todo, el cambio de paradigma permite al fin levantar los límites que proyectan a las poéticas electrónicas separadas del terreno del arte contemporáneo. Entrados en el siglo XXI, las tecnologías ya no tienen por qué ser imperiosamente exaltadas, ni encarnar una frontera que condene a sus prácticas a vivir en el exilio.

182 Según Agamben (2007: 17), el sujeto es el resto devenido de la falta de correspondencia entre los procesos de subjetivación y desubjetivación: "Si aplicamos también aquí la transformación de las dicotomías en bipolariades, podemos decir que el sujeto se presenta como un campo de fuerzas recorrido por dos tensiones que se oponen: una que va hacia la subjetivación y otra que procede en dirección opuesta. El sujeto no es otra cosa más que el resto, la no-coincidencia entre estos dos procesos".

183 Aquí radica la "condición histérica de la historia" descrita por Roland Barthes (2012 [1980]: 15): sólo se constituye si se la mira, pero para mirarla debemos estar excluidos de ella.

07

Conclusiones finales

A lo largo de estas páginas hemos estudiado el proceso de conformación, desarrollo y consolidación de la escena protagonizada por los cruces entre el arte y la tecnología en Argentina, a partir de dos ejes de análisis: un eje histórico/historiográfico y un eje conceptual. El primero de ellos ha sido reconstruido mediante el examen de las emergencias de obras, artistas, académicos, exposiciones, relatos curatoriales, festivales, salones, premios, talleres, espacios de exhibición, plataformas y grupos de investigación que fueron configurando el circuito al que hemos dedicado este libro. Dicho eje nos permitió realizar una nueva lectura de la historia de la escena de las poéticas electrónicas en función de las vinculaciones establecidas con el circuito del arte contemporáneo hegemónico y organizar los hechos históricos en escenas. Por su parte, el eje conceptual fue trazado por los imaginarios de modernización que modularon la producción artística y tecno-científica desde las primeras décadas del siglo xx, los cuales convergieron en los idearios plasmados en el cruce del arte y las tecnologías electrónicas.

El eje histórico/historiográfico que recorre transversalmente el libro constituyó el núcleo de la argumentación enunciada en los diferentes capítulos. En lugar de limitarlo a la elaboración de una cronología tradicional, relevamos los eslabones perdidos de esta historia, recuperando los diferentes actores que fueron tejiendo la trama de relaciones de la escena de las poéticas electrónicas en Argentina. Estos eslabones han sido restituidos con la intención de reconstruir una historia todavía reciente, de la cual hasta el momento había escasa información recabada. A fines de evitar una narración cabalmente lineal, el eje histórico/historiográfico fue estructurado de acuerdo con las tensiones devenidas del boom digital de los años noventa. Por un lado, fricciones entre la escena de las poéticas electrónicas y el ámbito del arte contemporáneo que no recurre a las tecnologías de manera preeminente, cuyos sucesivos acercamientos y desencuentros fueron signando los lindes difusos que, aún hoy, unen y separan a sus respectivos circuitos. Por otro lado, tensiones entre imaginarios de modernización que coexisten en la escena que nos ocupa y han sido rastreados a través de una serie de propuestas curatoriales.

Conforme a las distintas concepciones tecnopoéticas y políticas implicadas, hemos distinguido tres perspectivas que permiten identificar diferentes idearios contemporáneos. Llegados a este punto, podríamos sugerir que estos idearios hunden sus raíces en imaginarios forjados en los siglos pasados. En primer lugar, señalamos una línea calificada como "tecnología como innovación y espectáculo", que deja entrever un optimismo hacia las tecnologías involucradas en las obras, a las cuales asocia con la innovación *per se*. Ésta constituye una derivación de la actitud exaltatoria gestada en tiempos de la Revolución Industrial y, más tarde, proyectada en las obras de algunos movimientos de vanguardia europeos y latinoamericanos que enaltecieron las nociones de progreso, futuro y novedad.

En segunda instancia, detectamos un enfoque designado como "utopías críticas", ubicado en las antípodas de la perspectiva anterior en cuanto denota una posición crítica hacia la glorificación apologética. Haciendo eco de la vertiente representada por Vicente Huidobro, César Vallejo y José Carlos Mariátegui hacia comienzos del siglo xx, esta vertiente rechaza la conexión lineal entre desarrollos científico-tecnológicos y progreso económico, social y cultural. Sugiere, en cambio, la revisión de la concepción de utopía moderna desde una mirada no idealizada, que reconsidera las consecuencias de la innovación y ofrece un modelo de futuro situado en la contemporaneidad, convocado por las consecuencias del desarrollo tecnológico *en* y *para* nuestra época.

Por último, vislumbramos una tercera perspectiva que hemos denominado "tecnología como pre-texto", donde los recursos tecnológicos configuran una suerte de plataforma conceptual desde la cual se despliega un discurso ligado a la tecnología, si bien ajeno al problema de la innovación, que constituye el foco de las dos líneas anteriores. Un abordaje semejante supone una alternativa a los imaginarios de modernización que todavía vinculan a las tecnologías con lo nuevo, en un contexto como el actual en el que la novedad ya se circunscribe necesariamente a la expansión tecnológica.

Además de reconstruir la historia de las poéticas electrónicas atendiendo a aquellas tensiones, hemos observado que los ejes histórico/historiográfico y conceptual se hallan relacionados. La irrupción del lenguaje digital desencadenó una atracción hacia la investigación tecnológica desde la práctica artística, en sintonía con la perspectiva de la línea "tecnología como innovación y espectáculo". Numerosos artistas empezaron a explorar los nuevos soportes, medios, herramientas y formatos. Previamente, las obras artístico-tecnológicas y aquellas que no hacían uso explícito de las tecnologías habían convivido en los programas del ITDT y el CAyC, dos espacios protagónicos para los primeros amores entre el arte y las tecnologías electrónicas en Buenos Aires. En estos casos, el interés por la intersección de ambos campos no alegaba una mirada glorificadora hacia los avances tecnológicos ni estuvo centrada en un juego de oposiciones entre conductas tecnofílicas y tecnofóbicas frente a las cuales fuera preciso tomar partido. Aunque los programas institucionales del ITDT y el CAyC recurrieron a las tecnologías como símbolo de lo nuevo, hemos argumentado que sus iniciativas no exaltaron en sí mismo el aspecto tecnológico de los proyectos ni jerarquizaron los que incorporaban tecnologías por sobre aquellos que no lo hacían. Pese a que en ocasiones hubo obras específicas presentadas en el ITDT que se volcaron hacia la espectacularización tecnológica, en el quinto capítulo fundamentamos que la relación entre tecnología y espectáculo se manifestó de modos diversos, oscilantes entre actitudes exaltatorias y posiciones más irónicas. Con todo, sus programas no giraron sistemáticamente en torno al carácter espectacular de los medios tecnológicos implicados. Tampoco puede afirmarse que hayan encarnado utopías críticas, dado que no reflexionaron sobre la innovación en sí misma. Por el contrario, la atracción respondía a las tentativas de sus plataformas institucionales por fundar un arte nuevo. Allí la cultura de mezcla pareció dar signos de vida en los debates sobre cómo lograr combinar la implantación de estéticas y códigos extranjeros con la formación de lenguajes artísticos permeables a las especificidades de la escena local.

La fascinación producida por el boom digital impulsó la progresiva separación entre las poéticas electrónicas que trascendieron al video y el arte contemporáneo hegemónico. No obstante, argüimos que entre mediados de los años noventa y 2004 todavía los circuitos encontraban algunas instancias de encuentro e intercambio. La autonomía de la escena de las poéticas electrónicas no ocurrió en la década del noventa en paralelo a la aparición de las tecnologías digitales, sino que recién fue concretada hacia el año 2004 con el surgimiento de instituciones especializadas. Los programas del EFT y el CCEBA, específicamente dedicados al arte y la tecnología, profundizaron la división de las poéticas electrónicas y el arte contemporáneo y, hacia 2008, acabaron por circunscribir a las primeras a una escena independiente. Entre 2011 y 2013, el panorama sufrió transformaciones como efecto de los cambios institucionales del EFT y el CCEBA. Históricamente, el crecimiento y la expansión de las instituciones culturales argentinas respondieron a una lógica alternativa al desarrollo continuo y lineal: ante determinadas circunstancias políticas, económicas y socioculturales acaecidas durante las últimas décadas, emprendimientos de gran envergadura han quedado truncos. Así lo anticiparon el cierre del ITDT provocado por el gobierno militar de Juan Carlos Onganía y, ulteriormente, la disgregación de las actividades interdisciplinarias del CAyC. Los inconvenientes para sostenerse en el tiempo que ambos casos anuncian –claro que allí en parte generados por inadmisibles causas políticas incomparables con los siguientes contextos democráticos–

preludian un esquema de crecimiento por estallido que tendió a repetirse, resultante de iniciativas institucionales que emergieron en la escena, se expandieron y, luego de generar un fuerte impacto, fueron desmembradas.

La discontinuidad de las plataformas institucionales trajo aparejada la interrupción de la investigación teórica desarrollada en torno a los programas de estos ámbitos no universitarios. Ya en los años ochenta, Enrique Oteiza había percibido que la crítica de arte había sido el talón de Aquiles en las experiencias llevadas adelante por el ITDT: "Hay que decir que faltó nivel teórico y originalidad de pensamiento para aprehender la importancia de un movimiento periférico, vigoroso y creativo, como el que se estaba dando en Buenos Aires" (Oteiza, 2017 [1987]: párr. 4). Sería posible arriesgar que la ausencia de reflexión crítica observada por Oteiza estuvo ligada a la velocidad de las transformaciones estéticas e institucionales introducidas por el Di Tella. Los cambios se sucedieron a un ritmo tal que el campo intelectual no habría contado con el tiempo suficiente para procesarlos antes de que la abrupta interrupción de sus actividades acabara por entorpecer el proceso de asimilación.

Dicho desfasaje entre la prolífera producción artístico-tecnológica y la exigua investigación teórica –dentro y fuera de la esfera académica– es un problema que persiste en nuestros días, aunque en menor medida que en la coyuntura descrita por Oteiza. La Argentina se ha convertido en un punto indudablemente significativo para las poéticas electrónicas, en el marco de un desarrollo más general de poéticas tecnológicas. En efecto, en los últimos veinte años, ha crecido el número de artistas provenientes de las artes visuales, la danza, el cine, la música y el teatro, entre otras disciplinas, que incursionaron en la investigación tecnológica, al igual que los ingenieros, científicos y tecnólogos atraídos por los lenguajes artísticos. Sin embargo, aún no se ha desarrollado con sistematicidad un campo de estudio teórico que se aboque al análisis de estas prácticas, procure establecer relaciones entre artistas, evalúe las condiciones de producción y recepción de las poéticas electrónicas, reformule y amplíe sus posibilidades curatoriales y, en suma, proponga una reflexión crítica en torno al quehacer artístico contemporáneo.

Hemos observado que durante los últimos años ha ido perfilándose otra coyuntura, signada por la germinación de nuevos espacios de creación y exhibición, así como por el fortalecimiento de iniciativas que habían sido creadas durante los años precedentes. Una vez atenuado el fetichismo tecnológico gestado desde los años noventa, promotor del divorcio de las escenas, algunos de estos espacios han encauzado proyectos que demostraron signos de reconciliación entre las poéticas electrónicas y el arte contemporáneo. Estos indicios han sido asimismo puestos en relieve por los artistas "sin casilla", quienes transitan los márgenes de ambas escenas, y por las curadurías que se valen de las tecnologías como "pre-texto". Si en los imaginarios de glorificación tecnológica el foco sobre las tecnologías en repetidas ocasiones prima sobre el planteo conceptual de los proyectos, y en las utopías críticas es la propia noción de futuro y novedad científico-tecnológica el nudo gordiano de sus poéticas, la perspectiva referida como "tecnología como pre-texto" favorecería el reencuentro de las escenas de las poéticas electrónicas y el arte contemporáneo hegemónico: al evitar reducir a las primeras a las disquisiciones sobre la novedad tecnológica, sus propuestas estéticas elaboran un discurso que puede trascender las peculiaridades de los medios comprometidos. Actuando en conjunto con los artistas, obras y prácticas "sin casilla", estas curadurías disuelven las fronteras entre el protagonismo del desarrollo conceptual al que suelen ser asociadas las obras del circuito del arte contemporáneo hegemónico, y las nociones de novedad, futuro e innovación, de acuerdo con las cuales se produce, difunde y analiza buena parte de las poéticas electrónicas, primordialmente desde los años noventa hasta el presente.

Sin embargo, fundamentamos que el encuentro de nuevas modalidades de reencuentro entre los campos del arte y la tecnología, y entre las escenas de las poéticas electrónicas y el arte contemporáneo *mainstream*, no supone la anulación de sus respectivas particularidades, sino la apreciación de nuevas posibilidades de convivencia que no se agotan en el encuentro o desencuentro absolutos. Las poéticas electrónicas, concebidas como poéticas de los márgenes (experimento/experiencia, objeto físico/obra "desmaterializada", trabajo individual/labor colaborativa, arte tecnológico/arte contemporáneo), conservan los rasgos distintivos que hacen a su "especificidad inespecífica", participando del contexto del arte contemporáneo como prácticas de la no pertenencia. Desde estos márgenes, fundan espacios de potencia que, al trascender categorías binarias y cerradas, abandonan el paradigma ontológico moderno y se lanzan hacia la exploración de la escisión implicada por otro paradigma que concibe a la historia como campo de tensiones. Aquí la potencia no es pensada como la antítesis de su efectuación en acto ni se extingue en él; por el contrario, da lugar al resto que abre otras posibilidades en función de diferentes grados de potencia.

Uno de los problemas que a futuro podría ser extensamente indagado concierne a la esfera institucional. El afianzamiento de programas que acompañen a la producción artística en aumento, y proporcionen ámbitos de reflexión sobre la orientación de la práctica, constituye un primer paso fundamental hacia el cambio de paradigma. La misión de las universidades, museos, centros culturales y otros espacios destinados a la difusión de las poéticas electrónicas adquiere aquí un papel cardinal. A pesar del lugar destacado que nuestra escena ocupa en el ámbito latinoamericano, la Argentina entraña una coyuntura peculiar. Aunque se encuentra muy bien posicionada en comparación con las escenas de otros países vecinos, aún no ha logrado gestionar significativas políticas gubernamentales y proyectos corporativos capaces de sostenerse en el tiempo, no solo como los acometidos por ciertos países centrales como Canadá, Estados Unidos, Alemania, Holanda, Francia y Australia, cuyas realidades a menudo distan de las nuestras, sino también como aquellos que México y Brasil han conseguido encauzar, a los cuales nos referiremos más adelante.

Los imaginarios de modernización también repercuten en este aspecto. Las instituciones se ven atravesadas por una racionalidad y sensibilidad técnica que se proyectan en sus programas y dejan entrever una cierta concepción sobre lo técnico que no se limita a la definición instrumental de la noción. Por el contrario, trazan un mapa complejo en el que se imbrican herramientas, operaciones y saberes, pero también personas que hacen uso de ellos, e instituciones en las cuales participan activamente timoneando sus líneas de gestión. A causa de los oscilantes devenires institucionales, la indagación e impulso de un lenguaje artístico-tecnológico propio han sido considerablemente limitados. A menudo la investigación teórica ha recaído sobre la fisonomía latinoamericana de las propuestas como estrategia posible para concebir la latinoamericanidad, aspecto que eventualmente –claro que no siempre– puede acabar profundizando una confrontación maniquea entre la creatividad periférica y la producción de los países centrales.

Es preciso que las instituciones comiencen por deconstruir los idearios instaurados y sondeen imaginarios acordes con nuestros entornos de investigación y creación. Una alternativa de cara a este objetivo consistiría en impulsar nuevos modelos de gestión orientados a emplazar los intercambios del arte y la tecnología en el mapa del arte contemporáneo, los cuales asimismo respondan a formatos coherentes con las revisiones de los ámbitos tradicionales de producción y exhibición que se están dando en el presente. Entre otros aspectos, estas revisiones involucran la implementación de modelos alternativos de socialización; la apertura de los museos, centros culturales y otras plataformas hacia el barrio; el desarrollo de estrategias inclusivas sobre temáticas vinculadas a otras identidades de género; y el trabajo directo con la comunidad a través de diferentes actividades que amplían los horizontes de la esfera artística, como huerta, cocina y talleres de oficios. Un ámbito semejante respondería a la postergada creación de un espacio cultural dedicado de manera íntegra y sistemática a la investigación y difusión de las poéticas electrónicas y sus relaciones con el arte contemporáneo. O bien, un espacio consagrado a la escena del arte contemporáneo y sus intercambios con las prácticas artístico-tecnológicas inscritas en ella.

Un programa de estas características debería asimismo saldar otras deudas pendientes: la intersección entre la labor académica y el trabajo artístico-tecnológico, la comunicación con diferentes iniciativas institucionales que de modo parcial también se encuentran abocadas a los cruces entre el arte y la tecnología, y la instauración de un punto de encuentro entre artistas e investigadores del país. Hemos advertido que, con excepción de algunos casos concentrados en las principales ciudades argentinas, el desarrollo de la escena de las poéticas electrónicas verifica una expansión desigual entre las diferentes regiones. De este modo, la mayor parte de las provincias devienen territorios periféricos con respecto a la metrópolis porteña, un fenómeno que demuestra el actual carácter móvil, relativo y lábil de las locaciones designadas como centro y periferia. Entre otras de las iniciativas institucionales que están dedicadas de manera cabal o parcial a promover estas prácticas fuera de la Ciudad de Buenos Aires se destacan La Cúpula y el Centro Cultural de España, en Córdoba; el Centro Cultural Parque de España, el Festival 404 y EspacioLAB, en Rosario; el Laboratorio emmeLab de la Universidad Nacional de La Plata; el Laboratorio RILab de la Universidad Nacional del Litoral; la galería La Arte en Salta; el Medialab de la Escuela de Bellas Artes de Neuquén; y la Facultad de Artes, Diseño y Ciencias de la Cultura de la Universidad Nacional del Nordeste.

Si revisamos los modelos de gestión encauzados en otros países latinoamericanos, en el escenario brasileño hallamos significativas políticas gubernamentales y proyectos corporativos consumados en la progresiva creación de museos, centros culturales, exposiciones, premios, festivales, residencias y programas universitarios reconocidos a nivel internacional, los cuales en muchos casos establecen relaciones con la escena del arte contemporáneo hegemónico. Algunas de las iniciativas que señalan la riqueza del ámbito del arte y la tecnología en Brasil son el Centro Cultural Banco do Brasil; el Instituto Itaú Cultural; la Pinacoteca de San Pablo; el Museo de Imagen y Sonido de la misma ciudad; la Fundación Oi Futuro, con sedes en Río de

Janeiro y Belo Horizonte; el Instituto Sergio Motta y el premio homónimo, otorgado por la institución para fomentar las artes electrónicas brasileñas; la Muestra 3M de Arte Digital; la Asociación Cultural Videobrasil; el Festival Internacional de Lenguaje Electrónico (FILE); Vivo ARTE.MOV– Festival Internacional de Arte en Medios Móviles; el laboratorio medial NAT (Núcleo Arte y Tecnología) de la Escuela de Artes Visuales del Parque Lage en Río de Janeiro; el SAD: Seminario de Artes Digitales, un congreso internacional organizado por la Universidad Estadual de Minas Gerais y Lab|Front: Laboratorio de Poéticas Fronterizas; y el Laboratorio de Investigación, Desarrollo e Innovación en Medios Interactivos de la Universidad Federal de Goiás.

Otros emprendimientos latinoamericanos meritorios que han contribuido con el estudio, la reflexión y la subvención de las poéticas electrónicas han sido el Centro Multimedia, ubicado en la Ciudad de México y dependiente del Consejo Nacional para la Cultura y las Artes; el Laboratorio de Arte Alameda, fundado por el mismo Consejo mediante el Instituto Nacional de Bellas Artes; el Centro de Cultura Digital, administrado por la Secretaría de Cultura de México; el Centro Ático de la Universidad Javeriana de Bogotá; el Área de Nuevos Medios del Ministerio de las Culturas, las Artes y el Patrimonio de Chile y la Bienal de Artes Mediales del mismo país, resultante del Festival Franco-Chileno de Videoarte; y Alta Tecnología Andina, organización peruana sin fines de lucro dedicada al impulso de la cultura basada en la utilización de medios electrónicos en América Latina.

La escena del arte y la tecnología en Argentina tiene aún un largo camino por recorrer. Los modelos latinoamericanos evaluados dejan en claro que los respaldos de políticas estatales, determinadas corporaciones y ciertas asociaciones sin fines de lucro nacionales e internacionales son imprescindibles desde el punto de vista institucional y económico para emprender este trayecto. Un tema no menos sugestivo, cuya reflexión queda pendiente para futuras investigaciones, es el de los modos locales de producción artística y gestión institucional según la disponibilidad tecnológica de los diferentes países. Este aspecto implicaría una variable elocuente a ser ponderada por los estudios que examinan las características y efectos del acceso a las tecnologías en los distintos territorios del globo.

César Aira escribió que la posibilidad técnica de reproducción de la obra convierte al arte en nonato y póstumo. Suspendido entre el antes y el después, el arte es tanto documentación de algo que fue como promesa de lo que será. El carácter irreproducible de la obra permanece intacto para generar una historia distinta. A través de la búsqueda de los eslabones perdidos de la historia del arte y la tecnología en Argentina, procuramos identificar ese "quantum de irreproducibilidad" (Aira, 2016: 25) desde el cual las poéticas electrónicas contemporáneas pueden ser inscritas como prácticas artísticas de la no pertenencia, sin omitir las singularidades que las diferencian. Esta apuesta incita la revisión de la historiografía del arte argentino y la formulación de otro de los relatos posibles: una nueva historia del arte reescrita a través de la recuperación de sus espacios recónditos, sus voces olvidadas y sus prácticas "proscritas", que conciba a la experimentación preeminentemente tecnológica como una de las tantas expresiones polifacéticas de la expansión del campo artístico en la contemporaneidad.

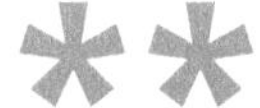

Bibliografía

Libros, artículos de revistas y catálogos:

ADORNO, T. (2004). *Teoría estética* [1970]. Madrid: Akal.

AGAMBEN, G. (2011). *Infancia e historia: destrucción de la experiencia y origen de la historia*. Buenos Aires: Adriana Hidalgo.

————— (2008). "¿Qué es lo contemporáneo". Recuperado de: [http://19bienal.fundacionpaiz. org.gt/wp-content/uploads/2014/02/agamben-que-es-lo-contemporaneo.pdf].

————— (2007). *La potencia del pensamiento: ensayos y conferencias*. Buenos Aires: Adriana Hidalgo.

————— (2005). "El autor como gesto". En *Profanaciones*. Buenos Aires: Adriana Hidalgo.

————— (2001). "Forma-de-vida". En *Medios sin fin. Notas sobre la política*. Valencia: Pre-Textos.

————— (1996). *La comunidad que viene*. Valencia: Pre-Textos.

AIRA, C. (2016). *Sobre el arte contemporáneo*. Buenos Aires: Literatura Random House.

ALBERRO, A. (2011). *¿Qué es el arte contemporáneo?* Pamplona: Universidad Pública de Navarra.

ALCARAZ, M.V. (dir.) (2007). *Centro Cultural San Martín: un clásico en evolución*. Buenos Aires: Centro Cultural General San Martín.

ALONSO, R. (2018). "El futuro llegó (hace rato)". En Urtiaga, G. *et. al. 200 años: pasado, presente y futuro* (cat. exp.). Buenos Aires: Centro Cultural Kirchner.

————— (2015). *Elogio de la Low-Tech: historia y estética de las artes electrónicas en América Latina*. Buenos Aires: Luna Editores.

————— (2009). *El futuro ya no es lo que era: imaginarios de futuro en Argentina 1910-2010*. Buenos Aires: Fundación OSDE.

————— (2008). "Tácticas curatoriales para el arte tecnológico". En *Prácticas curatoriales para el arte tecnológico: Calibrando / Diseñando Contextos*. Buenos Aires: Espacio Fundación Telefónica.

————— (2006). Tecnologías para los sentidos. *Todavía*, 13. Recuperado de: [http://www. roalonso.net/es/arte_y_tec/sentidos.php].

————— (2005). Arte y tecnología en Argentina: los primeros años. *Leonardo Electronic Almanac*. Recuperado de: [http://www.roalonso.net/es/arte_y_tec/primeros_anios.php].

————— (2003). Calibrando la Net. *art.es. International Art Magazine*, 0. Recuperado de: [http://www.roalonso.net/es/arte_y_tec/calibrando.php].

————— (1999). Artistas argentinos en el concierto digital. *Revista Buenos Aires Bellas Artes* del Museo Nacional de Bellas Artes / Universidad de Palermo. Recuperado de: [http:// www.arteuna.com/CRITICA/ralonso1.htm].

ALONSO, R.; TAQUINI, G. y TEJEIRO, V. (2012). "Cronología 1992-2012". En Alonso, R. y Taquini, G. (curs.). *Recorridos: arte, ciencia, tecnología* (cat. exp.). Buenos Aires: Centro Cultural Recoleta. Del 15 de noviembre al 9 de diciembre de 2012.

ALTAMIRANO, C. y SARLO, B. (1983). *Literatura/ Sociedad*. Buenos Aires: Hachette.

————— (1980). La Argentina del Centenario: campo intelectual, vida literaria y temas ideológicos. *Hispamérica*, 25-26, 33-59.

ANTÚNEZ ROCA, M. y KAC, E. (1997). Arte robótica: un manifiesto [1996]. *Leonardo Electronic Almanac*, 5 (5). Recuperado de: [http://www.ekac.org/kac.roca.sp.html].

Arden Quin, C. (1944). [Son las condiciones materiales de la sociedad, las que condicionan las superestructuras ideológicas]. *Arturo: revista de artes abstractas*, 1, 3-5.

Aristóteles (1994). *Metafísica* [s. iv ac]. Madrid: Gredos.

Baczko, B. (1991). *Los imaginarios sociales: Memorias y Esperanzas Colectivas* [1984]. Buenos Aires: Nueva Visión.

Barthes, R. (2012). *La cámara lúcida. Notas sobre la fotografía* [1980]. Buenos Aires: Paidós.

Basalla, G. (1967). The Spread of Western Science. *Science*, 156 (3775), 611-622.

Battista, K. (2015). "EAT – The Spirit of Collaboration". En Breitwieser, S. (ed.). *EAT. Experiments in Art and Technology* (cat. exp.). Salzburgo: Museum der Moderne.

Bayley, E. (1952). Realidad interna y función de la poesía. *poesía buenos aires*, 6 y 7.

————— (1946). Sobre invención poética. *Arte Concreto Invención*, 1. Recuperado de: [http://cvaa.com.ar/02dossiers/concretos/05_docs_07.php].

Bayley, E. *et al.* (1947). "Manifiesto Invencionista". En Maldonado, T. (1997). *Escritos Preulmianos*. Buenos Aires: Ediciones Infinito.

Beiguelman, G. (cur.) (2012). *Tecnofagias: ciência de ponta/ciência de garage* (cat. exp.). San Pablo: Instituto Tomie Ohtake.

Benjamin, W. (2009). "Tesis sobre filosofía de la historia" [1940]. En *Estética y Política*. Buenos Aires: Las Cuarenta.

Bergson, H. (1994). *Memoria y vida: textos escogidos por Gilles Deleuze*. Barcelona: Altaya.

Bishop, C. (2012) Digital Divide. Claire Bishop on Contemporary Art and New Media. *Artforum*, 436-442.

————— (2011). "Participation and Spectacle: Where Are We Now?". En Thompson, N. (ed.). *Living as Form*. Cambridge: The MIT Press.

Blasco Bosqued, L. (2012). "Presentación". En Buccellato, L. (cur.). *Premio MAMbA-Fundación Telefónica. Arte y Nuevas Tecnologías. Séptima Edición* (cat. exp.). Buenos Aires: Espacio Fundación Telefónica.

Bloch, E. (2004). *El principio de la esperanza*. Madrid: Editorial Trotta.

Botar, O. (2010). "La totalidad de la vida: una idea de la *Gesamtwerk*". En Rubio, M. O. (comp.). *László Moholy-Nagy: el arte de la luz*. Madrid: Círculo de Bellas Artes / La Fábrica.

Bourdieu, P. (1971a). "Champ du pouvoir, champ intellectuel et habitus de clase". En *Scolies, Cahiers de recherche de l'Ecole normale supérieur*, 1, 7-26.

————— (1971b). Génesis y estructura del campo religioso. *Revue Française de Sociologie*, 12 (3), 295-334.

————— (1966). Champ intellectuel et projet créateur. *Temps modernes*, 246, 865-906.

Brea, J. L. (2002). *La era postmedia. Acción comunicativa, práctica (post)artísticas y dispositivos neomediales*. Salamanca: Consorcio Salamanca.

————— (1997). Algunos pensamientos sueltos acerca de arte y técnica. *Zehar: revista de Arteleku-ko aldizkaria*, 33, 8-15.

Buccellato, L. (cur.) (2010). *Premio MAMbA-Fundación Telefónica. Arte y Nuevas Tecnologías. Sexta Edición 2008-2009* (cat. exp.). Buenos Aires: Espacio Fundación Telefónica.

————— (2008). *Premio MAMbA -Fundación Telefónica. Arte y Nuevas Tecnologías. Quinta Edición 2006*. Buenos Aires: Espacio Fundación Telefónica

————— (2005) *Arte y Nuevas Tecnologías. Premio MAMbA-Fundación Telefónica 2004/2003/2002* (cat. exp). Buenos Aires: Espacio Fundación Telefónica.

Buffone, S. (2000). Un mecenas virtual. Arte Digital 2000. Premios Prodaltec. *Ramona. Revista de Artes Visuales*, 14, 16.

Burbano, A. (2014a). "Entre película perforada y las primeras computadoras". En Lorgia, M. P. (ed.). *Artes Mediales: Convergencias y Tecnologías*. Bogotá: IDARTES.

————— (2014b). "Variantología Australi". En Zielinski, S. y Giannetti, C. (eds.). *An Archive*. Colonia: Edith Riss Haus für medienkunst.

————— (ed.) (2007). *Zielinski: genealogías, comunicación, escucha y visión*. Bogotá: Universidad de los Andes.

————— (ed.) (2002). *Hipercubo/ok: Arte, ciencia y tecnología en contextos próximos*. Bogotá: Universidad de los Andes.

Bürger, P. (2009). *Teoría de la Vanguardia*. Buenos Aires: Las Cuarenta.

Burucúa, J. E. (2007). *Historia, arte cultura. De Aby Warburg a Carlo Ginzburg.* Buenos Aires: Fondo de Cultura Económica.

Cáceres, A. (s.f.). "El proyecto arteUna desde 1996". Recuperado de: [http://www.arteuna.com/ArteUna.htm].

Canalis, I. (2010). "El fotoliptófono y sus páginas sonoras. Sistemas antiguos de grabación sonora". Recuperado de: [http://fotoliptofono.blogspot.com.ar/2010/].

Canalis, I. y Petrosino, J. (2014). ¿Cuánta música cabe en una página de periódico? Sonido impreso en papel a principios del siglo XX. *Questión. Revista Especializada en Periodismo y Comunicación*, 1 (42), 260-284.

Cantú, M. y La Ferla, J. (2012). "Artes experimentales mediáticas en el MAMbA". En Buccellato, L. (dir.). *Museo de Arte Moderno de Buenos Aires: Patrimonio.* Buenos Aires: Museo de Arte Moderno.

———— (2008). "03-07". En Aramburu, N. (ed.). *Un lugar bajo el sol. Los espacios para las prácticas creativas actuales / Revisión y análisis.* Buenos Aires: Centro Cultural de España en Buenos Aires.

Carlón, M. y Neto, A. F. (comps.) (2012). *Las políticas de los internautas. Nuevas formas de participación.* Buenos Aires: La Crujía.

Carlón, M. y Scolari, C. (comps.) (2012). *Colabor_arte: medios y artes en la era de la producción colaborativa.* Buenos Aires: La Crujía.

———— (2009). *El fin de los medios masivos: el comienzo de un debate.* Buenos Aires: La Crujía.

Castoriadis, C. (2004). Técnica. *Artefacto. Pensamientos sobre la técnica*, 5, 50-66.

———— (1997). El imaginario social instituyente. *Zona Erógena*, 35. Recuperado de: [http://www.ubiobio.cl/miweb/webfile/media/267/Castoriadis%20Cornelius%20-%20El%20Imaginario%20Social%20Instituyente.pdf].

———— (1975). *La institución imaginaria de la sociedad: Marxismo y teoría revolucionaria.* Barcelona: Tusquets Editores.

Causa, E. (2010). Laboratorio de Arte y Tecnología. *Cibertronic*, 6. Recuperado de: [http://www.untref.edu.ar/cibertronic/tecnologias/nota8/Emiliano-Causa_laboratorio-de-arte-y-tecnologia.pdf].

Ceballos, A. (2010). "Acerca de los Egg(o)ness (o Los Huevones)". En Andrade, F. y Di Marco, G. (eds.). *Flashbackup: estados transitorios del arte y la tecnología en Córdoba.* Córdoba: Modular/Centro Cultural de España.

Chandler, J. y Lippard, L. (1968). The Dematerialization of Art. *Art International*, 31-36.

Contreras, S. (1946). Sobre las artes aplicadas a la necesidad revolucionaria y el arte de la invención concreta. *Arte Concreto Invención*, 1, 4.

Cortés-Rocca, P. (2011). *El tiempo de la máquina: retratos, paisajes y otras imágenes de la Nación.* Buenos Aires: Colihue.

Costa, F. (2011). "Biopolíticas y biotécnicas. El 'cuerpo productivo' en la era de las formas de vida tecnológicas" (Tesis de doctorado). Facultad de Ciencias Sociales, Universidad de Buenos Aires.

Cubitt, S. y Thomas, P. (eds.) (2013). *Relive: Media Art Histories.* Cambridge: The MIT Press.

Danto, A. (1999). *Después del fin del arte. El arte contemporáneo y el linde de la historia.* Barcelona: Paidós.

Debord, G. (1995). *La sociedad del espectáculo* [1967]. Santiago del Chile: Ediciones del Naufragio.

Deleuze, G. (2008). *En medio de Spinoza* [1980-81]. Buenos Aires : Cactus.

D'Elía, A. (2006). "Presentación". En Alonso, R. et al. *Interactivos. Ambientes, Redes, Tele-actividad. Programa de Arte Interactivo II.* Buenos Aires: Espacio Fundación Telefónica.

Del Gizzo, L. (2014). "La mecánica poética: exploración técnica y política en el invencionismo". En Kozak, C. (comp.) (2014). *Poéticas/políticas tecnológicas en Argentina 1910- 2010.* Paraná: Editorial Fundación La Hendija.

De Micheli, M. (1979). *Las vanguardias artísticas del siglo XX.* Madrid: Alianza Forma.

Dinkla, S. (1996). "From Participation to Interaction: Toward the Origins of Interactive Art". En Hershman Leeson, L. (ed.). *Clicking in: Hot Links to a Digital Culture.* Seattle: Bay Press.

Di Tella, G. y Oteiza, E. (1964). *Memoria 1963.* Buenos Aires: Instituto Torcuato Di Tella.

———— (1966). *Memoria 1964.* Buenos Aires: Instituto Torcuato Di Tella.

Di Tella, G; Oteiza, E. y Robiola de Di Tella, M. (1963). *Instituto Torcuato Di Tella – The first two and a half years 1960-1962*. Buenos Aires: Instituto Torcuato Di Tella.

DONOSO, P. y MONTERO, V. (2014). "Dissent and Utopia: Rethinking Art and Technology in Latin America". En Aceti L., Jaschko, S. y Stallabrass, J. *Red Art: New Utopias in Data Capitalism*. Leonardo/ISAST – The MIT Press - Goldsmiths and New York University.

FARIA, D. (2013). As meditações americanas de Keyserling: um cosmopolitismo nas incertezas do tempo. *Varia Historia*, 29 (51), 905-923.

FLUSSER, V. (2007). Creación científica y artística [1982]. *Artefacto. Pensamientos sobre la técnica*, 6, 70-80.

——— (1990). *Hacia una filosofía de la fotografía* [1983]. Ciudad de México: Trillas.

GABO, N. y PEVSNER, A. (1920). "Manifiesto Constructivista". En De Micheli, M. (1979). *Las vanguardias artísticas del siglo XX*. Madrid: Alianza Forma.

GAINZA, M. (2011). *Textos elegidos 2003-2010*. Buenos Aires: Capital intelectual.

GALANTER, P. (2003). What is Generative Art: Complexity Theory as a Context for Art Theory. *International Conference on Generative Art*. Recuperado de: [http://www.philipgalanter.com/downloads/ga2003_paper.pdf].

GALLO, R. (2005). *Mexican Modernity: The Avant-Garde and the Technological Revolution*. Cambridge: The MIT Press.

GARAVELLI, C. (2014). *Video experimental argentino contemporáneo: una cartografía crítica*. Buenos Aires: EDUNTREF.

GARCÍA, A. C. (2010). "*Linkages* en/con el pasado". En Buccellato, L. (cur.) (2010). *Premio MAMbA-Fundación Telefónica. Arte y Nuevas Tecnologías. Sexta Edición 2008-2009* (cat. exp.). Buenos Aires: Espacio Fundación Telefónica.

GARCÍA, M. A. (2011). *El arte abstracto. Intercambios culturales entre Argentina y Brasil*. Buenos Aires: Siglo XXI.

GARCÍA CEDRO, G. (2014). "Máquinas y maquinarias de la vanguardia porteña". En Kozak, C. (comp.). *Poéticas/políticas tecnológicas en Argentina 1910-2010*. Paraná: Editorial Fundación La Hendija.

GARRAMUÑO, F. (2015). *Mundos en común: ensayos sobre la inespecificidad del arte*. Buenos Aires: Fondo de Cultura Económica.

GIANNETTI, C. (2002). "La producción de contenidos culturales (2): arte, patrimonio, canales de difusión. Recuperado de: [http://www.uoc.edu/culturaxxi/esp/articles/giannetti0602/giannetti0602.html].

GIUNTA, A. (2014). *¿Cuándo empieza el arte contemporáneo?* Buenos Aires: Fundación arteBA.

——— (2009). *Poscrisis. Arte argentino después de 2001*. Buenos Aires: Siglo XXI.

——— (2008). *Vanguardia, internacionalismo y política: arte argentino en los años sesenta*. Buenos Aires: Siglo XXI.

——— (2000). "Arte latinoamericano y discursos curatoriales". En *Las relaciones curatoriales entre América Latina y Estados Unidos después de la Guerra Fría*. Berlín: Wissenschaftliche Verlag.

GLUSBERG, J. (2000). "Arte y Tecnología: 30 años de una alianza". En *Arte Digital 2000. Premios Prodaltec* (cat. exp.). Buenos Aires: Museo Nacional de Bellas Artes.

——— (1985). *Del pop-art a la nueva imagen*. Buenos Aires: Ediciones de Arte Gaglianone.

——— (1969a). *Argentina Inter-Medios* (cat. exp.). Buenos Aires: Centro de Arte y Comunicación.

——— (1969b). *Arte y Cibernética* (cat. exp.). Buenos Aires: Galería Bonino.

GONTIJO, J. (2016). El artista como inventor: mutaciones tecnopoéticas. (Tesis de doctorado). Facultad de Filosofía y Letras, Universidad de Buenos Aires.

——— (2014). *Distopias Tecnológicas*. Río de Janeiro: Circuito.

GONZÁLEZ, V. (2017). "David Lamelas 1966-76. The Cartography of an Artistic Tactic". En *David Lamelas. A Life of Their Own* (cat. exp.). Long Beach: University Art Museum– California State University Long Beach.

GRADOWCZYK, M. (2006). *Arte abstracto. Cruzando líneas desde el Sur*. Buenos Aires: EDUNTREF.

GRINSTEIN, E. (2007). El invencionismo, una utopía anti-realista. *Artefacto. Pensamientos sobre la técnica*, 6, 108-116.

GROYS, B. (2014). *Volverse público. Las transformaciones del arte en el ágora contemporánea*. Buenos Aires: Caja Negra.

GUTMAN, M. (2011). *Buenos Aires. El poder de la anticipación: imágenes itinerantes del futuro metropolitano en el primer Centenario*. Buenos Aires: Ediciones Infinito.

GYÖRI, L. P. (2011). *Kosice y el arte tecnológico*. Buenos Aires: Aero.

HAN, B-Ch. (2014). *En el enjambre*. Barcelona: Herder.

HERNÁNDEZ, I. (2005). *Estética, ciencia y tecnología. Creaciones electrónicas y numéricas*. Bogotá: Editorial Pontificia Universidad Javeriana.

————— (2002). *Mundos virtuales habitados. Espacios electrónicos interactivos*. Bogotá: Centro Editorial Javeriano.

HERRERA, M. J. (2017). "David Lamelas and Buenos Aires". En *David Lamelas. A Life of Their Own* (cat. exp.). Long Beach: University Art Museum – California State University Long Beach.

————— (2012). "La televisión en el museo". En La Ferla, Jorge (comp.) *Televisiones: Coloquio Internacional sobre* TV. Buenos Aires: Espacio Fundación Telefónica.

————— (cur.) (2010). *POP! La consagración de la primavera*. Buenos Aires: Fundación OSDE.

HERRERA, M. J. y MARCHESI, M. (curs.) (2013). *Arte de sistemas: el CAyC y el proyecto de un nuevo arte regional 1969-1977* (cat. exp.). Buenos Aires: Fundación OSDE.

HOROWITZ, N. (2011). *Art of the Deal: Contemporary Art in a Global Financial Market*. Nueva Jersey: Princeton University Press.

HUIDOBRO, V. (2011). *El espejo de agua y Ecuatorial*. Santiago de Chile: Pequeño Dios Editores.

————— (2009). "Futurismo y Maquinismo" [1925]. En *Manifiestos*. Santiago de Chile: Mago Editores.

HURTADO, D. (2010). *La ciencia argentina. Un proyecto inconcluso: 1930-2000*. Buenos Aires: Edhasa.

HUYSSEN, A. (2006). *Después de la gran división: modernismo, cultura de masas, posmodernismo* [1986]. Buenos Aires: Adriana Hidalgo.

JACOBO, M. (2017). "Procesos de formación y consolidación de un mundo de arte digital: el caso de las artes visuales en Córdoba (1996/2007) (Tesis de doctorado). Universidad Nacional de Córdoba.

JASSO, K. (2008). "Laboratorio de Arte Alameda: espacio de exhibición / plataforma de discusión". En Alonso, R. (coord.). *Prácticas curatoriales para el arte tecnológico: Calibrando /* *Diseñando Contextos*. Buenos Aires: Espacio Fundación Telefónica.

JASSO, K. y USABIAGA, D. (2012). *(Ready)Media: hacia una arqueología de los medios y la invención en México*. Ciudad de México: Laboratorio de Arte Alameda – Instituto Nacional de Bellas Artes – CONACULTA.

KARLOVICH, A. (1996). "*a:e,iuo: con a de apertura*". En *a:e,iuo* (cat. exp.). Buenos Aires: Centro Cultural Recoleta. Del 3 de agosto al 1º de septiembre de 1996.

KATZ, L. (2010). "El arte de suplicar". En Buccellato, Laura (cur.) (2010). *Premio MAMbA-Fundación Telefónica. Arte y Nuevas Tecnologías. Sexta Edición 2008-2009* (cat. exp.). Buenos Aires: Espacio Fundación Telefónica.

KATZENSTEIN, I. (2017). "David Lamelas: A Situational Aesthetic (excerpt). En *David Lamelas. A Life of Their Own* (cat. exp.). Long Beach: University Art Museum – California State University Long Beach.

————— (ed.) (2007). *Escritos de vanguardia. Arte argentino de los años 60.* . Buenos Aires: Fundación Espigas.

KERN, D. (2013). *Tradição em Paralaxe: a novíssima arte contemporânea sul-brasileira e as "velhas tecnologías"*. Porto Alegre: Museu Júlio de Castilhos.

KING, J. (1985). *El Di Tella y el desarrollo cultural argentino en la década del sesenta*. Buenos Aires: Ediciones de Arte Gaglianone.

KLÜVER, B. y RAUSCHENBERG, R. (1967). *E.A.T. News*, 1 (2).

KOSICE, G. (1996). "La integración ciencia-arte-técnica". En *Filosofía y arte porvenirista*. Buenos Aires: Ediciones de Arte Gaglianone.

————— (1971). "Manifiesto La Ciudad Hidroespacial". Recuperado de: [http://kosice.com.ar/otros-recursos/los-textos/de-kosice/manifiesto-la-ciudad-hidroespacial/].

KOSICE, G. et al. (1947). [Se reconocerá por Arte Madí...]. *Madí: Nemsor No. 0 del Movimiento Madí Universal (Arte Madí Universal)*, 0. Recuperado de: [http://cvaa.com.ar/02dossiers/concretos/05_docs_10.php].

KOZAK, C. (2019). "Tecnopoéticas latinoamericanas en el dominio digital. Intersecciones arte- tecnología-política-territorio". En Horta, A. (comp.). *Fundamentos y prácticas poéticas*.

Arte, arquitectura, ciudad, diseño, cultura material. Bogotá: Universidad Nacional de Bogotá.

——————(2015). "Literatura digital y materialidad. Cómo se lee". En Alsina, P. y Rodríguez Granell, A. (coord.). "Art Matters". *Artnodes*, 15, 90-98.

—————— (comp.) (2014). *Poéticas/políticas tecnológicas en Argentina 1910- 2010*. Paraná: Editorial Fundación La Hendija.

—————— (ed.) (2012). *Tecnopoéticas argentinas: archivo blando de arte y tecnología*. Buenos Aires: Caja Negra.

—————— (comp.) (2011). *Poéticas tecnológicas, transdisciplina y sociedad: Actas del Seminario Internacional Ludión/Paragraphe*. Buenos Aires: Exploratorio Ludión.

KRAUSS, R. (2002a). "La escultura en el campo expandido" [1979]. En Foster, H. (coord.). *La posmodernidad*. Barcelona: Kairós.

—————— (2002b). *Pasajes de escultura moderna* [1977]. Madrid: Akal.

——————(1999). *A Voyage in the North Sea. Art in the Age of the Post-Medium Condition*. Londres: Thames & Hudson.

KRÖPFL, F. (1969). "Introducción a la música electrónica en vivo. Composición colectiva". En Glusberg, J. *Argentina Inter-Medios* (cat. exp.). Buenos Aires: Centro de Arte y Comunicación.

LA FERLA, J. (comp.) (2009a). *Arte, Ciencia y Tecnología. Un panorama crítico*. Buenos Aires: Espacio Fundación Telefónica.

——————(2009b). *Cine (y) Digital: aproximaciones a posibles convergencias entre el cinematógrafo y la computadora*. Buenos Aires: Manantial.

—————— (comp.) (2008). *Artes y Medios audiovisuales II: un estado de situación: las prácticas mediáticas predigitales y postanalógicas*. Buenos Aires: Aurelia Rivera.

—————— (comp.) (2007). *El medio es el diseño audiovisual*. Manizales: Universidad de Caldas.

—————— (2001). *Cine, video y multimedia: la ruptura de lo audiovisual*. Buenos Aires: Libros del Rojas.

——————(org.) (2000). *De la pantalla al arte transgénico*. Buenos Aires: Libros del Rojas.

—————— (comp.) (1999). *Medios audiovisuales: ontología, historia y praxis: cine, TV, video, instalaciones, multimedia*. Buenos Aires: Eudeba.

—————— (comp.) (1997). *Contaminaciones: del videoarte al multimedia*. Buenos Aires: Libros del Rojas.

LA FERLA, J. y REYNAL, S. (comps.) (2012). *Territorios audiovisuales: cine, video, televisión, documental, instalación, nuevas tecnologías, paisajes mediáticos*. Buenos Aires: Libraria.

LEE, P. (2004). *Chronophobia: On Time in the Art of the 1960s*. Cambridge: The MIT Press.

LICHTY, P. (2013). "A Disjointed Conversation – Claire Bishop, The Digital Divide and the State of New Media Contemporary Art". Recuperado de: [http://furtherfield.org/blog/patrick-lichty/disjointed-conversation---claire-bishop-digital-divide-and-state-new-media-conte].

LIPPARD, L. (2004). *Seis años: la desmaterialización del objeto artístico de 1966 a 1972* [1973]. Madrid: Akal.

LODDER, C. (1988). *El constructivismo ruso*. Madrid: Alianza Forma.

LONGONI, A. (2017). *Oscar Masotta. Revolución en el arte*. Buenos Aires: Mansalva.

LONGONI, A. y MESTMAN, M. (2000). *Del Di Tella a Tucumán Arde. Vanguardia artística y política en el 68 argentino*. Buenos Aires: El Cielo por Asalto.

LÓPEZ ANAYA, J. (2001). "Un nuevo pluralismo". En *Premio Banco Nación a las Artes Visuales 2000* (cat. exp.). Buenos Aires: Centro Cultural Recoleta.

LOVINK, G. (2007). "New Media: In Search of The Cool Obscure". Recuperado de: [http://bampfa.berkeley.edu/media/lovink.mp4].

MAC ENTYRE, E. y VIDAL, M. A. (1960). "Manifiesto de arte generativo". Recuperado de: [http://www.miguelangelvidal.com.ar/manifiesto.html].

MACHADO, A. (2000). *El paisaje mediático: sobre el desafío de las poéticas tecnológicas*. Buenos Aires: Libros del Rojas.

MALDONADO, M. (2016). *Poéticas biotecnológicas e indocilidad reflexiva. Una genealogía crítica del bioarte*. (Tesis de doctorado). Universidad Nacional de Entre Ríos, Paraná.

MALDONADO, T. (1946). Lo abstracto y lo concreto en el arte moderno. *Arte Concreto Invención*, 1, 5.

MANNHEIM, K. (1956). *Idéologie et utopie*. París: Marcel Rivière.

MANOVICH, L. (2006). *El lenguaje de los nuevos medios de comunicación* [2001]. Buenos Aires: Paidós.

——— (2003). "New Media from Borges to HTML". En Wardrip-Fruin, N. y Montfort, N. (eds.). *The New Media Reader.* Cambridge: The MIT Press.

MAPLES ARCE, M. (1921). "Actual n.1, Hoja de Vanguardia, Comprimida Estridentista del poeta Manuel Maple Arce". Recuperado de: [http://artespoeticas.librodenotas.com/artes/1571/manifiesto-estridentista-1921].

MARCUSE, H. (2011). *El carácter afirmativo de la cultura* [1937]. Buenos Aires: El Cuenco de Plata.

MARIÁTEGUI, J-C. (cur.) (2008). *Emergentes: Itinerancia Argentina / Brasil / Chile / Colombia / México / Perú* (cat. exp.). Buenos Aires: Espacio Fundación Telefónica.

MARIÁTEGUI, J-C; VILLACORTA, J. y HERNÁNDEZ CALVO, M. *El mañana fue hoy: 21 años de videocreación y arte electrónico en el Perú.* Lima: ATA.

MARINETTI, F. T. (1909). "Manifiesto del Futurismo". En De Micheli, M. (1979). *Las vanguardias artísticas del siglo XX.* Madrid: Alianza Forma.

MARTÍN FIERRO (1924). "Manifiesto de Martín Fierro". En *Martín Fierro: periódico quincenal de arte y crítica libre*, 1, 4. Recuperado de: [http://ludion.org/archivos/articulo/090115_staff-revista_manifiesto-de-martin-fierro.pdf].

MARTÍNEZ, A. T. (2007a). Lecturas y lectores de Bourdieu en la Argentina. *Prismas*, 11, 11-30.

——— (2007b). Para estudiar campos periféricos. Un ensayo sobre las condiciones de utilización fecunda de la teoría del campo de Pierre Bourdieu. *Trabajo y sociedad*, 1-31.

——— (2007c). *Pierre Bourdieu: razones y lecciones de una práctica sociológica. Del estructuralismo genético a la sociología reflexiva.* Buenos Aires: Manantial.

MARX, K. (1977). *El Capital. Crítica de la economía política* [1867]. Madrid: Akal

MASOTTA, O. (1969). "Después del pop: nosotros desmaterializamos" [1967]. En *Conciencia y estructura.* Buenos Aires: Editorial Jorge Álvarez.

——— (comp.) (1967). *Happenings.* Buenos Aires: Editorial Jorge Álvarez.

MATEWECKI, N. (2010). "Arte ecológico para el nuevo milenio". En Suárez Guerrini, M. F., Gustavino, B., Correbo, M. N. y Matewecki, N. *Usos de la ciencia en el arte contemporáneo argentino.* Buenos Aires: Papers editores.

———(2009). *Aproximaciones al bioarte: concepto-cuerpo-género* (Tesis de maestría). Facultad de Bellas Artes, Universidad Nacional de La Plata.

——— (2008). El discurso de la biología en el arte argentino contemporáneo. *Ensayos. Historia y Teoría del Arte,* 15, 20-53.

MAVRAKIS, N. (2018). "200 años: conocimiento, experiencia y optimismo". En Urtiaga, G. et. al. *200 años: pasado, presente y futuro* (cat. exp.). Buenos Aires: Centro Cultural Kirchner.

MESSI, V. (2016). Art, Technology, and Public Spaces: A Latin American Perspective. *Media-N, 12* (1).

——— (2015). *Proxemia*: análisis sociotécnico de una obra de arte electrónico. *Artnodes: revista de arte, ciencia y tecnología,* 16, 34-42.

MOHOLY-NAGY, L. y KEMÉNY, A. (1924). "Sistema Constructivo-Dinámico-Fuerza". En Calvo Serraller, F., González García, A. y Marchan Fiz, S. (2009). *Escritos de Vanguardia 1900/1945.* Madrid: Akal.

MONTERO, V. (2015). *Arte de los medios y transformaciones sociales durante la transición en Chile 1990-2014.* (Tesis de doctorado). Facultad de Bellas Artes, Universidad de Barcelona.

MORA, F. J. (2000). El estridentismo mexicano: señales de una revolución estética y política. *Anales de Literatura Hispanoamericana*, 29, 257-275.

MOSQUERA, G. (2010). *Caminar con el diablo: textos sobre arte, internacionalismo y culturas.* Madrid: Exit.

NITSCHACK, H. (2016). Antropofagia cultural y tecnología. *Universum. Revista de Humanidades y Ciencias Sociales* 31 (2), 157-171.

NOVICK, F. (2014). Internet, en Argentina, nació en Exactas. *La Ménsula*, 8 (19), 1-8.

NOVOA, L. (2019). "Espectáculos multisensoriales y prácticas interdisciplinarias en espacios públicos en Argentina durante los años '60". En *X Congreso Internacional de Teoría e Historia de las Artes (CAIA).* Buenos Aires.

——— (2014). "Cuando los músicos argentinos soñaron con notas eléctricas". En Kozak, C. *Poéticas/políticas tecnológicas en Argentina 1910-2010.* Paraná: Editorial Fundación La Hendija.

Orione, J. (2008). *Historia crítica de la Ciencia Argentina. Del proyecto de Sarmiento al reino del pensamiento mágico*. Buenos Aires: Capital intelectual.

Ortíz, J. (2003). "Intelligence Education for Information-Age Conflicts: The Argentine Future". En Swenson, R. (ed.). *Bringing Intelligence About. Practitioners Reflect on Best Practices*.

Oteiza, E. (2017). "La experiencia del Instituto Di Tella en la década del 60 y la gráfica" [1987]. En Fontana, R. y Jalluf, Z. M. *Historia gráfica del Di Tella*. Buenos Aires: Capital intelectual.

Oubiña, D. (2005). "La alquimia tecnológica". En Buccellato, L. (cur.). *Arte y Nuevas Tecnologías. Premio MAMbA-Fundación Telefónica 2004/2003/2002* (cat. exp.). Buenos Aires: Espacio Fundación Telefónica.

Oud, J. J. P. (1918). "Art and Machine". Recuperado de: [https://modernistarchitecture.wordpress.com/2010/10/17/j-j-p-oud's-"art-and-machine"-1918/].

Pacheco, M. (2007). "De lo moderno a lo contemporáneo. Tránsitos del arte argentino 1958-1965". En Katzenstein, I. (ed.). *Escritos de vanguardia. Arte argentino de los años '60*. Buenos Aires: Fundación Espigas.

Pagola, L. (2011). "Diseño y cultura libre: una aproximación libre". En *VII Foro académico de diseño del Festival de la Imagen*. Manizales: Universidad de Caldas.

——————(2010). "Desde el software libre a la crítica a la noción de autor en las prácticas artísticas en Argentina". Recuperado de: [https://www.researchgate.net/publication/270507608_Desde_el_software_libre_a_la_critica_a_la_nocion_de_autor_en_las_practicas_artisticas_en_Argentina].

—————— (2008). "netart latino database: el mapa invertido del net.art latinoamericano". En Casares, N. (ed.). *netart latino database*. Badajoz: MEIAC.

Paksa, M. (1997). *Proyectos: sobre el discurso de mi*. Buenos Aires: Fundación Espigas.

Pardo, M. C. L. (2010). "La ciudad estridentista. Representaciones subjetivas y urbanas de una modernidad por venir". En *Actas del IV Congreso Internacional de Letras*. Universidad de Buenos Aires.

Paul, Ch. (2008a). *Digital Art*. Londres: Thames & Hudson.

—————— (ed.) (2008b). *New Media in the White Cube and Beyond*. Berkeley: University of California Press.

Pini, I. (2010). Reformulando relatos histórico-críticos en el arte de América Latina. *ERRATA*, 2.

Pinta, M. F. (2013). *Teatro expandido en el Di Tella: la escena experimental argentina en los años sesenta*. Buenos Aires: Biblos.

Plante, I. (2011). *Argentinos de París: Arte y viajes culturales durante los años sesenta*. Buenos Aires: Edhasa.

Pons, R. (2004). *Trabajo de investigación multimedia Proyecto Pulqui 2*. Buenos Aires: Leguina.

Quaranta, D. (2013). *Beyond New Media Art*. Brescia: Link.

Quintana Porras, L. (2006). De la *Nuda Vida* a la Forma-de-vida. Pensar la política con Agamben *desde y más allá* del paradigma del biopoder. *Argumentos*, 9 (52). Recuperado de: [http://www.scielo.org.mx/scielo.php?script=sci_arttext&pid=S0187-57952006000300003].

Rancière, J. (2014). *El reparto de lo sensible: estética y política*. Buenos Aires: Prometeo Libros.

Ricoeur, P. (2000). *Del texto a la acción*. Buenos Aires: Fondo de Cultura Económica.

——————(1984). *Educación y política. De la historia personal a la comunión de libertades*. Buenos Aires: Editorial Docencia.

Risso Patrón, P. (cur.) (1998). *Figuración limítrofe: formas de arte digital* (cat. exp.). Buenos Aires: Museo Nacional de Bellas Artes.

Rizzo, P. (ed.) (1998). *Instituto Di Tella. Experiencias '68*. Buenos Aires: Fundación Proa.

Robiola de Di Tella, M. (1963). "Foreword". En Di Tella, G; Oteiza, E. y Robiola de Di Tella, M. *Instituto Torcuato Di Tella – The first two and a half years*. Buenos Aires: Instituto Torcuato Di Tella.

Rodríguez, P. (2015). "Arte, ciencia y filosofía: reflexiones sobre la tercer cultura a partir de un peculiar caso de biotecnología". En *Actas VI Coloquio Internacional de Filosofía de la Técnica*. San Carlos de Bariloche.

—————— (2008). *Ciencias poshumanas y episteme posmoderna. Un análisis de algunas transformaciones del saber en las sociedades occidentales contemporáneas*. (Tesis de doctorado). Facultad de Ciencias Sociales, Universidad de Buenos Aires.

Romero Brest, J. (1992). *Arte visual en el Di Tella: aventura memorable en los años 60.* Buenos Aires: Emecé.

——— (1969). *El arte en la Argentina: últimas décadas.* Buenos Aires: Paidós.

———(1968). "[La exposición denominada Experiencias 1968]". En Longoni, A. y Mestman, M. (2000). *Del Di Tella a Tucumán Arde. Vanguardia artística y política en el 68 argentino.* Buenos Aires: El Cielo por Asalto.

——— (1967). "[Tal vez sea abusivo el empleo de la palabra experiencia…]" en *Experiencias Visuales 1967* (cat. exp.). Buenos Aires: Centro de Artes Visuales del Instituto Torcuato Di Tella.

Rossi, C. (2016). "Redes latinoamericanas de arte constructivo". En Figueroa, M. G. (comp.). *Lecturas y poéticas del arte latinoamericano: apropiaciones, rupturas y continuidades. Cuadernos del Centro de Estudios de Arte y Comunicación*, 60, 103-125.

Rothfuss, R. (1944). El MARCO: un problema de la plástica actual. *Arturo: revista de artes abstractas*, 1. Recuperado de: [http://cvaa.com.ar/02dossiers/concretos/05_docs_04.php].

Salón de Artes Visuales (2000). *Salón Nacional de Artes Visuales 2000* (cat. exp.). Buenos Aires. Secretaría de Cultura y Comunicación.

Sarlo, B. (2007). *Una modernidad periférica: Buenos Aires 1920 y 1930* [1988]. Buenos Aires: Nueva Visión.

——— (1995). *Borges, un escritor en las orillas.* Buenos Aires: Ariel.

——— (1992). *La imaginación técnica: sueños modernos de la cultura argentina.* Buenos Aires: Nueva Visión.

——— (1982). Vanguardia y criollismo: la aventura del Martín Fierro. *Revista de crítica literaria latinoamericana*, 8 (15), 39-69.

Savasta Alsina, M. (2014a). "Representaciones del arte sonoro en Argentina: eventos, ciclos, festivales en la primera década del siglo XXI". En *Actas de las VII Jornadas de Investigación en Disciplinas Artísticas y Proyectuales.* Facultad de Bellas Artes de la Universidad Nacional de La Plata.

——— (2014b). "Sonidos que acontecen: la performance sonora como umbral". Recuperado de: [http://menesavasta.com.ar/TEXTOS/SAVASTA%20-%20Sonidos%20que%20acontecen%202014.pdf].

——— (2013). "Arte sonoro en la Argentina: categoría y umbral". En *Actas de las IX Jornadas Nacionales de Investigación en Arte en Argentina.* Instituto de Historia del Arte Argentino y Americano, Facultad de Bellas Artes de la Universidad Nacional de La Plata.

Scharf, A. (1966). "Constructivism". En Stangos, N. (2006). *Concepts of Modern Art: From Fauvism to Postmodernism.* Londres: Thames & Hudson.

Schmucler, H. (1996). Apuntes sobre el tecnologismo o la voluntad de no querer. *Artefacto*, 1, 6-9.

Scott, J. (ed.) (2010). *Artists in Labs: Networking in the Margins.* Viena: Springer-Verlag.

Serviddio, F. (2012). "En perspectiva latinoamericana: tránsitos del arte argentino por los EE.UU. (1939/1945)". En Rossi, C. y Wechsler, D. (coords.). *Argentina, América y Europa: tránsitos e intercambios simbólicos y materiales.* En Baldasarre, M. I. y Dolinko, S. *Travesías de la imagen. Hacia una nueva historia de las artes visuales en la Argentina.* Buenos Aires: UNSAM-EDUNTREF.

Shanken, E. (2015). Contemporary Art and New Media: Digital Divide or Hybrid Discourse? *Art Research Journal / Revista de Pesquisa em Arte*, 2 (2), 75-98.

——— (2013). *Inventar el futuro. Arte, Electricidad, Nuevos Medios.* Nueva York: Departamento de Ficción.

——— (2009). *Art and Electronic Media.* Londres: Phaidon Press.

——— (2002). Art in the Information Age: Technology and Conceptual Art. *Leonardo*, 35 (4), 433-438.

———(2001). *Art in the Information Age: Cybernetics, Software, Telematics and the Conceptual Contributions of Art and Technology to Art History and Aesthetic Theory.* (Tesis de doctorado). Departamento de Historia del Arte, Duke University.

Simondon, G. (2013). *Imaginación e invención [1965-1966].* Buenos Aires: Editorial Cactus.

Smith, T. (2012a). Currents of world-making in contemporary art. *World Art*, 1, 2, 171-188.

——— (2012b). *¿Qué es el arte contemporáneo?* Buenos Aires: Siglo XXI.

Snow, Ch. P. (2000). *Las dos culturas* [1959]. Buenos Aires: Ediciones Nueva Visión.

Solaas, L. (2017). "La doble vida del hipersujeto". Recuperado de: [https://medium.com/@solaas/la-doble-vida-del-hipersujeto-fdaab9d43dd2].

Soria, Ch. (2000). ¿Digital o digitalizado? *Ramona. Revista de Artes Visuales*, 4, 16.

Spinoza, B. (2007). *Ética* [1677]. Madrid: Tecnos.

Struppek, M. (2014). Urban Media Cultures Reflecting Modern City Development. *Screencity Journal*, 4, 1-6.

Stubrin, L. (2014). *Arte y ciencia: la prácticas bioartística argentina en su relación con la escena internacional*. (Tesis de doctorado). Facultad de Filosofía y Letras, Universidad de Buenos Aires.

Taquini, G. (2015). Textos curatoriales de los últimos cinco años de FASE. *Cuadernos del Centro de Estudios en Diseño y Comunicación [Ensayos]*, 51, 43-49.

————— (2012). De lo trans/Inter. *Cuadernos del Centro de Estudios en Diseño y Comunicación [Ensayos]*, 39, 195-204.

————— (2011). "Cultura y Media 6: LO NUEVO DE LO NUEVO!". Recuperado de: [http://www.revistaelabasto.com.ar/Noticias/516-¡Lo_nuevo_de_lo_nuevo!].

—————(2010a). "Del mito de Narciso al de Proteo, un diálogo informal entre Narcisa Hirsch y Graciela Taquini". En Torres, A. (comp.). *Narcisa Hirsch. Catálogo*. Buenos Aires: Casa Nacional del Bicentenario.

————— (2010b). "Hibridación y límites: video danza, un subgénero contemporáneo". En Temperley, S. y Szperling, S. (comps.). *Terpsícore en ceros y unos: ensayos de videodanza*. Buenos Aires: Guadalquivir-CCEBA.

————— (2008a). "Estados del agua". Recuperado de: [http://www.arsomnibus.com.ar/web/muestra/estados-del-agua].

————— (2008b). "Tiempos del video argentino". En La Ferla, J. (comp.). *Historia crítica del video argentino*. Buenos Aires: Fundación Eduardo F. Costantini - Fundación Telefónica.

————— (2007a). "Encrucijada del video argentino". En Alonso, R. y Taquini, G. (curs.). *Resplandores: poéticas analógicas y digitales* (cat. exp.). Manuscrito inédito. Del 10 de agosto al 2 de septiembre de 2007.

————— (2007b). "Una crónica del video arte en la Argentina de la transición a la era digital". En Baigorri, L. (comp.). *Video en Latinoamérica: una visión critica*. Madrid: Brumaria.

————— (2007c). Ver del video. *Cuadernos del Centro de Estudios en Diseño y Comunicación*, 24, 73-81.

————— (2003). "Arte en Progresión". Recuperado de: [http://www.escaner.cl/netart/textos/t4-bsA.html].

————— (2000). "Fuga de cerebros". Recuperado de: [http://www.gracielataquini.info/interferences.htm].

Taquini, G. y Alonso, R. (1999). *Buenos Aires Video X: 10 años de video en Buenos Aires*. Buenos Aires: Instituto de Cooperación Iberoamericana.

Taquini, G. y Trilnick, C. (1993). *Buenos Aires Video V*. Buenos Aires: Instituto de Cooperación Iberoamericana.

Toft, T. (2017). *Contemporary Urban Media Art – Images of Urgency: A Curatorial Inquiry*. (Tesis de doctorado). Departamento de Arte y Estudios Culturales, Universidad de Copenhague.

Traba, M. (1973). *Dos décadas vulnerables en las artes plásticas latinoamericanas, 1950-1970*. Buenos Aires: Siglo XXI.

Trilnick, C. (dir.) (1995). "Hacia una caracterización de la imagen". En *Primer Festival Internacional de Video y Artes Electrónicas* (cat. exp.). Buenos Aires: Ediciones Babilonia. Del 22 al 26 de noviembre de 1995.

Vázquez, M. (2005). "Presentación". En Buccellato, L. (cur.). *Arte y Nuevas Tecnologías. Premio MAMbA-Fundación Telefónica 2004/2003/2002* (cat. exp). Buenos Aires: Espacio Fundación Telefónica.

Vergara Vargas, E. (2002). *El arte electrónico en México*. (Tesis de licenciatura). Universidad Autónoma Metropolitana, Ciudad de México.

Vindel-Gamonal, J. (2014). Por un arte semiológico: deshabituación y discontinuidad en el arte argentino de los años sesenta. *Arte, Individuo y Sociedad*, 26 (3), 521-537.

Wechsler, D. (2010). "Impacto y matices de una modernidad en los márgenes". En Burucúa, J. E. (dir.). *Nueva historia argentina. Volumen I: Arte, Sociedad y Política*. Buenos Aires: Sudamericana.

Wick, R. (2007). *La pedagogía de la Bauhaus*. Madrid: Alianza Forma.

Wind, E. (1993). *La elocuencia de los símbolos*. Madrid: Alianza.

Wolfe, T. (2010). *La palabra pintada* [1975]. Barcelona: Anagrama.

Yeregui, M. (2015). *Sculpting the Disaster* (Tesis de doctorado). European Graduate School.

————(2013). Derivas y paisajes. En los confines de territorio. *Blanco sobre blanco*, 5.

———— (2010). "Móviles en movimiento. Cuerpo y territorio en la escena posmedia". En Beiguelman, G. y La Ferla, J. (comps.). *Nomadismos tecnológicos. Dispositivos móviles. Usos masivos y prácticas artísticas*. Buenos Aires: Ariel.

————(2008). "Post-video: Las artes mediáticas de Argentina en la era digital". En La Ferla, J.(comp.). *Historia crítica del video argentino*. Buenos Aires: Fundación Eduardo F. Costantini - Fundación Telefónica.

Zerbarini, M. (2014). *Radiografía del net art latino: vitalidad creativa en riesgo de extinción*. Buenos Aires: Dunken.

Zuzulich, J. (cur.) (2015). *La certeza del error* (cat. exp.). Buenos Aires: Arte x Arte – Fundación Alfonso y Luz Castillo.

———— (2014). *Curaduría, campo artístico y nuevas tecnologías en Buenos Aires (1989-2005)*. (Tesis de maestría). Universidad Nacional de San Martín.

Artículos de diarios, manuscritos, entrevistas, conferencias, gacetillas de prensa y otras fuentes documentales:

Acéfala (s.f.). "[Acéfala es un proyecto orientado al arte emergente…]". Recuperado de: [http://acefalagaleria.com/proyecto/].

Alonso, R. (1999). *Bellas Artes Digital*. Gacetilla de prensa. Buenos Aires: Museo Nacional de Bellas Artes.

Anónimo (octubre de 1999). ACM Siggraph Buenos Aires presenta sus programas. Portal de noticias de Mazalan Comunicaciones.

———— (10 de noviembre de 2014). El viernes comienza la tercera edición de "Noviembre Electrónico". Gobierno de la Ciudad de Buenos Aires. Recuperado de: [http://www.buenosaires.gob.ar/noticias/el-viernes-comienza-la-tercera-edicion-de-noviembre-electronico].

————(12 de diciembre de 1997). Hoy comienza la maratón en Internet del Grupo Clarín. *Clarín*. Recuperado de: [https://www.clarin.com/sociedad/hoy-comienza-maraton-internet-grupo-clarin_0_Hysf4oybAFg.html].

———— (14 de marzo de 1998). Inauguraron la exposición de arte creado en computadoras. *Clarín*. Recuperado de: [https://www.clarin.com/sociedad/inauguraron-exposicion-arte-creado-computadoras_0_HktgXvyJInx.html].

———— (2012). Noviembre Electrónico en el Centro Cultural San Martín. Agenda Cultural de Buenos Aires. Recuperado de: [http://agendacultural.buenosaires.gob.ar/evento/noviembreelectronicoenelculturalsanmartin/6169].

————(29 de diciembre de 2000). Otra forma de competir. *La Nación*. Recuperado de: [https://www.lanacion.com.ar/190827-otra-forma-de-competir].

———— (octubre de 1999). Siggraph: el mayor festival internacional de arte y tecnología. Portal de noticias de Mazalan Comunicaciones.

Aroca Iniesta, F. (2017). Entrevista a Antonio Colinas en el café Dominicos, enfrente del convento de San Esteban. *Revue d'études ibériques et ibéro-américaines*, 11, 323-331.

Battistozzi, A. M. (23 de octubre de 1999). Dos exposiciones descubren las posibilidades del arte digital. *Clarín*. Recuperado de: [https://www.clarin.com/sociedad/exposiciones-descubren-posibilidades-arte-digital_0_HkwMIO3lRtx.html].

Baulo, M. C. (2017). "Juan Pablo Ferlat – la escritura sin fin". Recuperado de: [https://blog.sculpture.org/2017/05/03/juan-pablo-ferlat/].

————(2014). "Impresora 3D – Mariano Giraud". Recuperado de: [https://blog.sculpture.org/2014/11/12/mariano-giraud/].

Casanovas, L. (25 de mayo de 2010). Espacios privados de arte público. *La Nación*. Recuperado de: [https://www.lanacion.com.ar/1267444-espacios-privados-de-arte-publico].

Centro de Arte y Comunicación (1971). CAyC: Arte de Sistemas Arte de Sistemas en el Museo de Arte Moderno. Anuncio de la exhibición. Biblioteca del Museo Nacional de Bellas Artes, Buenos Aires.

Corvalán, K. (28 de marzo de 2003). Visitamos Arte en Progresión. *Leedor.com*. Recuperado de: [http://leedor.com/2003/03/28/visitamos-arte-en-progresion/].

Chávez, G. y Munguía, G. (s.f.). "Eisenia, máquina de impresión orgánica". Recuperado de: [https://colectivoelectrobiota.wordpress.com].

De Arteaga, A. (2 de junio de 2002). Una ayudita a los amigos. *La Nación*. Recuperado de: [https://www.lanacion.com.ar/401311-una-ayudita-de-los-amigos].

Ferlat, J. P. (s.f.). "Máquina Golem". Recuperado de: [http://juanpabloferlat.com/maquina-fausto/].

Ferrara, G. (2 de mayo de 2003). Tics modernos. *La Nación*. Recuperado de: [https://www.lanacion.com.ar/492918-tics-modernos].

Gache, B.; Haro, J.; Romano, G. y Trilnick, C. (s.f.). "Qué es, quiénes lo integran". Recuperado de: [http://www.findelmundo.com.ar/aboutfdm.htm].

Galli, A. (31 de octubre de 1999). De la pintura de Afro a la obra digital. *La Nación*. Recuperado de: [https://www.lanacion.com.ar/184270-de-la-pintura-de-afro-a-la-obra-digital].

Iberoamerica – ACT (s.f.). "Lista de interés Iberoamerica – ACT". Recuperado de: [http://ar.groups.yahoo.com/group/iberoamerica-act/].

Imasaka, E. (2000). *[Laboratorios multimedia de audio y frecuencias…]*. Manuscrito inédito.

Jacoby, R. (1968). *Mensaje en el Di Tella*. Manuscrito mecanografiado. Archivo personal de Roberto Jacoby. Recuperado de: [https://icaadocs.mfah.org/icaadocs/ELARCHIVO/RegistroCompleto/tabid/99/doc/751060/language/es-MX/Default.aspx].

Laboratorio de Producción (2010). "[MediaLab abre la convocatoria a artistas…]". Recuperado de: [https://ramona.org.ar/node/30420].

————— (2008). "Convocatoria para la presentación de proyectos en el Laboratorio de Producción". Recuperado de: [http://convocatorias.zoomblog.com/archivo/2008/03/].

La Ferla, J. (1999). *VI Taller de perfeccionamiento en el uso artístico de la Internet y multimedios*. Manuscrito inédito.

Lebenglik, F. (2 de julio de 2002). Últimas tendencias en el MAMbA: las excepciones y las reglas. *Página 12*. Recuperado de: [https://www.pagina12.com.ar/diario/espectaculos/6-7041-2002-07-02.html].

Leiserson, D. (16 de junio de 1999). Primer concurso de arte electrónico. *La Nación*. Recuperado de: [https://www.lanacion.com.ar/207082-primer-concurso-de-arte-electronico].

Levine, J. (2011). "Generative Practice. The State of the Art". Recuperado de: [http://digicult.it/digimag/issue-057/generative-practice-the-state-of-the-art/].

————— (2010). "Towards the Edge of Chaos: An Interview with Leonardo Solaas". Recuperado de: [http://digicult.it/digimag/issue-051/towards-the-edge-of-chaos-an-interview-with-leonardo-solaas/].

Lyotard, J-F. (8 de enero de 1985). *Les Immatériaux*. Conferencia de prensa. París: Centro Georges Pompidou.

Maior, A. y Sarni, A. (s.f.). "Ambigüedad y fronteras en la obra de Estanislao Florido". Recuperado de: [http://elgranotro.com.ar/index.php/ambiguedad-y-fronteras-en-la-obra-de-estanislao-florido/].

Museo Nacional de Bellas Artes (1999). *Boletín del Museo Nacional de Bellas Artes*. Buenos Aires: Museo Nacional de Bellas Artes.

Objeto a (s.f.). "Productora de arte y nuevos medios". Recuperado de: [http://www.objeto-a.com.ar].

Pagola, L. (2016). "Entrevista a Jorge Crowe". Recuperado de: [http://ludion.org/archivos/articulo/Entrevista_a_Jorge_Crowe.pdf].

Plotkin, P. (8 de junio de 2001). Un encuentro digital en el marco de alternatiBA: La generación arroba.com. *Página 12*. Recuperado de: [https://www.pagina12.com.ar/2001/01-06/01-06-08/pag33.html].

Rosso, L. (2018). "Entrevista a Azul De Monte, artista de Memoria de duración líquida". Recuperado de: [https://www.facebook.com/notes/centro-cultural-recoleta/entrevista-a-azul-de-monte-artista-de-memoria-de-duración-l%C3%ADquida/10156034043809794/].

Sensorial Mediática (2000). *Sensorial Mediática: muestra de artistas multimedia*. Díptico impreso.

Solaas, L. (s.f.). "Sobre Wish Café". Recuperado de: [http://www.wishcafe.net].

Villar, E. (12 de septiembre de 2012). Los misterios de siempre. *Revista de Cultura Ñ, Clarín*. Recuperado de: [https://www.clarin.com/arte/premio-mamba-fundacion-telefonica_0_SJoE2yx3DQl.html].

Whitelow, G. (19 de julio de 1971). *Discurso inaugural de la muestra Arte de Sistemas en el Museo de Arte Moderno*. Versión mecanografiada. Archivo del Museo de Arte Moderno de Buenos Aires.

Zerbarini, M. (s.f.). *[Carne Viva es un espacio vacío…]*. Manuscrito inédito.

Anexo de eventos

Experiencias Visuales (ITDT, 1967).

Experiencias (ITDT, 1968).

Arte y Cibernética (CAyC - Galería Bonino, 1969).

Argentina Inter-Medios (CAyC – Teatro Opera, 1969).

Arte de Sistemas I (CAyC - MAMbA, 1971).

Seminarios para Realizadores (Fundación Antorchas - Camping Musical Bariloche, 1994-1999).

Lanzamiento de la plataforma virtual Fin del Mundo (1996).

Creación de la plataforma virtual arteUna (1996).

a:e,iuo (Agosto: esculturas, instalaciones u objetos) (CCR, 1996).

Festival Internacional de Video y Artes Electrónicas (Museo Renault – CCR, 1995).

Festival Internacional de Video y Artes Electrónicas (CCGSM, 1996).

Creación del Ciclo de Artes Electrónicas (MAMbA, 1997).

Arte del siglo XXI (CCR, 1998).

Figuración limítrofe: formas de arte digital (MNBA, 1999).

Bellas Artes Digital (MNBA, 1999).

Primer Festival Internacional de Arte Electrónico, en el Congreso Internacional de Computación Gráfica y Técnicas Interactivas (ACM SIGGRAPH – Centro Municipal de Exposiciones, 1999).

Conformación de Área 54 (2000).

Premio Prodaltec de Arte Digital (MNBA, 2000).

Buenos Aires Video XII. Premio ICI de Video, Arte Digital y Multimedia Experimental (2000).

Creación de la categoría "Arte Electrónico" en el Salón Nacional de Artes Visuales (2000).

Sensorial Mediática (El Atajo, 2000).

Creación de Interférences-Festival International d'Arts Multimedia Urbains en Belfort-Montbéliard (2000).

Iberoamérica – ACT (Arte, Ciencia, Tecnología) (2000).

Creación de la Licenciatura en Artes Electrónicas (UNTREF, 2000).

Fuga Jurásica (Museo de Ciencias Naturales Bernardino Rivadavia, 2001).

Encuentro digital (CCGSM, 2001).

Salón de Artes Electrónicas de la VIIº Bienal de Cuenca (2001).

Premio Banco de la Nación Argentina a las Artes Visuales (CCR, 2001).

Inmigra_bet.test (El Atajo, 2002).

Últimas tendencias en la colección del MAMbA: Donaciones (MAMbA, 2002).

Variaciones sobre el museo: recordar, ordenar, clasificar (MALBA, 2003).

Arte en Progresión (CCGSM, 2003).

UNTREF Electrónico (MUNTREF, 2003).

Creación del Centro Hipermediático Experimental Latinoamericano (cheLA).

Creación del MediaLab del CCEBA (2004).

Creación del Taller Interactivos del EFT (2005).

Arte y Nuevas Tecnologías. Premio MAMbA-Fundación Telefónica 2004/2003/2002 (EFT, 2005).

Arte y Nuevas Tecnologías. Premio MAMbA - Fundación Telefónica, 4ta edición (EFT, 2006).

Cultura y Media (CCGSM, 2006-2011).

Creación de La Paternal Espacio Proyecto (2007).

Arte y Nuevas Tecnologías. Premio MAMbA - Fundación Telefónica, 5ta edición (EFT, 2008).

Creación del Laboratorio de Producción del CCEBA (2008).

Creación de los Talleres de Arte Interactivo y Tecnologías para el Arte del CCEBA (2008).

Creación de Encuentro FASE: Arte + Ciencia + Tecnología (2009).

El futuro ya no es lo que era: imaginarios de futuro 1910-2010 (Fundación OSDE, 2009).

Lanzamiento de la Maestría en Tecnología y Estética de las Artes Electrónicas (UNTREF, 2009).

Arte y Nuevas Tecnologías. Premio MAMbA - Fundación Telefónica, 6ta edición (EFT, 2010).

Arte y Nuevas Tecnologías. Premio MAMbA – Fundación Telefónica, 7ma edición (EFT, 2012).

Lanzamiento de Noviembre Electrónico (CCGSM, 2012).

Creación del Laboratorio Maratón de Producción del CCEBA (2014).

Creación del Premio UNTREF a las Artes Electrónicas (2014).

Creación del Premio ArCiTec (2014).

Surgimiento de la galería Alpha Centauri (2014).

Incorporación de la categoría de Realidad Virtual al Premio Itaú de Artes Visuales (2015).

La certeza del error (Arte x Arte – Fundación Alfonso y Luz Castillo, 2015).

Surgimiento de Espacio Pla (2015).

Surgimiento de galería Acéfala (2015).

El futuro llegó (hace rato) (CCK, 2016).

Incorporación de espacios satélite en FASE 8 (2016).

Incorporación de la categoría Videojuego al Premio Itaú de Artes Visuales (2016).

Surgimiento de Festival +*CODE* (2016).

Incorporación de la categoría Realidad Aumentada al Premio Itaú de Artes Visuales (2017).

Creación del Concurso de Arte y Tecnología del Fondo Nacional de las Artes (2018).

La desaparición de los Andes: diálogos visuales Sur Sur (Centro Cultural Rojas, 2018).

FASE ACCIÓN (Investigaciones del Futuro, 2018).

Incorporación de la categoría Impresión 3D al Premio Itaú de Artes Visuales (2018).

Surgimiento de Nave Ágora (2018).

Asuntos de nuestro espacio (Centro Cultural Rojas, 2019).

Dinámicas de la existencia (CCK, 2020).

Incorporación de la categoría Arte Robótico al Premio Itaú de Artes Visuales (2020).

Índice de imágenes

9 7 8 8 4 1 8 0 9 5 4 3 6